古典文獻研究輯刊

三五編

潘美月・杜潔祥 主編

第 5 冊

詩經世本古義
（第一冊）

陳 開 林 校證

國家圖書館出版品預行編目資料

詩經世本古義（第一冊）／陳開林 校證 -- 初版 -- 新北市：
花木蘭文化事業有限公司，2022〔民111〕
目 14+194 面；19×26 公分
（古典文獻研究輯刊 三五編；第5冊）
ISBN 978-626-344-107-1（精裝）
1.CST：詩經 2.CST：研究考訂
011.08   111010303

ISBN-978-626-344-107-1

9 786263 441071

古典文獻研究輯刊
三五編　第五冊　　　　　　　ISBN：978-626-344-107-1

詩經世本古義（第一冊）

作　　者　陳開林 校證
主　　編　潘美月、杜潔祥
總 編 輯　杜潔祥
副總編輯　楊嘉樂
編輯主任　許郁翎
編　　輯　張雅淋、潘玟靜、劉子瑄　美術編輯　陳逸婷
出　　版　花木蘭文化事業有限公司
發 行 人　高小娟
聯絡地址　235 新北市中和區中安街七二號十三樓
　　　　　電話：02-2923-1455／傳真：02-2923-1452
網　　址　http://www.huamulan.tw 信箱 service@huamulans.com
印　　刷　普羅文化出版廣告事業
初　　版　2022 年 9 月
定　　價　三五編 39 冊（精裝）新台幣 98,000 元

詩經世本古義
（第一冊）

陳開林　校證

作者簡介

陳開林（1985～），湖北麻城人。2009 年畢業於重慶工商大學商務策劃學院，獲管理學學士學位（市場營銷專業商務策劃管理方向）。2012 年畢業於湖北大學文學院，獲文學碩士學位（中國古代文學先秦方向）。2015 年畢業於華中師範大學文學院，獲文學博士學位（中國古代文學元明清方向）。現為鹽城師範學院文學院副教授。主要研究宋元明清文學、近代文學、中國古典文獻學。出版專著《〈全元文〉補正》《劉毓崧文集校證》《〈周易玩辭困學記〉校證》《〈純常子枝語〉校證》《杜詩闡》，並在《圖書館雜誌》《文獻》《中國典籍與文化》《古典文獻研究》《圖書館理論與實踐》《中國詩學》等刊物發表論文百餘篇，另有「史源學考易」系列九種、清代別集系列十種等待刊。

提　　要

　　對於明代經學，學界向以空疏淺陋、不學無術，遊談無根目之。隨著研究的不斷深入，學界對明代經學的價值評判也在逐漸發生轉變。然而囿於成見，相較於宋、清而言，明代經學文獻的基礎整理工作依然較為滯後。一批卓有建樹的文獻亟待整理。何楷的《詩經世本古義》即是其一。

　　何楷，字玄子，福建漳州鎮海衛人。天啟五年進士。晚明著名學者。著有《古周易訂詁》、《詩經世本古義》、《春秋繹》等。《詩經世本古義》「論《詩》，專主孟子知人論世之旨。依時代為次，故名曰《世本古義》。始於夏少康之世，以《公劉》、《七月》、《大田》、《甫田》諸篇為首。終於周敬王之世，以《曹風‧下泉》之詩殿焉」（《四庫全書總目》），可謂別出心裁。同時，援引豐富，證成己說。職是之故，林慶彰先生稱：「它是《詩經》學史上內容最龐大，體例最特殊的一本著作」；「它反映晚明亟欲突破宋學研究傳統，另創新學風的企圖心」；「它是朱子《詩》學傳統勢力的衰微，和漢學傳統興起的一座指標。」（《何楷〈詩經世本古義〉析論》）劉毓慶先生也指出：「自漢迄明的《詩經》研究，用功最勤、標新意識最強者，莫過於何楷的《詩經世本古義》。」（《何楷的〈詩〉學貢獻》）並指出「可以說這是明代《詩》學著作中最傑出的一部。其徵引之廣博，典據之精詳，名物考證之詳明，在經學史上都是少見的。」（《從經學到文學——明代〈詩經〉學史論》）其學術價值可見一斑。但由於書缺有間，欲將《詩經》305 篇納入己定之世次之中，勢必有牽強附會之處，這也遭到了後人的評判。但「楷學問博通，引援賅洽。凡名物訓詁，一一考證詳明，典據精確，實非宋以來諸儒所可及」，故「百餘年來，人人嗤點其書，而究不能廢其書」。

　　著者在完成《〈古周易訂詁〉校證》（史源學考易系列七種之一）之後，又對何楷的《詩經世本古義》進行了整理。本次整理，以明崇禎十四年刻本為底本，以文淵閣四庫全書本為校本，除文本校勘之外，還致力於引文的史源考察，期於為何楷經學研究及明代《詩》學研究提供一個較為可靠的文本。

目

次

前　言

　　何楷（約 1592～1646），字玄子，號黃如，福建漳州鎮海衛（今福建省漳州市漳浦縣）人。〔註1〕晚明著名學者，黃宗羲稱「百年以來窮經之士，黃石齋、郝楚望及公而三耳」〔註2〕，毛奇齡更推其為「明儒經學之最有聲者」〔註3〕。

　　其生平著述，朱彝尊《經義考》卷六十三著錄《古周易訂詁》十六卷，卷一百十六著錄《毛詩世本古義》二十八卷，卷二百三十著錄《考定古文孝經》三卷；《明史・藝文志》著錄《古周易訂詁》十六卷、《毛詩世本古義》二十八卷、《孝經集傳》二卷〔註4〕。黃宗羲《思舊錄》稱其「著《五經解詁》」〔註5〕，而《閩中理學淵源考》卷八十三稱「楷博綜群書，寒暑不輟，尤邃於經。所輯《古周易訂詁》、《詩世本古義》最精博。《春秋繹》尚少四公。然皆為學者所傳云」，則《五經解詁》並未全部完成，所成者僅有《周易》、《詩經》、《春秋》三種。此外，黃仲琴《重刊〈古周易訂詁〉——嵩園讀書記之四》稱其「博綜群書，過目不忘，經學尤邃。所著有《四書字考》、《考定孝經》、《考定古文》、《詩經世本》、《古周易訂詁》。又有《春秋繹》，於昭、定、哀三公，尚未卒業」，可知其著述頗豐，《經義考》、《明史・藝文志》著錄不全。

　　然其著述多有亡佚，今僅見《古周易訂詁》、《詩經世本古義》兩種，其他均不詳。《古周易訂詁》、《詩經世本古義》均被收錄於《四庫全書》。二書因

〔註1〕據樊國相《何楷生平小考》，《語文教學通訊》2016 年第 4 期。
〔註2〕黃宗羲《黃宗羲全集》第 1 冊，浙江古籍出版社 2012 年版，第 326 頁。
〔註3〕毛奇齡《推易始末》卷四，《毛奇齡易著四種》中華書局 2010 年版，第 52 頁。
〔註4〕《詩經世本古義》林蘭友序稱「《易》、《春秋》、《孝經》皆有義詁」。
〔註5〕黃宗羲《黃宗羲全集》第 1 冊，浙江古籍出版社 2012 年版，第 326 頁。

內容豐富，屢被明清《易》學、《詩》學著作徵引。《古周易訂詁》之詳請，可參拙著《〈古周易訂詁〉校證》，茲不贅述。關於《詩經世本古義》，港臺學者對此書關注較早，大陸學者近來亦多有研究。〔註6〕

何楷「家世受《詩》」（范景文序），《詩經世本古義》一書，自序稱「亦閱七載，手不停披，斯已勤矣」。耿文光《萬卷精華錄藏書記》亦稱「援據極博，考證極詳，亦可謂萃一生之精力者矣」。該書刊行後，無論在國內還是國外，都屢見徵引，足見其價值。〔註7〕

〔註 6〕關於《詩經世本古義》的研究，可參（1）李家樹《何楷的〈詩經世本古義〉》，《中國文化研究所學報》1994 年第 3 期（收入《傳統以外的詩經學》，香港大學出版社 1994 年版。此書未見，據楊晉龍《何楷〈詩經世本古義〉引用化書及其相關問題探究》腳注 14）；（2）林慶彰《何楷〈詩經世本古義〉析論》，《中國文哲研究集刊》第 4 期，1994 年（收入《明代經學研究論集》，文史哲出版社 1994 年版）；（3）楊晉龍《明代詩經學研究》，臺灣大學 1997 年博士論文；（4）劉毓慶《何楷的〈詩〉學貢獻》，《晉陽學刊》2000 年第 2 期；（5）劉毓慶《從經學到文學──明代〈詩經〉學史論》上編第四章《立異派》〈詩經〉學的高揚，商務印書館 2001 年版；（6）楊晉龍《何楷〈詩經世本古義〉引用化書及其相關問題探究》，《中國文哲研究集刊》第 21 期，2002 年；（7）張丹丹《〈詩經世本古義〉述略》，《魯東大學學報》2010 年第 3 期；（8）羅唯嘉《何楷〈詩經世本古義〉研究》，北京師範大學 2011 年碩士論文；（9）黃玉芳《何楷〈詩經世本古義〉詩旨與世次研究》，中興大學 2013 年碩士論文；（10）於浩《明末清初詩經學研究》，武漢大學 2016 年博士論文；（11）劉青松《從〈詩經世本古義〉「叶音」看明末漳州方言聲母系統》，華學誠主編《文獻語言學》第 3 輯，中華書局 2016 年版；（12）李士彪《仁井田好古〈毛詩補傳〉引何楷說考》，朴銀姬主編《東亞儒學、人文學的新視野》，商務印書館 2018 年版；（13）沙志利《論何楷〈詩經世本古義〉的現代學術特徵》，《儒家典籍與思想研究》第十二輯，北京大學 2020 年版；（14）趙蒙《從〈詩經世本古義〉看何楷經世致用的現實關懷》（2020 年第十一屆全國高校史哲論壇線上會議論文，未見）。

〔註 7〕沙志利《論何楷〈詩經世本古義〉的現代學術特徵》：「再查《中國基本古籍庫》所收明末以降的著作對於此書的引用情況，除上述錢、姚著作對何氏多所引用外，依時代為次，還有顧夢麟（1585～1653）《詩經說約》多引用何氏《詩》韻說；朱鶴齡（1601～1683）《詩經通義》引何說 100 餘條，有詩旨，有考訂；顧棟高（1679～1759）《毛詩訂詁》卷二雖猛烈批評何氏『鑿空無稽』，然此書及《毛詩類釋》猶多取何氏訓詁及禮說；秦蕙田（1702～1764）《五禮通考》多引何氏禮說；顧鎮（1720～1792）《虞東學詩》、姜炳璋（1736～1813）《詩序補義》多引何說；胡承珙（1776～1832）《毛詩後箋》引證《古義》詩旨、考訂等 140 餘條；馬瑞辰（1777～1853）《毛詩傳箋通釋》引何氏訓詁十餘條；陳奐（1786～1863）《詩毛氏傳疏》引何說僅兩條；陳逢衡（1778～1855）《竹書紀年集證》多引何氏《竹書》說；徐璈（1779～1841）《詩經廣話》引

　　《詩經世本古義》初刻於明崇禎十四年（1641），後收錄於《四庫全書》。
此二者較為流行。據全國古籍普查登記基本數據庫檢索，知另有清嘉慶十八
年（1813）嘉興周氏書三味齋刻本，16 冊，復旦大學圖書館藏；清嘉慶二十
四年（1819）溪邑謝氏文林堂刻本，24 冊，國家圖書館藏；清光緒十九年（1893）
鴻寶齋石印本，16 冊，國家圖書館藏。另，屈萬里《普林斯頓大學葛思德中
文圖書館中文善本書志》卷一著錄了一部清康熙間鈔本，稱「玄字缺末筆，
而胤、弘、曆等字皆不避諱」〔註8〕。此外，劉毓慶、張小敏編著《日本藏先
秦兩漢文獻研究漢籍書目》著錄「加賀市立圖書館、宮內廳書陵部等藏寬政
十年（1798）會津藩覆明崇禎刊本」〔註9〕。

　　何說 40 餘條；馮登府（1783～1841）《三家詩遺說》、魏源（1794～1857）《詩
古微》、陳喬樅（1809～1869）《韓詩遺說考》、王先謙（1842～1917）《詩三
家義集疏》多引何氏論三家《詩》說；顧廣譽（1799～1866）《學詩詳說》多
引何氏詩旨；方玉潤（1811～1883）《詩經原始》乃辦香姚氏際恒者，亦多引
何氏詩旨；民國馬其昶（1855～1930）《詩毛氏學》所引亦極多。由於受到檢
索詞的限制，以上數據是不完全的，但已經可以看出，《古義》對於清代以至
民國《詩經》學的影響是全方位的、巨大的，而且對於三禮、《竹書紀年》的
研究也有一定的影響。另外，據張小敏、王曉平、李士彪研究，《古義》問世
不久，就傳到了日本，之後對林恕（1618～1684）、岡井赤誠（？～1803）、
仁井田好古（1770～1848）等日本學者的《詩經》學研究產生了較大的影響。」
開林按：此檢索據《中國基本古籍庫》，古籍庫未收之書亦有徵引《詩經世本古
義》者。如羅典《凝園讀詩管見》，卷一《小星》（58 頁）、卷二《燕燕》（69 頁）、
卷二《干旄》（102 頁）、卷三《有狐》（116 頁）、卷七《白駒》（275 頁），等等。
又如，胡文英《詩經逢原》，卷四《陟岵》（第 442 頁）、卷五《下泉》（第 463
頁）、卷六《白駒》（第 486 頁），等等。
再如，李允升《詩義旁通》，卷一《漢廣》（130 頁）、卷二《柏舟》（139 頁）、
卷三《籜兮》（167 頁），等等。
另外，張景昆《朝鮮時代申緯《詩次故》成書考——兼論朝鮮對明清考據學
的接受》（《國際漢學研究通訊》2021 年第二十二期）稱《詩次故》亦亦援引
《詩經世本古義》。
〔註8〕《屈萬里先生全集》第 13 冊，聯經出版事業公司 198 年版，第 21 頁。
〔註9〕三晉出版社 2012 年版，第 82 頁。
另，楊晉龍《何楷〈詩經世本古義〉引用化書及其相關問題探究》腳注①（《中
國文哲研究集刊》第 21 期，2002 年，第 293 頁）稱：
何楷身世的紀錄不多，根據日本東京大學東洋文化研究所藏的日本寬政戊午
年（1798）翻刻本《何氏詩經世本古義》的《較正》欄所錄，知有一兄：九
雲，字舅悌。五弟：九說，字鏡子；模，字侗子；樅，字聲子；樲，字平子；
楞，字佛子。三侄：家駒，字如飛；燁，字光文；際盛，字玄如。《原引》為
子何熹注，《屬引》為子趙永正句；又據何熹之《注》，知何楷之父為何湛，
字印海；祖父名良紹，字志齋。此本另有林蘭友《序》。

關於《詩經世本古義》的體例及評價，茲引數則材料如下：

凡余說《詩》，是不一術。先循之行墨，以研其義；既證之他經，以求其驗；既又考之山川譜系，以摭其實；既又尋之鳥獸艸木，以通其意；既又訂之點畫形聲，以正其誤；既又雜引賦詩斷章，以盡其變。諸說兼詳，而《詩》中之為世為人，若禮若樂，俱一一躍出，於是喜斯文之在茲，歎絕學之未墜也。當其沉思莫解，寢食都忘；疑竇將開，鬼神如牖。亦閱七載，手不停披，斯已勤矣。書成，悉依時代為次，名曰《世本古義》，伸子輿氏誦詩論世之指也。卷凡二十八，與經宿配。每篇仿古序體，更定小引，以冠其前。其諸義未安者，則附見之章句之後，欲使觀者了其巔末，有所考鏡焉。（何楷自序）

其書不依《毛詩》次第，略本鄭氏《詩譜》，而雜以己意，取三百五篇，敘其時世，始夏少康之世《公劉》篇，迄周敬王之世《下泉》篇，凡二十八王，各為序引於前。末屬引一首，仿《序卦傳》體，以韻語明所以比屬牽綴之義，不免穿鑿附會。而援據極博，考據極詳，亦可謂萃一生之精力者矣。（彭元瑞《天祿琳琅書目後編》）

是書大指主孟子論世知人之說，不分風、雅、頌，以二十八宿列部，移擬篇次，依時代為先後。始於夏少康時《公劉》之篇，終於周敬王時《下泉》之什，凡歷二十八王，以隸三百五篇。每篇各屬小引，以識其世，故曰《世本》。其於各詩之作者，必求其人以實之，故穿鑿附會，皆所不免，然於名物訓詁，引據詳明。惟其意主博搜，不暇持擇，且並偽《子貢傳》、偽《申培說》，亦引以為證，殊屬大紕繆耳。首有《原引》，其子燾注，並附錄論十五國風，論二雅、論三頌三則，卷後仿《易序卦》，作《屬引》一篇。（周中孚《鄭堂讀書記》卷八）

何氏之書主孟子論世知人之說，受鄭玄《詩譜》的影響，將《詩經》305篇順序打亂，分屬二十八個時代之中，分別對於二十八宿。崇禎刻本於版心注明所屬星宿，四庫本則無。（分見下圖）

詩經世本古義卷之一
夏少康之世詩八篇
　　　　　　閩儒何楷玄子氏學
何氏小引
○公劉始遷豳也夏道衰公劉變于西戎邑于豳自
漆沮度渭取材用行者有資居者有畜積民賴其
慶百姓懷之多徙而保歸焉故詩人歌樂思其德
○七月豳風也
○甫田豳雅也豳侯夏省耘因而零祭社方及田祖
之神以祈雨也
詩經世本古義魁一　小引
○大田豳雅也豳侯秋省歛因而報祭于方也
○豐年孟冬蜡八蜡也是為豳頌
○良耜蜡祭報社也是為豳頌
○載芟孟冬臘先祖五祀以禮屬民飲酒正其齒位
亦豳頌也
行葦美公劉也公劉有仁厚之德行燕射之體以
篤同姓詩人美之

欽定四庫全書

詩經世本古義卷一
夏少康之世詩八篇
　　　　　　明　何楷　撰
公劉始遷豳也夏道衰公劉變于西戎邑于豳自漆
沮度渭取材用行者有資居者有畜積民賴其慶百
姓懷之多徙而保歸焉故詩人歌樂思其德自夏道
衰下俱
公劉是也　按火記后稷封于邰后稷卒子不窋立
出火記匈奴列傳及周本紀索隱云即詩太雅篤篤

欽定四庫全書

卷一　詩經世本古義　一

每詩之前有小序，或引前人之說，或參互眾說，或獨出心裁，揭示詩篇主旨。然後對各詩加以注解。林慶彰稱：「注釋時，有幾點可注意：（1）注出韻腳；（2）注出異體字、假借字；（3）每章後先注明賦、比、興，再將各章內的字、詞，逐句加以注解。有必須以史實證明者，則繁引史事以證成之。對名物制度，更不厭其煩的考證。」每一詩結尾注明章句，並用小字對《詩序》、朱《傳》、偽《子貢傳》、偽《申培說》加以辯證。卷末仿傚《周易·序卦傳》作《屬引》，以定其序次。

因此，對何氏之書，歷來評價不一，一方面予以肯定，一方面則加以抨擊。正如《四庫全書總目》所言：

> 其論《詩》，專主孟子「知人論世」之旨。依時代為次，故名曰《世本古義》。始於夏少康之世，以《公劉》、《七月》、《大田》、《甫田》諸篇為首。終於周敬王之世，以《曹風·下泉》之詩殿焉。計三代有詩之世，二十八王，各為序目於前，又於卷末仿《序卦傳》例，作《屬引》一篇，用韻語排比成文，著所以論列之意。考《詩序》之傳最古，已不盡得作者名氏，故鄭氏《詩譜》，缺有間焉。三家所述，如《關雎》出畢公、《黍離》出伯封之類，茫昧無據，儒者猶疑之弗傳。楷乃於三千年後，鈎棘字句，牽合史傳，以定其名姓時代。如《月出》篇有「舒窈宨兮，舒憂受兮」之文，即指以為夏徵舒，此猶有一字之近也。《碩鼠》一詩，茫無指實，而指以為《左傳》之魏壽餘，此孰見之而孰傳之？以《大田》為豳雅，《豐年》、《良耜》為豳頌，即屬之於公劉之世，此猶有先儒之舊說也。以《草蟲》為《南陔》，以《菁菁者莪》為《由儀》，以《緜蠻》為《崇邱》，人孰傳之而孰受之？大惑不解，楷之謂乎？然楷學問博通，引援賅洽，凡名物訓詁一一考證詳明，典據精確，實非宋以來諸儒所可及。譬諸蒐羅七寶，造一不中規矩之巨器，雖百無所用，而毀以取材，則火齊木難，片片皆為珍物。百餘年來，人人嗤點其書，而究不能廢其書，職是故矣。

因此，對待此書，讀者應該以辯證的眼光來看待。尤其是「引援賅洽」、「考證詳明」，使其極富學術價值。同時，何氏打破《詩經》傳統的風、雅、頌體系，並對毛《傳》、鄭《箋》、孔《疏》、朱《傳》做出了嚴厲的批評，其不盲從古人的學術勇氣值得肯定！

　　本書的整理，以《四庫提要著錄叢書》經部第 61～62 冊所收明崇禎十四年刻本為底本，以景印文淵閣四庫全書本為參校本。二本各有文字缺漏，且字句頗有不同。通過兩本對校，加以說明。

　　另外，書中多徵引前人或時人之說，有些僅注明某氏，不言其名，有的僅言或曰，儘量一一查明。引用他人之說，通過對比史源，也可訂正一些文字，糾正一些錯誤。

　　如卷十八《頍弁》稱：

　　　　郝云：「今夕何夕」，死喪近矣。而君子惟怡然宴樂，長夜之驩不輟。來朝之事，未可知矣。如後世敵兵四合，而帳中夜飲，亡國之慘，千古一轍。杜甫所謂「東方漸高奈樂何」者也。長歌可以代泣，其《頍弁》之謂乎！

　　錢澄之《田間詩學》一書對《詩經世本古義》頗有參考，明引（標明何玄子）、暗引（用何氏之說，或據何氏之書引錄他人之說，而不加注明）甚多。其《頍弁》引郝敬之說與此同〔註 10〕。然查考郝敬原書，可知此節文字並非出於一書，而是拼接而成，「未可知矣」之前出《毛詩原解》卷二十三〔註 11〕，其後出《毛詩序說》卷五〔註 12〕。

　　再如卷二十四《交交黃鳥》稱：

　　　　而蘇軾亦云：穆公生不誅孟明，豈有死而忍用其良。罪康公也。

　　《田間詩學·黃鳥》稱：「蘇子瞻亦云：穆公生不誅孟明，豈有死而忍用其良？罪康公也。」〔註 13〕檢蘇軾《秦穆公墓》：「橐泉在城東，墓在城中無百步。乃知昔未有此城，秦人以泉識公墓。昔公生不誅孟明，豈有死之日而忍用其良。乃知三子徇公意，亦如齊之二子從田橫。古人感一飯，尚能殺其身。今人不復見此等，乃以所見疑古人。古人不可望，今人益可傷。」可知「罪康公也」原非蘇軾之說。

　　此類之問題尚有不少。通過他校，也能解決一些問題。另外，一些地方用到本校、理校。均出校記加以說明。

〔註 10〕（清）錢澄之《田間詩學》，黃山書社 2005 年版，第 612 頁。

〔註 11〕（明）郝敬《毛詩原解》卷二十三，中華書局 2021 年版，第 451 頁。

〔註 12〕（明）郝敬《毛詩序說》卷五，中華書局 2021 年版，第 832 頁。另，「東方漸高奈樂何」非杜甫詩，出李白《烏棲曲》。

〔註 13〕《田間詩學》，第 308 頁。

關於後世《詩》學著作援引何楷《詩經世本古義》之說，亦稍作說明。援引一般指引用何楷之說。但《詩經世本古義》書中引錄的他人之說，有些原書不詳，僅賴此得以保存，亦時被他書徵引。如《詩經世本古義》兩引劉汝楨之說，分見卷八《采蘩》、卷十七《江漢》。劉汝楨，其人不詳。其中《江漢》所錄劉汝楨之說，又見顧鎮《虞東學詩》卷十、朱鶴齡《詩經通義》卷十、錢澄之《田間詩學》，但不及《詩經世本古義》引錄之詳，當是據此轉引。這一點在《田間詩學》中尤為突出。《田間詩學》中很多材料和《詩經世本古義》如出一轍，如前所舉之例，錯訛亦同，引自《詩經世本古義》可知。筆者擬另撰文詳考。

此書已有《儒藏》整理本，係李士彪、張丹丹點校，整理時曾參考過，特表謝忱！但限於主客觀條件，清康熙間鈔本、清嘉慶十八年（1813）嘉興周氏書三味齋刻本、清嘉慶二十四年（1819）溪邑謝氏文林堂刻本，我尚無緣得見。日本寬政十年（1798）會津藩覆明崇禎刊本，孔夫子舊書網有一套在售，索價高昂，然非普通教書匠所能承受。清光緒十九年（1893）鴻寶齋石印本雖可得見，但疫情防控，無從長時間出外訪求查閱，故僅迻錄卷首諸序跋。加之時間倉促、水平有限，書中未盡之處及錯訛難免，敬祈博雅君子指正！

凡　例

一、本書之整理，以《四庫提要著錄叢書》經部第 61、62 冊收錄明崇禎十四
　　年（1641）刻本為底本，以景印文淵閣四庫全書本為校本。

二、書中避諱字，如「玄」作「玄」等，則逕改；如「玄」作「元」等，則改
　　回，並出校說明。

三、腳注所引文字，如文中有小字注文，今改與正文同字號，加〔 〕以示區
　　分。

詩經世本古義自〔註1〕序

　　昔者孔子之教天下，道不外乎六經，而禮樂為王者之事，當世必皆各有成書，如《周禮》、《儀禮》之類，不容以意為之損益。其所手定，惟《易》、《書》、《詩》、《春秋》四者。《易》衍《十翼》，《春秋》修舊史，皆述也，而有作焉。若《書》、《詩》第以棄取見義而已。《易》、《春秋》之為書，一明理，一紀事，各自孤行，而《書》、《詩》則兼禮樂而有之。是故《易》，體也；《春秋》，用也。垂《書》、《詩》以寄禮樂，聖人治世之跡所以流露於體用之間者也。然以理言，則《禮》、《樂》仍與《易》為類，物之有本末也；以事言，則《書》、《詩》又與《春秋》為類，道之有升降也。不明乎此，亦未有能讀《書》誦《詩》者也。夫以《書》為兼乎《禮》、《樂》，類乎《春秋》，人猶信之。若《詩》則第以「道性情」一語蔽之，足矣，將安取此？嗟乎！《詩》教失傳，莫大於是。今夫《詩》在《書》中，不過諸制之一，若《五子之歌》是也。諸制各因一事而作，宜不能多，而《詩》則上播諸聲律，下形諸諷詠，無地而不有詩，無人而不可以作詩。當孔子之世，而古詩存者至三千餘，亦云夥矣。而所刪存者，廑廑止此。其所以存之者，必有故也。緣其所從來者異，故於一體中自以風、雅、頌為之標別，然亦必皆因一事而作，則其世固可知也。夏、商之文獻皆不足矣，宋猶存《商頌》五篇，杞無一焉。惟周室先祖之詩藏在故府，幸不放失，聖人以為此二代文獻之猶存者也，故取公劉遷豳諸詩以續五子之後，取王季、文王諸詠以廣《商頌》之遺，其於二代蓋彬彬矣。《書》斷於穆，《春秋》始於平，中間若厲、宣、幽三王之際，皆周室改革之大者，而

〔註1〕「自」，四庫本無。

其事蹟杳如也，捨《詩》將安所徵之？故《詩》者，聯屬《書》與《春秋》之際者也。孟子曰：「王者之跡熄而《詩》亡，《詩》亡然後《春秋》作。」諸儒推測，未有得其解者也。今以世考之，《詩》亡於《下泉》，正當敬王之時。《春秋》之作，適有感是時耳。蓋至是而周不復興矣。平遷王城，敬遷下都，愈趨愈下，聖人所以投筆而自廢也。聖人之刪書也，其心猶以王為未足也，曰：「必如帝者，斯可矣。」刪《詩》則不及帝矣。而其大指所在，特惓惓屬望於中興，曰：「孰能如夏之少康、殷之盤庚、武丁者乎？」故於二代之《詩》獨有取於三君之世，此尤足以見《春秋》託始平王之意也。若夫典章、文物、聲容、器數之盛，散見於《詩》中者，犁然明備，至纖而不可遺，至繁而不可亂，按之《三禮》，無一不合。有王者起，特舉而措之耳。是又聖人之借《詩》以存禮樂也。蓋昔孔子「雅言，《詩》、《書》執《禮》」，而不及《樂》，他日又言「興於《詩》，立於《禮》，成於樂」，而不及書。明乎舉《詩》足以兼《書》，猶之舉《禮》足以兼《樂》也。其言《詩》、《書》，恒在《禮》、《樂》之先者，以《禮》、《樂》取諸《詩》、《書》中而足也。後儒視《詩》太淺，索《詩》太易，盍亦思聖人所以廣收約取，著之為經，與《易》、《書》、《春秋》並垂者，其立教宜何如精嚴，而可輕以里巷謳吟、文人詞曲例之乎？

　　凡余說《詩》，是不一術。先循之行墨，以研其義；既證之他經，以求其驗；既又考之山川譜系，以摭其實；既又尋之鳥獸艸木，以通其意；既又訂之點畫形聲，以正其誤；既又雜引賦詩斷章，以盡其變。諸說兼詳，而《詩》中之為世為人，若禮若樂，俱一一躍出，於是喜斯文之在茲，歎絕學之未墜也。當其沉思莫解，寢食都忘；疑竇將開，鬼神如牖。亦閱七載，手不停披，斯已勤矣。書成，悉依時代為次，名曰《世本古義》，伸子輿氏誦詩論世之指也。卷凡二十八，與經宿配。每篇仿古序體，更定小引，以冠其前。其諸義未安者，則附見之章句之後，欲使觀者了其巔末，有所考鏡焉。掛漏之病，知不能無。糺繆拾遺，以俟來哲。

　　崇禎十有四年歲次辛巳夏四月丁卯，古閩何楷書。

何氏詩經世本古義序

　　夫說《詩》者，莫善於孟子。孟夫子之言曰：「故說《詩》者，無以文害詞，無以詞害意。以意逆志，是為得之。」夫子又云：「誦其詩，讀其書，不知其人，可乎？是以論其世也。」逆志則用虛，論世則用實，然實足以該乎虛，世明則其志粲然可覩矣。詩人之言則微，而其志何嘗欲晦？苟使其志寧晦而勿章，則詩可無作矣。志之難尋，而必以意逆之者，此斷章取義之詩，而非通篇全什之詩也。即如孟子所引《北山》四句，亦非全文，故云以意逆之。倘若終篇之上下文而盡讀之，則其為人臣之困於行役，而歎勞佚之不均者，其志何用逆乎？愚謂說《詩》不但欲上下文之貫串，即前俊篇亦相焰應，可以互觀。又不但前後敗篇，即《風》、《雅》、《頌》之三體，亦當渾融而要其一致。如此，則虛實可以並攝，而詩人之志亦可以旁通，而要之非論其世不可。然則，何氏《詩經世本古義》之作，安可少乎？孔門說《詩》，有《序》有《傳》，即後世之為說、為箋、為疏、為故，皆不越乎世，亦惟披其篇什而箋注之，未聞有純以世為主，而《風》、《雅》、《頌》隨之者。譬如觀其譜諜，而其祖宗功德之近遠，與其為子若孫之賢不肖，具在尺幅中矣，固不必隨人而問諱問事也。又較予之所云說《詩》以前後篇之互證，與《風》、《雅》、《頌》之通融者，其勞逸有間矣。雖然，後之學者讀是書，而說《詩》，世不必考，志不必逆，事省功倍，人人受益，亦思何氏之所以研窮於此者，積有七年之久而始成章者乎？名曰『古義』，義即志也。何氏曰：「非我作古，乃古人之志也。」惟古人之志而未竟者，何氏為大暢之，始為全書矣。書成，則作者之志與述者之志貫通而無憾，而後之學者又可不以何氏之志為志也耶？何氏玄子，楷也；序之者，曹氏學佺也。

　　時崇禎庚辰歲之冬月望日。

參閱諸公

曹尊生先生_{學佺}
錢牧齋先生_{謙益}
范質公先生_{景文}
方孩未先生_{震儒}
王東里先生_{志道}
侯六貞先生_恂
瞿稼軒先生_{或耜}
彭讓木先生_{汝楠}
張二無先生_瑋
馮鄴仙先生_{元飆}
姚石嶺先生_{孫榘}
黃石齋先生_{道周}
李括蒼先生_{建泰}
項水心先生_煜
宋九青先生_玫
孫暮山先生_晉
吳梛梅先生_{家周}
王光復先生_{廷垣}
黃東崖先生_{景昉}
周巢軒先生_{鳳翔}

金天樞先生光辰
曹履垣先生荃
賀無黨先生王盛
魏倩石先生呈潤
張西銘先生溥
楊機部先生廷麟
吳駿公先生偉業
岳衡山先生虞巒
方思默先生廷涅
陶英人先生廷燦
錢仲馭先生棟
陳臥子先生子龍
金念庵先生之鑛
葉雁湖先生益蓀
周慕存先生霑

較正門人

李靜修龍靜　　鄭大益謙伯
徐孚遠闇公　　吳音炘闇之
顏紹庭庭生　　沈壽岐■■
吳道凝子遠　　程之瑞玉符
宋存標子建　　談　時贊之
黃　良圯孺　　徐　斌道吉
錢陸燦湘靈　　朱尚云槐里
朱應昇允升　　陳陽復效寅
葉　詵和吉　　周尚德南宮
林　蔚蔚然　　鄭大紀星伯
蕭　亮伯闇　　葉　訒庭碩
鮑元華曼殊　　蔣佑聖廷輔
丘士采亮臣　　徐　愔■■
吳　溥鷺公　　金允修似九
葉苫棠懇公　　吳調元雨蒼
吳元煜次暹　　薛國錫晉公
錢士馨穉拙　　謝起秀實夫
方　湛季持　　徐泰來道長
葉召棠右公　　吳去思■■
顧　鈇僧虔　　徐茂渥爾霖

吳德操鑑在　　　薛邦錫敷公
林　蕃小草　　　李卿雲■■
李　卓子約　　　吳臨皥蒼乘
胡爾俊用章　　　林　灝公遠
吳同雲就日　　　黃鶴徵羽客
湯　濩昭夔　　　朱履亨吉甫
吳治臣■■　　　葉灼棠函公
李　標■■　　　吳間胤汝為
吳亨譽聖許　　　方時樞象先
馮元颺天行　　　程文薰昌爾
吳　奇正持　　　李景雲■■
傅　試俊藪　　　王　意美中
丘學古森生　　　劉　輝日孳
徐日知無忘　　　鮑　蘭琬滋
鄭文升愷士　　　周止敬廖度
兄九雲舅悌
弟九說鏡子
　　模侗子
　　樅聲子
　　橻平子
　　楞佛子
姪家駒如飛
　燁光父
際盛玄如

詩經世本古義卷首

閩儒何楷玄子氏錄〔註1〕

男燾注〔註2〕

原引

古文「詩」作「詧」。從言從之。心有所之，形而為言，斯其義也。《說文》云：「詩，志也。」志發於言。《釋名》云：「詩，之也。志之所之也。」《詩序》云：「在心為志，發言為詩。」班固云：「誦其言謂之詩，詠其詩謂之歌。」太師採之，《食貨志》云：「孟春之月，群居者將散。行人振木鐸，徇於路以采詩，獻之太師，比其音律，以聞於天子。」《禮記》云：「天子五年一巡狩，命太師陳詩，以觀民風。」《文中子》云：「薛收問曰：『今之民胡無詩？』子曰：『詩者，民之情性也。情性能亡乎？非民無詩，職詩者之罪也。』」陳傅良云：「春秋之衰以禮廢，秦之亡以詩廢。嘗觀之詩，刑政之苛，賦役之重，天子諸侯朝廷之嚴，而后妃夫婦衽席之秘，聖人為詩，而使天下匹夫匹婦之微皆得以言其上，宜若啟天下輕君之心。然亟諫而不悟，顯戮而不戾，相與攜持去之而不忍，是故湯、武之興，其民急而不敢去；周之衰，其民哀而不敢離。蓋其抑鬱之氣紓，而無聊之意不蓄也。嗚呼！詩不敢作，天下怨極矣。卒不能勝，共起而亡秦，秦亡而後快，於是始有匹夫匹婦存亡天下之權。嗚呼！春秋之衰以禮廢，秦之亡以詩廢，吾固知公卿大夫之禍速而小，民之禍遲而大，而詩者正所以維持君臣之道，其功用深矣。」**別其美惡，以資教化。**《詩序》云：「正得失，動天地，感鬼神，莫近於詩。先王以是經夫婦，成孝

〔註1〕「閩儒何楷玄子氏錄」，四庫本作「明何楷撰」。
〔註2〕「男燾注」，四庫本無。

敬，厚人倫，美教化，移風俗。」朱子云：「詩者，人心之感物而形於言之餘也。心之所感有邪正，故言之所形有是非。唯聖人在上，則其所感者無不正而其言皆足以為教。其或感之之雜，而所發不能無可擇者，則上之人必思所以自反而因有以勸懲之，是亦所以為教也。」**棄取之間，官實為政，故變文施寺。**古文誌，右施之。今文詩，右施寺。**寺者，法度之廷也。**《說文》云：「寺，廷也，有法度者也。」**或曰：寺之為言侍也。**《〈周禮・天官・寺人〉注》云：「寺之言侍也。」《詩》「寺人孟子」《疏》云：「言寺者，欲取親近侍御之義。」**取其可以侍御於君也。**《虞書》：「舜曰：『予欲聞六律、五聲、八音，在治忽，以出納五言，汝聽。』」《左傳》云：「瞽誦詩諫。」此以詩侍御於君之義也。又孔穎達云：「名為詩者，《內則》說負子之禮曰『詩負之』，《注》謂『詩之言承也』。《春秋說題辭》曰：『在事為詩，未發為謀。恬澹為心，思慮為志。詩之為言志也。』《詩緯含神霧》曰：『詩者，持也。』然則詩有三訓：承也，志也，持也。作者承君志之善惡，述己志而作詩。為詩所以持人之行，使不失墜，故一名而三訓也。」今按：「言志」為「詩」，自是本訓。更取「持」義，已屬迂遠。若《內則》「詩負之」云，直是緣「詩」、「持」相近而誤，但當通作「持」耳。強訓為「承」，支離斯甚。**上古質樸，靡得而稱。肇舜命夔，詩名方顯。**鄭玄《詩譜序》云：「詩之興也，諒不於上皇之世。大庭軒轅逮於高辛，其時有亡，載籍亦蔑云焉。《虞書》曰：『詩言志，歌永言，聲依永，律和聲。』然則詩之道放於此乎？」孔穎達云：「哀樂之起，冥於自然；喜怒之端，非緣人事。故燕雀表啁噍之感，鸞鳳有歌舞之容。然則詩理之先，同夫開闢；詩跡所用，隨運而移。上皇道質，故諷諭之情寡。中古政繁，亦謳歌之理切。唐、虞乃見其初，犧、軒莫測其始。」又云：「上古之時，徒有謳歌吟呼。縱令土鼓葦籥，必無文字雅頌之聲。故伏羲作瑟，女媧笙簧，及蕢桴土鼓，必不因詩詠。如此則時雖有樂，容或無詩。」**迨乎孔子之世，古詩存者三千餘篇，於是去其繁複，錄其止於禮義，廑得十之一，**司馬遷云：「古者詩三千餘篇，及至孔子，去其重，取可施於禮義，上採契、后稷，中述殷、周之盛，至幽、厲之缺。始於衽席，故曰《關雎》之亂，以為《風》始，《鹿鳴》為《小雅》始，《文王》為《大雅》始，《清廟》為《頌》始。三百五篇，孔子皆絃歌之，以求合《韶》、《武》、雅、頌之音，禮樂自此可得而述，以備王道，成六藝。」朱子云：「昔周盛時，上自郊廟朝廷，而下達於鄉黨閭巷，其言粹然無不出於正者。聖人固已協之聲律，

而用之鄉人，用之邦國，以化天下。至於列國之詩，則天子巡守，亦必陳而觀之，以行黜陟之典。降自昭穆而後，寖以陵夷。至於東遷，而遂廢不講矣。孔子生於其時，既不得位，無以行勸懲黜陟之政，於是特舉其籍而討論之，去其重複，正其紛亂，而其善之不足以為法，惡之不足以為戒者，則亦刊而去之，以從簡約，示久遠。」程子云：「虞之君臣，迭相賡和，見於《書》。夏、殷之世，雖有作者，其傳鮮矣。至周而世益文，人之怨樂必形於言，政之善惡必見刺美。至夫子之時，所傳者多矣。夫子刪之，得三百篇，皆止於禮義，可以垂世立教。古之人幼而聞歌頌之聲，長而識刺美之意，故人之學繇詩而興。後世老師宿儒尚不知詩義，後學豈能興起也？」**著以為經**，王應麟云：「二帝之世，工以納言，時而颺之，其施之學校以較〔註3〕士，與禮樂書相參，謂之四術。至孔子，始刪取，著以為經。」**猗歟偉矣！**《韓詩外傳》云：「子夏讀《詩》已畢，夫子問曰：『爾亦可言於《詩》矣。』子夏對曰：『《詩》之於事也，昭昭乎若日月之光明，燎燎乎如星辰之錯行。上有堯、舜之道，下有三王之義，弟子不敢忘。雖居蓬戶之中，彈琴以詠先王之風，有人亦樂之，無人亦樂之，亦可發憤忘食矣。《詩》曰：衡門之下，可以棲遲。泌之洋洋，可以療饑。』夫子造然變容曰：『噫！吾子始可以言《詩》已矣。然子以見其表，未見其裏。』顏淵曰：『其表已見，其裏又何有哉？』孔子曰：『窺其門不入其中，安知其奧藏之所在乎？然藏又非難也。丘嘗〔註4〕悉心盡志，已入其中，前有高岸，後有深谷，泠泠然如此。既立而已矣，不能見其裏。蓋謂精微者也。』」《論語》：「子曰：『《詩三百》，一言以蔽之，曰：思無邪。』」又曰：「小子何莫學夫《詩》。《詩》可以興，可以觀，可以群，可以怨，邇之事父，遠之事君，多識於鳥獸草木之名。」又曰：「不學《詩》，無以言。」又曰：「誦《詩三百》，授之以政，不達；使於四方，不能專對。雖多，亦奚以為？」**及門之士能言《詩》者，惟商、賜二賢，嘗蒙許可。**《論語》：「子曰：『起予者，商也，始可與言《詩》已矣。』」又曰：「賜也，始可與言《詩》已矣，告諸往而知來者。」**其後孟子說《詩》獨精。**《孟子》曰：「故說《詩》者，不以文害辭，不以辭害志，以意逆志，是為得之。」**秦燔滅文章，而《詩》以播在諷誦獲全。**班固云：「孔子純取周詩，上取殷，下取魯，凡三百五篇，遭秦而全者，以其諷誦，不獨在竹帛故也。」按：《周禮·太師》：「教六

〔註3〕「較」，四庫本作「教」。
〔註4〕「嘗」，四庫本作「常」。

詩，曰風，曰賦，曰比，曰興，曰雅，曰頌。以六德為之本，以六律為之音。」《瞽矇》：「掌九德六詩之歌，以役太師。」《論語》：「子曰：『吾自衛反魯，然後樂正，雅、頌各得其所。』」又曰：「師摯之始，《關雎》之亂，洋洋乎盈耳哉！」《樂記》：「子贛見師乙而問焉，曰：『賜聞聲歌，各有宜也。如賜者，宜何歌也？』師乙曰：『寬而靜、柔而正者，宜歌《頌》。廣大而靜、疏達而信者，宜歌《大雅》。恭儉而好禮者，宜歌《小雅》。正直而靜、廉而謙者，宜歌《風》。』」**漢興，有魯、齊、燕三家之學，皆列學官。**司馬遷云：「言《詩》，於魯則申培公，於齊則轅固生，於燕則韓太傅。」班固云：「魯申公為《詩訓故》，而齊轅固、燕韓生皆為之傳。」按：《魯詩》弟子顯者為孔安國、韋玄成、王式、龔遂，《齊詩》弟子顯者為蕭望之、匡衡、翼奉、師丹。韓生即韓太傅，名嬰。**魯最先顯，**當漢高祖過魯，申公以弟子從師，入見於魯南宮。韓嬰為孝文時博士。轅固為孝景時博士。**齊最先亡。**《隋志》云：「《齊詩》，魏代已亡。《魯詩》亡於西晉。《韓詩》雖存，無傳之者。」按：今《韓詩》所傳，唯有《外傳》十卷。**《魯詩》出於浮丘伯。**浮丘伯者，荀卿門人也。齊、燕不知所從受，而韓氏之學乃自謂其詩不如《易》深。班固《藝文志》云：「嬰推詩人之意而作《內外傳》數萬言，其語頗與齊、魯間殊，然歸一也。孝宣時，涿郡韓生以《易》徵，曰：『嘗受《韓詩》，不如《韓氏易》深。』」孟堅揚挖三家，獨許魯為近之。固云：「齊、燕、魯或取《春秋》，採雜說，咸非其本義。與不得已，魯最為近之。」**最後毛公詩出，稱得傳於子夏，不與三家同，以授毛萇。然其本亦出荀卿云。**毛公名亨，或云魯人，或云河間人。《序錄》：「徐整云：『子夏授高行子，高行子授薛倉子，薛倉子授帛妙子，帛妙子授河間大毛公。』」陸璣云：「子夏傳魯人曾申，申傳魏人李克，克傳魯人孟仲子，孟仲子傳根牟子，根牟子傳趙人孫卿子，孫卿子傳魯人大毛公。」《初學記》云：「荀卿授魯國毛亨，作《詁訓傳》，以授趙國毛萇。時人謂亨為大毛公，萇為小毛公。」**傳至衛敬仲，有序行世。**《後漢·儒林傳》云：「衛宏，字敬仲，東海人。初，九江謝曼卿善《毛詩》，宏從受學，作《毛詩序》，善得風、雅之旨，於今傳於世。」鄭樵云：「漢興四家之詩，《毛詩》未有序，惟《韓詩》以序傳於世，《齊詩》無序，《魯詩》之序有無未可知。《詩》之序大槩與今序異。《韓詩》得序而益明，漢儒多宗之，如司馬遷、揚雄、范曄之徒皆以《二南》作於周衰之時，此韓學也。《毛詩》至衛宏為之序，鄭玄為之注，而《毛序》之學盛行，又非韓

所敢望也。或者謂《大序》作於子夏，《小序》作於毛公，此說非也。序有鄭注而無鄭箋，其不作於子夏明矣。毛公於《詩》，第為之傳，其不作序又明矣。又謂《大序》作於聖人，《小序》作於衛宏。謂《小序》作於衛宏，是也；謂《大序》作於聖人，非也。命篇大字蓋出於當時采詩太師之所題，而題下之序則衛宏從謝曼卿受師說而為之也。或者又曰序之文辭委曲明白，非宏所能為。曰使宏鑿空為之，雖孔子亦不能；使宏誦師說為之，則雖宏有餘矣。意者毛氏之詩，歷代講師之說，至宏而悉加詮次焉。今觀宏之序，有專取諸書之文至數句者，有雜取諸家之說而辭不堅決者，有委曲宛轉附經以成其義者。宏序作於東漢，故漢世文字未有引《詩序》者，惟黃初四年有『曹共公遠君子，近小人』之語，蓋魏後於漢，而宏之序至是而始行也。」朱子云：「《儒林傳》以為衛宏作《毛詩序》，然鄭序又以為諸序本自合為一編，毛公始分以置諸篇之首，則是毛公之前，其傳已久，宏特增廣而潤色之耳。」程大昌云：「古序之與《大序》今混並無別，然有可考者。凡詩發序兩語，如『《關雎》，后妃之德也』，世人之謂小序者，古序也。兩語以外續而申之，世謂大序者，宏語也。今其續序之指事喻意也，凡《左傳》、《國語》所嘗登載，則深切著明，歷歷如見。苟二書之所不言，而古詩又無明證，則第能和附詩詞，順暢其意，未有一序而能指言其人其事也。此又有以見序之所起，非親生作詩之世，目擊賦詩之事，自可以審定不疑也。然則曄謂續序之為宏作，真實錄矣。」鄭康成氏遵暢毛旨，特為之箋；鄭樵云：「箋之為言，魏晉間所以致辭於皇太子諸王者也。鄭以君師之禮待毛，故特稱箋。」又申明毛義，以難三家，三家遂廢矣。呂祖謙云：「《左氏》所引《詩》，多與毛氏合。」歐陽修云：「毛氏序與孟子說《詩》多合。」鄭又著有《詩譜》。《譜序》云：「夷、厲已上，歲數不明。太史《年表》，自共和始。歷宣、幽、平王而得春秋次第，以立斯譜。欲知源流清濁之所處，則循其上下而省之。欲知風化芳臭氣澤之所及，則傍行而觀之。此詩之大綱也。舉一綱而萬目張，解一卷而眾篇明，於力則鮮，於思則寡，其諸君子亦有樂於是歟？」自後言《詩》者，不越毛、鄭為宗。至宋，諸儒間用己意，有所發明，而朱子《集傳》多不取《小序》及二氏之說，其書簡徑易曉，讀者便之，於是古學益微。近世又有偽為《魯詩》而託之《子貢傳》者，意覬與毛《傳》並行。然掇拾淺陋，有識哂焉。

楷家世受《詩》，先曾大父志齋〔註5〕府君，諱良紹，處士。先大父印海府君，諱湛，郡別駕。先君即印海府君。每舉孟子論世一法，孟子曰：「誦其詩，讀其書，不知其人，可乎？是以論其世也。」以為詩學要領，謂不能論其世以知其人，則不能知其詩之從何而作；不能知其詩之從何而作，則所以說之者皆囈語耳。又引文中子「聖人述史」三焉之說，文中子謂薛收曰：「昔聖人述史三焉。其述《書》也，帝王之製備矣，故索焉而皆獲。其述《詩》也，興廢之絲顯，故究焉而皆得。其述《春秋》也，邪正之跡明，故考焉而皆當。」謂《書》、《詩》、《春秋》原相首尾，《詩》即史也。小子受而識之，不自揣量，旁稽力索，積以歲月，始成《詩經世本古義》一書。按：古有《世本》十五篇，司馬遷採《世本》為《史記》。劉向云：「《世本》，古史官明於古事者所記，錄黃帝以來帝王諸侯及卿大夫系諡名號。」又皇甫謐、顏之推皆謂《世本》左丘明所書。今不傳。故家大人竊取其名，而復繫「古義」二字於下者，所以示別也。**每篇各為小引，以識其世。計三代有詩之世共二十八王。具有依據，亦多舊所未發。非敢求多前賢，聊以仰承先志云爾。若夫權訓詁，則鄭、**漢鄭玄，字康成。**孔**唐孔穎達，字仲達，著《正義》。**之功決不可誣；**古詩有云：「讀詩不到康成處，不敢高聲論聖賢。」〔註6〕**課進修，則朱子之言深得其要。**朱子云：「《詩》之為經，人事浹於下，天道備於上，無一理之不具。其學之也當奈何？曰：『本之《二南》，以求其端；參之列國，以盡其變；正之於《雅》，以大其規；和之於《頌》，以要其止。此學《詩》之大旨也。於是乎章句以綱之，訓詁以紀之，諷詠以昌之，涵濡以體之，察之情性隱微之間，審之言行樞機之始，則修身及家平均天下之道，其亦不待他求，而得之於此矣。』**尊聞行知，**曾子云：「尊其所聞，則高明矣。行其所知，則光大矣。」**願與誦詩者共勖諸。**鄭夾漈有言：「善觀《詩》者，當推《詩》外之意，如孔子、子思。善論《詩》者，當達《詩》中之理；如子貢、子夏。善學《詩》者，當取一二言為立身之本，如子路、南容。」是之謂讀《詩》法。蒙雖不敏，請終身誦之。

〔註5〕「齋」，四庫本作「齊」。
〔註6〕見鄭樵《六經奧論》卷三《詩經‧詩箋辨》。

附錄

論十五國風

朱子云：「國者，諸侯所封之域。而風者，民俗歌謠之詩也。」共十五國，其次第先後，傳者亦各不同。周南、召南、邶、鄘、衛、王、鄭、齊、豳、秦、魏、唐、陳、曹，此周太師樂歌之次第也。周、召、邶、鄘、衛、王、鄭、齊、魏、唐、秦、陳、檜、曹、豳，此毛氏《詩詁訓傳》之次第也。周、召、邶、鄘、衛、檜、鄭、齊、魏、唐、秦、陳、曹、豳、王，此鄭玄《詩譜》之次第也。周南、召南、邶、鄘、衛、王、齊、魏、唐、曹、鄶、鄭、陳、秦、豳，此《子貢傳》、《申培說》之次第也。周樂次第在孔子未刪詩之前，子貢、申培其書新出，近世鄭玄《詩譜》特以己意次其先後，皆不足據。先儒相傳，一依毛《傳》，間有推測，亦或可觀，然未必聖人之意也。○〔註7〕至若詩之名風，厥有三義。其一者繫乎土。天有八風，以宣其氣。人資五土，以命其質。故五方有性而百里殊風，善者矯其偏而歸之中，不善者循其流習而莫之止也。《記》曰：「鄭聲好濫淫志，衛音促數煩志，齊音傲僻驕志。」是列國之音亦不同。天子巡狩列國，太師陳詩以觀民風者，此也。其一者本乎上。風殊習異，而上之人身先之淑慝、政教之隆污，感焉漸焉，其風動於人，猶風之吹物入物，於是乎雅俗、乖和、哀樂、淫思之效具形於謠詠而成風。《大序》謂「一國之事繫一人之本謂之風」。古太師陳詩，而天子躬於明堂臨觀，考政治焉，蓋其重也。其一者辨乎體。列國之風化不齊，聲氣雖不類，而體則一。是故風之體，輕剽和婉，託物而不着於物，指事而不滯於事，義雖寓於音律之間，意嘗超於言辭之表。《大序》所云「上以風化下，下以風刺上，主文而譎諫，言之者無罪，聞之者足以戒，故曰風」是也。○又《史記》云：「《詩》記山川、溪谷、禽獸、草木、牝牡、雌雄，故長於風。」《樂記》云：「正直而靜、廉而讓者，宜歌《風》。」《左傳·襄二十九年》：「吳公子札來聘，請觀於周樂。使工為之歌《周南》、《召南》，曰：『美哉！始基之矣，猶未也。然勤而不怨矣。』為之歌《邶》、《鄘》、《衛》，曰：『美哉淵乎！憂而不困者也。吾聞衛康叔、武公之德如是，是其《衛風》乎！』為之歌《王》，曰：『美哉！思而不懼，其周之東乎！』為之歌《鄭》，曰：『美哉！其細已甚，民弗堪也，是其先亡乎！』為之歌《齊》，曰：『美哉，泱泱乎！大風也哉！表東海者，其太公乎！國未可量

〔註7〕「○」，四庫本作空格。下同。

也！』為之歌《豳》，曰：『美哉！蕩乎樂而不淫，其周公之東乎！』為之歌
《秦》，曰：『此之謂夏聲。夫能夏則大，大之至也，其周之舊乎！』為之歌
《魏》，曰：『美哉，渢渢乎！大而婉，儉〔註8〕而易行，以德輔此，則明主
也。』為之歌《唐》，曰：『思深哉！其有陶唐氏之遺民乎！不然，何憂之遠
也？非令德之後，誰能若是？』為之歌《陳》，曰：『國無主，其能久乎？』
自《鄶》以下，無譏焉。」朱子引「舊說《二南》為正風，所以用之閨門、
鄉黨、邦國，而化天下也；十三國為變風，則亦領在樂官，以時存肄，備觀
省而垂鑒戒耳」。然僅止於十五國，何也？周衰詩亡，刪訂止此。以十五國
槩方內，風俗大略可睹矣。《詩序》云：「國史明乎得失之跡，傷人倫之廢，
哀刑政之苛，吟詠性情以風其上，達於事變而懷其舊俗者也，故變風發乎情，
止乎禮義。發乎情，民之性也；止乎禮義，先王之澤也。」文中子云：「列
國之風深以固，其人篤，曰：『我君不卒求我也，其上下相安乎？』及其變
也，勞吾而散，其人蓋傷君恩之薄也，而不敢怨，曰：『猶吾君也，得逃乎？
何敢怨？』故曰三代之末尚有仁義存焉。」〇其在《雅》、《頌》前，何也？
鄧元錫云：「風自下起，故《詩》莫先風。家人，風所自出，故風莫大於閨
門。言天下之事，形四方之風，謂之雅。雅亦風也，同風之道也。頌者，美
盛德、告成功於神明。風者，神明之道也。明乎風，而三經三緯之旨具達之
矣。」陳際泰云：「國有風而天下無風。風者，立於外而觀之，因以名之者
也。人有謂晉之俗儉，吳之俗佻，楚之俗剽者矣，未聞有曰天下之俗或儉或
佻或剽者。天下未嘗外此，而合而歸之，則其途襍，既不可專指以為名，且
皆立於天下之中，又誰從其外而觀之而因以名也哉？故欲名天下之風者，必
其與我異，又立於其外者也。故殷立於夏之外，則曰夏尚忠；周立於殷之外，
則曰商尚質；後世立於周之外，則曰周尚文；而中國立於蠻獠之外，則曰蠻
獠之俗貴壯而賤老。何者？以專指之，以外名之，勢固然也。故諸侯之詩名
之為風，而天子之詩名之為雅為頌。然而周頌鬱而奧，即周之政事好尚見焉；
魯頌從而肆，即魯之政事好尚見焉；商頌簡而明，即商之政事好尚見焉。獨
非風歟？曰：此所謂以專指之，以外名之者也。雅之正變，可以觀世焉。然
不列於風者，各有統焉耳。雅與風，其為世孰先？《豳》先《二南》，其先
諸侯之時乎？正大、小《雅》，則天子之樂章，多周公所定。變大、小《雅》，
與《邶》、《鄘》以下之時參襍，斷自幽、平之世，乃國風則已有入春秋者矣。

〔註8〕「儉」，《左傳》作「險」。

風者，出於雅之前後者也。」〔註9〕○又，程大昌云：「《詩》有南、雅、頌，無國風。其曰國風者，非古也。夫子嘗曰：『雅、頌各得其所。』又曰：『人而不為《周南》、《召南》。』未嘗有言國風者。予於是疑此時無國風一名。然猶恐夫子偶不及之，未敢自主執也。《左氏》記季札觀樂，歷敘《周南》、《召南》、《小雅》、《大雅》、《頌》，凡其名稱與今無異。至列敘諸國，自邶至豳，其類凡十有三，率皆單紀國土，無今國風品目。吾是以知古固如此，非夫子偶於國風有遺也。蓋南、雅、頌，樂名也，若今樂曲之在某官者也。南有周、召，頌有周、魯、商，本其所從得而還以繫其國土也。二雅均之為雅，音類相同，又自別為大小，則聲度必有豐殺廉肉，亦如十二律然，既有大呂，又有小呂也。若夫邶至豳，此十三國者，詩皆可採而聲不入樂，則直以徒詩著之本土，故季札所見與夫周工所歌單舉國名，更無附語，知本無國風也。」〔註10〕又云：「春秋、戰國以來，諸侯卿大夫士賦詩道志者，凡詩雜取無擇。至考其入樂，則自《邶》至《豳》，無一詩在數。享之用《鹿鳴》，鄉飲酒之笙《繇庚》、《鵲巢》，射之奏《騶虞》、《采蘋》，諸如此類，未有或出南、雅之外者。然後知南、雅、頌之為樂詩，而諸國之為徒詩也。」〔註11〕今按：程氏謂自《邶》至《豳》皆不入樂，以為徒詩，是已。若謂詩無風名，則不必然。《樂記》師乙告子貢，明有歌風之語。即季札亦曰「是其衛風乎」，又曰「泱泱乎，大風也哉」；《左傳》曰：「風有《采蘩》、《采蘋》」；至《周禮·大師》「教六詩」，以風為首；則風名非出於古而何？

論二雅

按：《左傳·襄二十九年》，吳季札觀周樂，歌《大雅》、《小雅》，是雅有大小，已見於夫子未刪之前矣。雅本鳥名。《說文》以為「楚烏也。一名卑，一召鸒居」〔註12〕，即《小弁》篇之鸒也。取以名詩，不知何義。或謂詩有詠歎，如鳥之籲呼，似矣。然《爾雅》亦以雅名，非詩也，將安取乎？又《說文》有「疋」字，本訓為足，而別引一說，曰「記也」，且曰「古文以為《詩·

〔註9〕陳際泰《五經讀·詩經·國風總論》。（《四庫全書存目叢書》經部第151冊，第374～375頁）
〔註10〕程大昌《考古編》卷一《詩論一》。
〔註11〕程大昌《考古編》卷一《詩論二》。
〔註12〕按：《說文解字·雅》：「楚烏也。一名鸒，一名卑居。」此處引用有誤。

大疋》字」。按：古文大小雅、爾雅字本皆作疋。若以記解疋，於命書之意良順，而疋之為字，上象臍腸，下從止，祇宜訓為足，何緣有記之義？疑「疋」與「書」同音，通用作書耳。乃書之音去雅又遠，讀者不應遂訛至此。展轉推求，終不可解。愚意樂器中有所謂雅者。《周禮・笙師》職云：「舂、牘、應、雅，以教祴樂。」祴夏之樂，先王所以示戒也。「舂、牘、應、雅」，四者所以節之也。陳暘云：「雅者，法度之器所以正樂者也。賓出以雅，欲其醉不失正也。工舞以雅，欲其訊疾不失正也。賓出以雅，用祴夏以示戒，則工舞以雅可知。先儒謂狀如漆桶而弇口，大二圍，長五尺六寸，以羊韋鞔之，旁有兩紐，疏畫武舞，工人所執，所以節舞也。一曰中有椎絫，盡為雲氣。」竊疑雅之取義，蓋本於此。故舊說相傳，皆以正訓雅。子夏云：「雅者，正也。」程子云：「雅者，正言其事。」又云：「雅者，陳其正理。」張子厚亦云：「雅之體，直言之，比興差少，無隱諷譎諫之巧。」而朱子則以為正雅之歌也。愚按：雅題不曰周者，以所載皆周室之詩，絕無異代相涉，故不言周也。○若夫分為大小，其故難明。古今相傳有四說焉，或主政，或主理，或主辭，或主聲。子夏云：「言天下之事，形四方之風，謂之雅。言王政之所繇廢興也。政有大小，故有《小雅》焉，有《大雅》焉。」季氏云：「《小雅》則主一事而言，《大雅》則泛言天下之事。如《鹿鳴》之燕嘉賓，《四牡》之勞使臣，《皇皇者華》之遣使臣，是主一事而言之也。至於《大雅》，則泛言天下之事，如《文王》之詩言文王受命作周；《大明》之詩言文王有明德之類。」朱子云：「《小雅》施之君臣之間，《大雅》則止人君可歌。」馮時可云：「《小雅》者，天子逮下之詩；《大雅》者，天子述祖之詩。《小雅》之變者，哀怨刺譏之意多；《大雅》之變者，憂憫規正之詞切。」此以上皆主政為說者也。蘇轍云：「《小雅》之所以為小，《大雅》之所以為大，何也？《小雅》言政事之得失，而《大雅》言道德之存亡。政事雖大，形也；道德無小，不可以形盡也。蓋其所謂小者，謂其可得而知，量盡於所知而無餘也；其所謂大者，謂其不可得而知，沛然其無涯者也。故雖爵命諸侯、征伐四國，事之大者而在《小雅》；《行葦》言燕兄弟耆老，《靈臺》言麋鹿魚鱉，《蕩》刺飲酒號呼，《韓奕》歌韓侯取妻，皆事之小者而在《大雅》。夫政之得失，利害止於其事；而道德之存亡，所指雖小，而其所及者大矣。」陸九淵云：「《小雅》主事言，《大雅》主理言。謂之小者，詩雖典正，未至於渾厚大醇也。謂之大，則渾厚大醇矣。」鄧元錫云：「《小雅》王事，《大雅》天道。《小雅》情麗乎則，《大雅》性通乎命。《小雅》親臣，

《大雅》格君。此大小之所以別也。」此以上皆主理為說者也。蘇軾云:「季札觀周樂,以為《大雅》曲而有直體,《小雅》思而不貳,怨而不言。夫曲而有直體者,寬而不流也;思而不貳、怨而不言者,狹而不迫也。繇此觀之,則《大雅》、《小雅》之所以異者,取其辭之廣狹,非取其事之小大也。」嚴粲云:「雅之大小,特以體之不同爾。蓋優柔委曲,意在言外,風之體也;明白正大,直言其事,雅之體也。純乎雅之體者為雅之大,雜乎風之體者為雅之小。《離騷》出於《國風》,言多比興,意亦微婉。世以風騷並稱,謂其體之同也。太史公稱《離騷》曰:『《國風》好色而不淫,《小雅》怨誹而不亂。若《離騷》者,可謂兼之矣。』言《離騷》兼《國風》、《小雅》,而不言其兼《大雅》,見《小雅》與《風》、《騷》相類,而《大雅》不可與《風》、《騷》並言也。詠『呦呦鹿鳴,食野之苹』,便識得《小雅》興趣;誦『文王在上,於昭于天』,便識得《大雅》氣象。《小雅》、《大雅》之別昭昭矣。」此以上皆主辭為說者也。孔穎達云:「有《大雅》、《小雅》之聲。」《樂記》曰:「廣大而靜、疏達而信者,宜歌《大雅》。恭儉而好禮者,宜歌《小雅》。」鄭樵云:「《小雅》、《大雅》,特隨其音而寫之律耳。律有小呂、大呂,則歌小雅、大雅,宜其有別也。」程大昌亦云:「南、雅、頌,樂名也,若今樂曲之在某宮者也。南有周、召,頌有周、魯、商,本其所從得而還以繫其國土也。二雅獨無所繫,以其純當周世,無用標別,均之為雅音。類既同,又自別為大小,則聲度必有豐殺廉肉,亦如十二律然,既有大呂,又有小呂也。」陸深云:「大雅、小雅,猶今言大樂、小樂云。嘗見古器物銘識,有笀曰小雅笀,有鍾曰頌鍾,乃知詩之篇名,各以聲音為類,而所被之器亦有不同。後人失之聲,而以名義求,非詩之全體也。」此以上皆主聲為說者也。之四說者,分則各成一是,執則必至難通。在主政與主理者,頗相彷彿。彼以《小雅》,如燕饗、遣勞、南征、北伐之類,固為小矣。而《常武》之興師,何以大於《六月》;《卷阿》之求賢,何以大於《鹿鳴》乎?在主辭與主聲者,頗相彷彿。彼不外借風、雅之純雜以別大小矣。然《棫樸》、《旱麓》、《靈臺》、《鳧鷖》非雜乎風者耶?何以載於大?《天保》、《六月》、《車攻》、《吉日》非純乎雅者耶?何以載於小乎?郝敬於是隱括而合言之,曰:「《小雅》、《大雅》皆王朝之詩,《小雅》多言政事而兼風,《大雅》多言君德而兼頌,故《小雅》之聲飄飆和動,《大雅》之聲莊嚴典則。小大之義盡此矣。」○而二雅之中,又有正變之說,其篇次依子夏序為據。鄭玄云:「《大雅》之初,起自《文王》,至於《文王有聲》,據盛隆而推原

天命，上述祖考之美。《小雅》自《鹿鳴》至於《魚麗》，先其文，所以治內；後其武，所以治外。此二雅逆順之次，要於極賢聖之情，著天道之助，如此而已矣。《大雅・生民》下及《卷阿》，《小雅・南有嘉魚》下及《菁菁者莪》，周公、成王之時詩也。傳曰：『文王基之，武王鑿之，周公內之。』謂其道同，終始相成，比而合之，故《大雅》十八篇，《小雅》十六篇為正經。其用於樂，國君以《小雅》，天子以《大雅》。然而饗賓或上取，燕或下就，何者？天子饗元侯，歌《肆夏》，合《文王》；諸侯歌《文王》，合《鹿鳴》。諸侯於鄰國之君，與天子於諸侯同。天子、諸侯燕群臣及聘問之賓，皆歌《鹿鳴》，合鄉樂。此其著略大較，見在書籍。禮樂崩壞，不可得詳。《大雅・民勞》、《小雅・六月》之後，皆謂變雅，美惡各以其時，亦顯善懲過，正之次也。」蘇氏云：「昔周之興也，積仁行義，凡數百年，至于文武風俗純備，是以其詩發而為正詩。自成、康以後，周室不競。至幽、厲而大壞，其敗亦數百年。其蓄之也亦厚矣，是以其詩不復其舊，而謂之變。」鄭云：「古後王會朝受釐，若燕饗，皆有樂，尚矣。周公相成王，定樂，乃制為賓師友，燕兄弟，洽群下，勞使臣，以至於興賢育士，遣將命戎，畢各因其尊親之義、上下之等敬愛之，則具次為燕饗樂歌奏之。時摭而旁用焉，命之曰小雅。其祭訖、受釐、會朝、陳戒，又原天命之明，赫揚祖德之盛，隆為樂歌，以格王正事，命之曰大雅。故雅者，正也。正者，政也。會朝，政所自出。燕饗，政所自行。曰正也。風者，風也。風本於家而化成於國，故端起於夫婦。雅者，正也。政發於朝廷而達之天下，故綱始於君臣，風始於夫婦，故《二南》，風本也。情而惟則，樂而不淫，則風移而俗易。政始於君臣，故《二雅》，政本也。君燕饗以慈惠盡下情，臣會朝以道德襄上志，則政善而民安。君不盡下，下不匡上，則雅道廢而政為不舉，詩人傷之而有作，依大、小《雅》以為文，刺失導媺，而變雅作焉。故上感下，下格上，莫大於《二雅》。《二雅》，政本也。風先雅，何也？曰：『有夫婦然後有父子，有父子然後有君臣，有君臣上下。然後禮義有所錯。夫婦，人道之始，政之根也。』《小雅》先《大雅》，何也？曰：『君先逮下，則下忠報上。天先乎地，君先乎臣，其義一也，故通乎雅而政立，政立而天下定矣。』」朱子云：「正小雅，燕饗之樂也。正大雅，會朝之樂，受釐、陳戒之辭也，故或歡欣和說，以盡群下之情；或恭敬齊莊，以發先王之德。詞氣不同，音節亦異，多周公制作時所定也。及其變也，則事未必同而各以其聲附之。」馮時可云：「大雅正經所言，受命配天，繼代守成；而小雅正經，治內則惟燕勞群臣

朋友，治外則惟命將出征。以此律彼，其體異矣。故小雅為諸侯之樂，大雅為天子之樂。太師審其所述，自不容紊也。至於二雅之變，大雅則宏遠而疏朗，弘大體以明責；小雅則踖急而局促，多憂傷而怨誹。讀者當自得之矣。」鄧云：「《易傳》曰：『卦有小大，辭有險易。』維《詩》也亦然。正雅辭多易，變雅辭多險。其易易知，可服存；其險難知，多復隱。情性之理也。」蘇子瞻云：「大雅之變作於大臣，召穆公、衛武公之類是也。其言天人之際，婉曲之中直體存焉，故其辭廣。小雅之變作於群臣，家父、孟子之類是也。其言天人之際，雖若迫切，而猶雍容。何者？士大夫言詞氣象終與凡民異爾。風之變也，匹夫匹婦皆得以風刺，清議在下而世道益降矣。」〔註13〕朱子云：「雅之變者，亦皆一時賢人君子憫時病俗之所為，而聖人取之。其忠厚惻怛之心，陳善閉邪之意，尤非後世能言之士所能及之。」孔仲達云：「王政既衰，變雅兼作，取大雅之音歌其政事之變者，謂之變大雅；取小雅之音歌其政事之變者，謂之變小雅。」又云：「變者雖亦播於樂，或無算之節所用，或隨事類而歌，又在制禮之後，樂不常用。」按：以上皆本《鄭箋》正變之論，而夾漈鄭氏獨以為不然。其言曰：「正變之言不出於夫子，未可信也。《小雅·節南山》之刺，《大雅·民勞》之刺，謂之變雅可也。《鴻雁》、《庭燎》之美宣王，《崧高》、《烝民》之美宣王，亦可謂之變乎？《詩》之次第，皆以後先為序。文、武、成、康，其詩最在前，故《二雅》首之；厲王繼成王之後，宣王繼厲王之後，幽王繼宣王之後，故《二雅》皆順其序。國風亦然。則無有正變之說，斷斷乎不可易也。」○乃近代相傳，有託為《子貢詩傳》、《申培詩說》者，取《小雅》、《大雅》而各三分之，其一曰《小雅》，其二曰《小雅續》，其三曰《小雅傳》。《大雅》亦然。蓋本於夾漈，雅非有正變之辨，而暗取東萊呂氏衍鄭、孔之說。按：鄭康成謂《小雅》十六篇、《大雅》十八篇為正經。唐孔氏以己意廣之，曰：「凡書非正經者謂之傳，未知此傳在何書也。」呂氏謂：「按：《楚辭》屈原《離騷》謂之經，自宋玉《九辨》以下皆謂之傳。以此例考之，《鹿鳴》以下，小雅之經也；《六月》以下，小雅之傳也；《文王》以下，大雅之經也；《民勞》以下，大雅之傳也。孔氏以『凡書非正經謂之傳』，善矣。又謂『未知此傳在何書』，則非也。」今詳《詩傳》、《詩說》之意，以詩之美者

〔註13〕按：蘇軾之說未詳。王應麟《困學紀聞》卷三《詩》：「大雅之變作於大臣，召穆公、衛武公之類是也。小雅之變作於群臣，家父、孟子之類是也。風之變也，匹夫匹婦皆得以風刺，清議在下而世道益降矣。」

分為正續,皆謂之經,而其餘詩之刺者皆歸之傳,於舊所列宣王詩於變雅內者,另摘出為續,而其不以續名者,即正雅也。其以傳名者,即變雅也。既鑱去正變之名,以合於樵;並鑱去經之字,以別於玄;又獨存傳之目,以符於呂。彼自謂其偷之巧,而不覺其欲蓋彌章也,真贋書也。如愚之意,則並正變經傳之名皆去之可矣。○《小雅》八十篇內,笙詩六篇亡,實七十四篇。大雅三十一篇。故張揖云:「《詩》小雅之材七十四人,大雅之材三十一人。」愚按:六笙詩非真亡也,本俱在《小雅》諸詩之中,以其用為樂章,特於篇中摘一字二字,以異其名,而讀者不覺耳。《南陔》即《草蟲》也,束晳《補亡詩》注云:「陔,隴也。隴者,大阪也。篇中言『陟彼南山』,故曰『南陔』也。」《白華》即《采薇》也。其第三〔註14〕章曰:「彼爾維何?維常之華。」以常棣華白,故曰「白華」也。《華黍》即《出車》也。其第四章曰:「昔我往矣,黍稷方華。」是「華黍」也。《由庚》即《吉日》也。篇中有「吉日庚午」之語。《崇丘》即《綿蠻》也。曰「丘阿」,曰「丘隅」,曰「丘側」,是「崇丘」也。《由儀》即《菁菁者莪》也。其首章曰「樂且有儀」。且夫詩中此例非乏也。姑舉《漢廣》,亦摘篇中二字。《常武》亦摘篇中一字。不於此六詩創也。《史記》言「古詩三千餘篇,及至孔子,去其重,取可施於禮義者三百五篇」。龔遂謂「昌邑王曰大王誦詩三百五篇」,王式曰「臣以三百五篇諫」,及讖緯之書,如《樂緯》、《詩緯》、《尚書璇璣鈐》,其作於漢世者,皆以三百五篇為夫子刪採定數,正與今詩見在篇數相合,則六笙詩篇目其為衍,無疑也。○又按:鄭玄謂《小雅》、《大雅》皆周室居西都豐鎬時之詩,蓋泥於「王者之跡熄而《詩》亡」之說,謂平世東遷則雅詩亡而降為王風矣。愚考訂世次,雅詩實有在東遷之後者。陳際泰謂:「王風指王城而言之。王城自有風,何與天子之雅也哉?」〔註15〕其論可信。○他如最難詳者,又有四始五際之說。《詩緯汎曆樞》云:「《大明》在亥,水始也。《四牡》在寅,木始也。《嘉魚》在巳,火始也。《鴻雁》在申,金始也。」又云:「午亥之際為革命,卯酉之際為改正。辰〔註16〕者,天門,出入候聽。卯,《天保》也。酉,《祈父》也。午,《采芑》也。亥,《大明》也。然則亥為革命,一際也;亥又為天門,出入候聽,二際也;

〔註14〕「三」,四庫本作「四」。
〔註15〕陳際泰《五經讀‧詩經‧小雅總論》。(《四庫全書存目叢書》經部第151冊,第386頁)
〔註16〕「辰」,孔《疏》同,四庫本作「亥」。

卯為陰陽交際，三際也；午為陽謝陰興，四際也；酉為陰盛陽微，五際也。」不知作何挨排。而《大雅》得其一，《小雅》得其四，然必非聖人精蘊所在也。

論三頌

劉勰云：「四始之至，頌居其極。昔帝嚳之世，咸墨為頌，以歌《九韶》。自《商》以下，文理允備。風雅序人，事兼變正。頌主告神，義必純美。斯乃宗廟之正歌，非燕饗之常詠也。」按：頌有二義，其本義則字從頁。頁者，首也，故《說文》以為貌也。其借音則通作「誦」。誦者，諷也。背文曰諷，以聲節之曰誦也。故《周禮・太師》「教六詩。六曰頌」，《注》云：「頌之言誦也，容也。」子夏《序》亦曰：「頌者，美盛德之形容，以其成功告於神明者也。」「美盛德之形容」，則貌之義也；告成功於神明，則誦之義也。《樂記》：「師乙云：『寬而靜、柔而正者，宜歌《頌》。』」《左傳》：「吳公子札來聘，請觀於周樂。為之歌《頌》，曰：『至矣哉！直而不倨，曲而不屈，邇而不偪，遠而不攜，遷而不淫，復而不厭，哀而不愁，樂而不荒，用而不匱，廣而不宣，施而不費，取而不貪，處而不底，行而不流，五聲和，八風平，節有度，守有序，盛德之所同也。』」○頌有三：曰周，曰魯，曰商。季札皆以為「盛德之所同」。而孔穎達謂：「太平德洽，始報神功。頌詩直述祭祀之狀，不言得神之力，但美其祭祀，是報德可知。此惟《周頌》耳。其商、魯之頌則異乎是。《商頌》雖是祭祀之歌，祭其先王之廟，述其生時之功，正是死後頌德，非以成功告神，其體異於《周頌》也。《魯頌》主詠僖公功德，纔如變風之美者耳，又與《商頌》異也。」子夏序《詩》，次《三頌》於《二雅》之後，次《魯頌》於《周頌》，次《商頌》於《魯頌》。陳傅良謂「別以尊卑之禮，故《魯頌》以諸侯而後於周；間以親疏之義，故《商頌》以先代而後於魯」是也。孔穎達云：「《雅》不言周，《頌》言周者，以別商、魯也。周蓋孔子所加也。先代之頌，必是獨行為一代之法。孔子論詩，乃次魯、商於下，以示三代之法。既有商、魯，須題周以別之，故知孔子加周也。」或有問於愚曰：「魯，列國也，何得有頌？有頌是僭也。商則先代矣，而錄其頌何為？必欲備三恪，則何以不及虞、夏乎？」曰：「此孔子之所私也。以是為孔氏所刪之詩云爾。蓋孔子初刪，不出周詩。雖《公劉》諸篇作於夏世，《關雎》諸篇著在殷年，而是周之先也。孔子，魯人也，而其先則殷之子孫也。吾而既刪詩矣，則吾父母之國

與吾先世之有天下者，奈何使其詩闕而不錄，泯而失傳？故存《魯頌》之四於周後，而又綴《商頌》之五於魯後，是孔子之所以自著也。主人習其讀而問其傳，則知是刪之出於孔子也。使刪詩非孔子，或孔子非魯人，又或其先非殷之子孫，則必不錄此二頌也。」乃《子貢傳》但有周、商二《頌》，而取《魯頌》之詩襍豳詩為魯風。夫風、頌異體，頌何得為風？此後世淺儒所偽託，豈足信哉！○鄧元錫云：「夫周尚文，雅文乎文矣，故反本而受之頌。風主情，足以興；雅主性，足以正；頌通神明，則至於命極矣。故詩以頌終焉，不其深乎？」陳際泰云：「頌於詩為最尊，事神之道，視燕饗、受釐、陳戒有加焉。其後之何也？風而雅，雅而頌，遞而尊之已焉。且人事終而鬼事始，微風以德化感氓庶。雅之君臣，以慈惠盡下情，道德襄上志，欲其祀夏配天，收天下之豫，以薦帝享祖，蕆縏也。頌之語，視雅莊，視風尤莊，何也？事神之道加肅焉爾也。風一事也，而疊言之，即雅亦多有此。風主詠歎，雅主歌詠，而頌則無是也。事神之道加肅焉爾也。」〔註17〕歐陽脩云：「古詩之作，有天下焉，有一國焉，有神明焉。觀天下而成者，人不得而私也；體一國而成者，眾不得而違也；會神明而成者，物不得而欺也。不私焉，雅著矣；不違焉，風一矣；不欺焉，頌明矣。」○又按：雅、頌篇次頗有淆亂，不依其世，疑非孔子之舊。然孔子所云「吾自衛反魯，然後樂正，雅頌各得其所」者，亦但據正樂而言，謂某禮當奏某樂。某樂之章當取之《小雅》，或取之《大雅》，某樂之章當取之《頌》，皆各得其所耳，非為序詩發也。

篇次〔註18〕

角部

公劉	七月	甫田	大田
豐年	良耜	載芟	行葦

亢部

長發

〔註17〕陳際泰《五經讀・詩經・三頌總論》。（《四庫全書存目叢書》經部第 151 冊，第 400 頁）

〔註18〕按：何楷自敘稱「卷凡二十八，與經宿配」，故崇禎本每卷於每頁版心標明所屬星宿。四庫本則改為「篇次」附於此。底本無，據四庫本補。

氏部

那　　烈祖　　玄鳥

房部

殷武

心部

關雎　　鵲巢　　桃夭　　螽斯

葛覃

尾部

采薇　　卷耳　　鹿鳴　　南山有臺

伐木

箕部

草蟲　　出車　　四牡　　杕杜

皇皇者華

斗部

采蘩　　兔罝　　樛木　　南有嘉魚

羔羊　　小星　　江有汜　　摽有梅

漢廣　　芣苢　　野有死麕　　麟之趾

殷其雷　　騶虞　　行露　　菁菁者莪

汝墳　　魚麗　　采蘋　　鳧鷖

牛部

魚藻　　綿　　旱麓　　皇矣

天作　　既醉　　雝　　思齊

棫樸　　靈臺　　臣工　　白駒

小宛

女部

閔予小子　　匏有苦葉　　鴟鴞　　狼跋

伐柯　　九罭　　假樂　　載見

烈文　　訪落　　小毖　　敬之

東山　　破斧　　泮水　　常棣
大明　　文王有聲　　思文　　生民
我將　　絲衣　　楚茨　　信南山
潛　　桑扈　　蓼蕭　　湛露
彤弓　　綿蠻　　吉日　　振鷺
有瞽　　武　　酌　　賚
般　　時邁　　桓　　有客
文王　　蟋蟀　　天保　　清廟
維天之命　　維清　　斯干　　洞酌
卷阿　　凱風

　　　虛部
采菽　　昊天有成命　　下武
噫嘻　　甘棠

　　　危部
執競　　鼓鍾

　　　室部
綢繆

　　　壁部
還

　　　奎部
柏舟　　北門

　　　婁部
漸漸之石　　桑柔　　四月　　采綠
民勞　　板　　蕩　　宛丘
東門之枌　　衡門

　　　胃部
都人士　　鴻雁　　韓奕　　六月
采芑　　常武　　江漢　　無衣
崧高　　黍苗　　烝民　　無羊

車攻　　汎彼柏舟　　庭燎　　雲漢

祈父　　沔水　　黃鳥　　鶴鳴

昴部

無將大車　　隰桑　　大東　　巷伯

鴛鴦　　白華　　車舝　　角弓

頍弁　　瓠葉　　小戎　　正月

瞻卬　　召旻　　小旻　　青蠅

我行其野　　小弁　　蓼莪　　十月之交

雨無正　　北山　　何草不黃　　小明

匪風　　素冠　　逍遙　　丘中有麻

隰有萇楚　　菀柳　　巧言　　苕之華

畢部

瞻彼洛矣　　緇衣　　車鄰　　裳裳者華

溱洧　　東門之墠　　女曰雞鳴　　出其東門

駟驖　　賓之初筵　　抑　　淇奧

終南　　蒹葭　　黍離　　中谷有蓷

碩人　　綠衣　　終風　　日月

簡兮　　考槃　　采葛　　遵大路

白石　　山有樞　　椒聊　　戍申

君子于役　　葛藟　　叔于田　　大叔于田

將仲子　　野有蔓草

觜部

燕燕　　擊鼓　　節南山　　雄雉

新臺　　蝃蝀　　君子偕老　　靜女

相鼠　　谷風　　氓　　何人斯

著　　敝笱　　葛屨　　墓門

習習谷風　　伯兮　　兔爰　　有女同車

鴇羽　　山有扶蘇　　狡童　　蘀兮

褰裳　　二子乘舟　　芄蘭　　牆有茨

鶉之奔奔　　桑中　　東方未明　　盧令

參部

揚之水　　風雨　　南山　　東方之日
猗嗟　　無田　　載驅　　何彼襛矣
雞鳴

井部

大車　　無衣七兮

鬼部

君子陽陽　　防有鵲巢　　伐檀　　園有桃
河廣　　干旄　　竹竿　　載馳
泉水　　有狐　　清人　　木瓜
定之方中　　采苓　　陟岵　　葛生

柳部

有杕　　權輿　　十畝之間　　蜉蝣
候人　　渭陽　　羔裘豹袪　　有杕之杜
鳲鳩　　羔裘　　閟宮　　有駜
駉　　晨風　　交交黃鳥

星部

碩鼠

張部

汾沮洳　　株林　　東門之楊　　東門之池
月出　　澤陂　　旄丘　　式微

翼部

子衿　　豐

軫部

下泉

詩經世本古義卷後〔註1〕

閩儒何楷玄子氏學

子壻趙永正句

屬引

何子曰：美哉！《周易》之有《序卦》也。越數千年，卷帙粲然，《序卦》之烈也。予既論次詩世，著之小引，以為定本。異時陵谷遷貿，倘繆厥傳，不其怊而？爰仿《序卦》作《屬引》一篇。其辭曰：

維予宅閩漳之浦，厥有名山，諡曰九侯。胤於少康，從會稽來遊。余論其世，以誦其詩。爰有公劉，始遷於豳，居其高丘。詩表殊尤，曰篤不忘，是三百五篇之權輿，而敕皋俟汭之箕裘也。○維豳有風，士農女桑。公劉篤之，以啟靈長。故次之以《七月》。○當夏省耘，吁嗟求雨。於社於方，又御田祖。故次之以《甫田》。○及秋省斂，報祭於方。厥有黍稷，兼用犧羊。故次之以《大田》。○三時不害，慶此年豐。孟冬息老，八蠟咸通。故次之以《豐年》。○豈惟祭蠟，亦復祠社，以續禾稼。故次之以《良耜》。○既蠟而臘，先祖五祀。屬民飲酒，正位以齒。故次之以《載芟》。○有飶其香，酒醴維醹。速族人以序，族夏是取。故次之以《行葦》。○夏道既湮，杞不足徵。賴周祖公劉，存此八篇。豈惟杞微，繄宋亦然。及正考父如周，《商頌》以傳。十二存五，聖人憫焉。試尋

〔註1〕按：四庫本在卷末。

厥世，自盤庚先。故次之以《長發》。○《長發》大禘，上溯高辛。
越高宗，祭成湯，用樂娛神。尚鬼尚聲，於茲可論。故次之以《那》。
○高宗肜日，越有雊雉。黷於祭祀，傅氏以謀。故次之以《烈祖》。
○鼎耳告異，責躬思道。重譯來朝，景員是保。追報上甲，殷邦
肇造。故次之以《玄鳥》。○維王大仁，靖殷乃雍。既其歿也，廟
號高宗。故次之以《殷武》。○殷武之後，殷道復衰。組紺初興，
亶父遷岐。捨伯立季，將傳昌為。洽陽作合，武乙之時。故次之
以《關雎》。○淑女充媵，御以百兩。九鳥成鳩，九女是仿。故次
之以《鵲巢》。○《關雎》、《鵲巢》，太姒之德。宜室宜家，國人攸
則。故次之以《桃夭》。○維太姒有徽音，方兆多男。故次之以《螽
斯》。○宜爾子孫，貴在惜福。衣錦尚絅，毋忘中谷。故次之以《葛
覃》。○洎武乙震死，文丁嗣之。翳徒不道，公季靡之。三大夫是
獲，九命作伯。故次之以《采薇》。○《白華》笙歌，取此常華。
功高召忌，塞庫困季。洎西伯昌受命，思積賢自倞。故次之以《卷
耳》。○《卷耳》懷人，實彼周行。周行可示，旨酒筐將。故次之
以《鹿鳴》。○非徒尊賢，尤善養老。合語乞言，敬祝壽考。故次
之以《南山有臺》。○亦越季冬，命國人合三族。君子以悅，小人
胥樂。故次之以《伐木》。○時昆夷、玁狁並起跳樑，命南仲城朔
方，又復西行。臣忠婦義，獨居感傷。故次之以《艸蟲》。○《艸
蟲》既過，采薇南山。是曰南陔，南仲方還。奏凱遲遲，詩以勞
之。故次之以《出車》。○維此《出車》，又名《華黍》。更代仲歌，
來諗將母。故次之以《四牡》。○既勞還帥，亦勞還役。何以異歌？
賜不同格。故次之以《杕杜》。○是師之行，在帝乙三年六月。周
地震，西伯怵然，遣使四出，交鄰禮賢。故次之以《皇皇者華》。
○自西土光四方，遂進爵為公。維太姒親蠶，夙夜有事於公宮。
故次之以《采蘩》。○內有賢助，外有武夫。無成代終，公侯以娛。
故次之以《兔罝》。○公侯作牧，典治南國。曰維下濟，譬彼樛木。
故次之以《樛木》。○樛木嘉魚，南方之美。來朝式燕，主賓咸喜。
故次之以《南有嘉魚》。○既化有邦，風及在位。節儉正直，維召
南諸大夫之治。故次之以《羔羊》。○《羔羊》大夫，《小星》眾

妾。陽治陰教，於斯畢洓。故次之以《小星》。○眾妾與嫡俱，或
歸以須，而不攣其孚，則安能有其家。故次之以《江有汜》。○當
斯時也，內無怨女。求我庶士，六禮斯舉。故次之以《摽有梅》。
○迨吉迨今，匪禮不行。漢神可望，不可即言。刈其薪，欲得荊。
故次之以《漢廣》。○一醮不復改，而敢以疚倍。故次之以《茉苢》。
○《茉苢》亦已惡，不害我自芳。麏鹿雖云健，不令彼得狂。故
次之以《野有死麇》。○是維文王，德刑寡妻。母儀克正，以範中
閨。先姜后任，克與之齊。周室三母，麟兮麟兮。故次之以《麟之
趾》。○繄公子振振，長子發、中子旦皆聖人。閎虎譖之，牖里遘
屯。用史巫紛若，婦勖其臣。故次之以《殷其靁》。○奇怪物既獻，
辛乃釋怒，賜弓矢鈇鉞，遂伐密須。得其路與鼓，爰以大蒐，式
彰我武。故次之以《騶虞》。○伐密覆滅崇，始作邑於酆。酆邑本
崇地，而有彊暴戎。召伯聽厥訟，女不彊暴從。故次之以《行露》。
○都酆既三載，乃始作辟廱。譽髦喜既見，由儀自舂容。故次之
以《菁菁者莪》。○自作辟廱後，殷辛甲出奔周。下至畿內，民惟
文王之求。故次之以《汝墳》。○汝墳魚赬尾，於虖生靡樂。文能
咸和民，臺沼相繼作，於以燕嘉賓，翫彼牣魚躍。故次之以《魚
麗》。○厥享國五十年，大統未集。武王嗣西伯，曰予亂臣十，有
婦人焉。維齊邑姜，追其教成，婦順克明。故次之以《采蘋》。○
惟彼蘋藻，女子之祭。諸侯五廟，歲事是繼。夫人薦豆，君則羞
嚌。燔炙殽脯，繹祊靡替。故次之以《鳧鷖》。○鳧鷖享公尸，武
猶在諸侯。及坶野歸來，革殷為周。前歌後舞，飲至優游。故次
之以《魚藻》。○溯自古公，實始翦商。周原築室，蹶生文王。天
下初定，尊號未遑。故次之以《緜》。○追王三后，上及亶父。邦
甸侯衛，咸駿奔走。故次之以《旱麓》。○爰述先德，森森有條。
追王匪私，仰契層霄。故次之以《皇矣》。○乃望祭岐山，大告武
成。子孫當保此，有夷之行。故次之以《天作》。○越及次年，薦
殷太廟。禮成受釐，有俶是詔。故次之以《既醉》。○朝臣已內和，
萬國已外騷。四方皆來，徹歌以繁。又名昭夏，文廟是觀。故次
之以《雝》。○維此文考，能刑文母。在宮如在廟，實太任有造。

故次之以《思齊》。〇是名齊夏，又有章夏。推教子作人，久道以成化。文、武具章相，聖賢之流亞。故次之以《棫樸》。〇問作人伊何，精意在辟廱。辟廱有鼓鍾，論倫與神通。縱有臺囿沼，至樂孰此同。故次之以《靈臺》。〇文德已究矣，復次武王事。耕耤教公侯，欲使勤地利。故次之以《臣工》。〇亦有不為臣，公侯靡足羈。訪道道已傳，毋詘高節為。故次之以《白駒》。〇天下大封建，孟侯在妹邦。勿若殷王受，而以迷亂終。故次之以《小宛》。〇維小宛憂傷，自歎我日邁。胡丁不造，倏忽云逝。隮祔皇祖，是為既葬，卒哭之祭。故次之以《閔予小子》。〇哀哉武王崩，群叔流言。邶人刺管，謂不念厥辠。故次之以《匏有苦葉》。〇伊孺子搖搖，周公閔斯，維音嘵嘵。故次之以《鴟鴞》。〇公避居東都，充盈厥膚。王未得金縢書，但未敢誚諸。故次之以《狼跋》。〇於後天大雷電以風，王感悟，將迎公於東。故次之以《伐柯》。〇周公歸只，使者欵只。故次之以《九罭》。〇公居東二年，歸滅武庚先。四年，王免喪，初朝武王。廟中揚令德，之紀之綱。故次之以《假樂》。〇率是辟公，以見昭考。竣事勞之，純嘏是禱。故次之以《載見》。〇辟公陛辭敕遣遲遲，交相警戒，維前王思。故次之以《烈文》。〇春正月朝廟，初夏嘗麥。延訪群臣，欲昭考攸則。故次之以《訪落》。〇多難未堪，重以集蓼。惟群臣助予，予懲無小。故次之以《小毖》。〇王求助匪懈，群臣咸懍。維昭考陟降厥家，實陟降厥士。王曰敬哉，疇將予就，冀顯德是示。故次之以《敬之》。〇先是公滅武庚，遂伐奄滅蒲姑。既又伐淮夷，遷奄君於蒲姑。庚黨無逋，至是師來旋，首尾三年。故次之以《東山》。〇東山勞從軍，從軍答公勤。故次之以《破斧》。〇時禽父宅曲阜，淮夷亦犯魯。惟禽父類公，允文允武。獻馘泮宮，莫予敢侮。故次之以《泮水》。〇公既平多難，閔管辟蔡囚。作詩聯宗族，共藩屏周。故次之以《常棣》。〇於是公為師，述祖禰之德，用告孺子王，厥鑒維殷適。故次之以《大明》。〇大明追挺生文、武，相繼創鴻業。今王為孫子，烝烝庶能愜。故次之以《文王有聲》。〇公具大聖才，作師而兼相。制禮作樂，頒度量。郊祀后稷以配天，

尊祖無以尚。故次之以《思文》。○思文郊，迎長日。祈穀郊，在啟蟄。美稷功，與帝匹。故次之以《生民》。○既尊祖，又嚴父。季秋大享，五帝咸聚。宗祀明堂，文王為主。故次之以《我將》。○敬天事已備，蠟祭及靈星。亦以后稷配，皮弁素服見儀刑。故次之以《絲衣》。○惟后稷，周始祖。秋祫嘗，修爨俎。祊祭後，禮具舉。樂章名《祴夏》，送尸戒鍾鼓。亦或名《采薺》，用以節步武。故次之以《楚茨》。○四時之祭，嘗與烝為備。嘗詳饋熟後，烝詳朝踐前。古文良奇幻，合之成一篇。故次之以《信南山》。○又有季冬月，寢廟薦厥魚。先嘗而後薦，敬與秋嘗如。故次之以《潛》。○是為宗廟禮，次及於朝廷。諸侯來朝，饗禮命寧。亦名《驁夏》，列於禮經。故次之以《桑扈》。○饗訓共儉，燕示慈惠。孔燕豈弟，以寵嗣世。故次之以《蓼蕭》。○嗣世有燕，朝正有饗。饗畢而燕，其儀不爽。故次之以《湛露》。○諸侯朝正，或時獻功。獻功之饗，賜彤旅弓。饗禮無異，受賜不同。故次之以《彤弓》。○獻功而外，又有貢士。載以後車，達於天子。取名崇丘，升高之比。故次之以《緜蠻》。○洪範八政，賓繼以師。爰有軍禮，當舉行之。維岐陽大田，在成王六年。被之笙歌，《由庚》是傳。故次之以《吉日》。○亦越九年，有事太廟。我客助祭，白馬來朝。習射澤宮，鷺羽斯肖。故次之以《振鷺》。○維茲太廟，始行大祫。樂則用勺，於古不襲。故次之以《有瞽》。○大武六成，勺居其次。始而北出，我武斯試。亦名為《遏》，遏劉取義。在九夏中，《納夏》是已。故次之以《武》。○武后有勺，是為再成。勺詩晚出，舞曲始盈。以其養晦，名武宿夜。舞莫重焉，謂滅商也。故次之以《酌》。○三成而南，封建諸侯。命之大賚，繹思時周。故次之以《賚》。○四成巡守，南國是疆，告祭省方。故次之以《般》。○告祭省方，允王維后。式序在位，周左召右。是為五成，《肆夏》金奏。故次之以《時邁》。○保有厥士，於以四方。六成復綴，以崇我王。周召之治，武亂攸彰。故次之以《桓》。○我客觀成，畢事將歸。王燕餞之，信宿依依。故次之以《有客》。○有客為誰，曰維微子。天命靡常，觀茲殷士。念祖修德，令聞不已。《王夏》

之奏，有取於此。故次之以《文王》。○明年王與弟叔虞戲，削桐葉以封。史佚謂天子無戲言，遂國之河汾〔註2〕東。錄古詩《蟋蟀》，以見唐風。故次之以《蟋蟀》。○昔陶唐有冀方，後世失道亂紀綱，乃滅而亡。惟周、召交營土中，以敬德誥王。欲至萬年，保受王明。故次之以《天保》。○雒邑既成，周公作明堂。以明堂太廟，宗祀文王。季秋大饗，及茲而兩。禮以義起，嚴父無已。故次之以《清廟》。○文德丕顯，無射於人。秉以對天，於虖維純。故次之以《維天之命》。○下管《象》、《武》，干戚以舞。表文之功，伐崇肇禋。德馨升聞，式宜配天。故次之以《維清》。○乃落新宮，用被下管。是兆休祥，君子晏衍。故次之以《斯干》。○厥既命庶殷，處之於下都。母忿疾其頑利，豈弟以需。故次之以《泂酌》。○《詩》有《泂酌》，《書》有《召誥》，君奭納約，與旦同道。旦逝奭衰，馮翼者誰。卷阿從遊，以矢其詩。故次之以《卷阿》。○飄風自南，當得賢士。凱風自南，當得孝子。康公輔周，康叔化衛。正君善俗，賴二康在。故次之以《凱風》。○成王新陟，康泣應門。召畢率諸侯，綵左右入。執奠稽首言，王義嗣德，賜予有繁。故次之以《采菽》。○三年吉禘，更定樂章。無聲之樂，以頌成王。故次之以《昊天有成命》。○及其受釐，因而陳戒。昭哉嗣服，惟德是勤。堂下奏武，庶幾勿壞。故次之以《下武》。○在成王廟，申戒農官。卜郊於禰宮，祈穀不遑安。故次之以《噫嘻》。○及康末年，召康公始薨，享壽百齡，德洽黎烝。故次之以《甘棠》。○成康相連，刑措不用。昭舉日祭，斤斤作頌。故次之以《執競》。○胡昭南遊，中流膠舟。宴樂淮上，樂極生愁。故次之以《鼓鍾》。○繼昭為穆，於詩靡載。有密康公，在共之世。粲者來奔，自弋厥戾。故次之以《綢繆》。○密康色荒，齊哀禽荒。懿王信譖，哀遂遭烹。故次之以《還》。○歷孝而夷，王室逾衰。衛頃賂周，覆命為侯。頃實不道，仁賢用憂。故次之以《柏舟》。○仁賢用憂，仕不得志。居既見慍，出亦遇壈。故次之以《北門》。○壈不可為，攜手去之。爾狐爾烏，與爾長辭。故次之以《北風》。○攜手同行，

〔註2〕「河汾」，四庫本作「汾河」。

跋涉不顧。亦有將士，跋涉為苦。是維厲王，暴虐之故。故次之以《漸漸之石》。○王虐用其民，民不堪命。芮良夫作詩，譏切執政。故次之以《桑柔》。○亂生不夷，覃及於鬼方。荆楚之間，鞠為戰場。孝子從役，思祭徬徨。故次之以《四月》。○四月建巳，維六之日，徂〔註3〕歲暑興役，及今茲未畢。閨中憂危，局發首疾。故次之以《采綠》。○昔者聖王，人情為田。民勞不休，怨曠騷然。實小子階厲，使國有殘。故次之以《民勞》。○蹻蹻小子，不恤念吓。非徒好兵，重以好利。天心判離，大難將至。故次之以《板》。○維王防口，以諫為妖。凡伯賦《板》，召穆公賦《民勞》。罔敢斥王，但斥同僚。穆又廋厥辭，託刺前朝。故次之以《蕩》。○蕩之與湯，古字相通。皆取水流，莫知其窮。蕩蕩上帝，畏其疾威。子之蕩兮，游蕩是譏。故次之以《宛丘》。○陳幽唱巫，風民多淫祀。市也婆娑，子仲之子。故次之以《東門之枌》。○誰謂陳小，猶可為善國。釐公繼幽，懦不能自力。衡門之賢，棲遲太息。故次之以《衡門》。○幽末釐初，厲王已沴彘。有共伯和，實間王位。後乃還共山，以厲王為祟，周人懷之，猶盰其至。故次之以《都人士》。○當共伯攝位時，天下苦大旱，窮民多離散。及宣始來歸，隨陽如鴻雁。故次之以《鴻雁》。○王既懷窮民，尤欲懷諸侯。四年命蹶父，論韓使來朝。故次之以《韓奕》。○韓侯受命，為北國伯。俾追其貊，乃有玁狁。北狄之一，五年盛夏忽內侵，王命薄伐屬尹吉。賊從高邑來，驅從太原出。故次之以《六月》。○從征者方叔，已盛著威名。先使教大閱，因使伐蠻荆。屈指三月間，二醜相繼平。故次之以《采芑》。○淮徐尚未靖，明年王自將伐徐。皇父、休父從，王師赫赫雷霆如。故次之以《常武》。○命召穆公往伐淮夷，與王師為犄角，俾賊黨披離。王歸自伐徐，乃錫命之。故次之以《江漢》。○自北而南，以及於東。天戈所指，無有不僵。愍彼西戎，殺我西垂大夫。與厥子兵七千，使報父仇。故次之以《無衣》。○四方既平，封申伯於謝。匪元舅是私，惟藩宣攸藉。故次之以《崧高》。○王命召伯，為申伯定宅。召伯勞厥士，士因

以不偕。故次之以《黍苗》。○亦既城謝，又復城齊。孰能補王闕，而出遣仲山甫兮？吉甫作誦，用當耳提。故次之以《烝民》。○城謝城齊，皆七年事。明年考室，考牧附此。敬小慎微，中興之理。故次之以《無羊》。○豈惟物畜盛，更侈車馬修。九季會東都，圃田狩優游。故次之以《車攻》。○攻車欲得好，造舟欲得堅。車好可田獵，舟堅可濟川。孰如衛共婦，節比柏舟堅。故次之以《汎彼柏舟》。○處變賦《栢舟》，處常賦《雞鳴》。況於后夫人，夙夜謹寢興。姜后待永巷，脫簪間未央。故次之以《庭燎》。○《庭燎》作諷，王復勤政。憂旱側身，以勵庶正。故次之以《雲漢》。○云胡末年，不藉千畝。戎至千畝，師不能拒。諸侯不勤王，爪士責祈父。故次之以《祈父》。○異類擾邊陲，飛隼盈朝紳。祈父念寡母，沔水憂其親。故次之以《沔水》。○憂親者伊誰？杜伯子隰叔。父死遭周難，反其舊唐族。故次之以《黃鳥》。○黃鳥集於桑，檀園遍樹穀。桑穀共生朝，詩人為發藥。故次之以《鶴鳴》。○宣王詩止此，更理幽王篇。王昏不若，以醜為妍。譬將牛車，自取塵昏。故次之以《無將大車》。○小人在位，君子在野。高原之物，而生隰下。故次之以《隰桑》。○用捨既乖方，聚斂以為務。元年命皇父，二年初增賦。故次之以《大東》。○既增賦，又失刑。巷伯行厥譖，孟子共掖庭。楊園倚畝丘，牽引恐不停。故次之以《巷伯》。○即位及三年，寵愛彼褒姒。讒色貨具備，西周將亡矣。詩人詠鴛鴦，追其大昏始。故次之以《鴛鴦》。○寵嬖立為后，中宮遂見廢。鴛鴦戢左翼，之子胡不類。故次之以《白華》。○高岡析柞薪，惡其葉之湑。碩女可尊之為辰，卑人不可以為主。故次之以《車舝》。○王尊寵卑人，爰私其親。豈謂兄弟，不如昏姻。故次之以《角弓》。○昏姻日以昵，兄弟日以疏。何當與宴，得廁玉除。言所欲言，豈為酒歟？故次之以《頍弁》。○旨嘉不敢望，但望分瓠葉。微薄不廢禮，亦曰被延接。故次之以《瓠葉》。○幽王為褒煽，遂闕親親恩。秦雖號戎翟，猶知念厥昆。故次之以《小戎》。○五楘梁輈何，歷錄毋棄爾輔顧爾僕。棄輔及僕不可行，局高蹐厚凜繁霜。故次之以《正月》。○四年四月隕繁霜，赫赫宗周

滅不久。厲階自褒姒，蟊賊實繁有。胡不自我先，胡不自我後。
故次之以《瞻卬》。○此賦瞻卬者，昔亦曾賦《板》。偕召穆公，
為厲王大諫。感穆同志，懷其祖先。人維求舊，豈曰無賢？故次
之以《召旻》。○《召旻》痛疾威，回遹夷我邦。《小旻》痛疾威，
謀猶回遹從。故次之以《小旻》。○以上凡四詩，疑皆凡伯作。內
斥褒姒閻，外斥皇父虢。辭意互出入，驚心梟鴟惡。內外相表裏，
太子乃遭鑠。故次之以《青蠅》。○青蠅污白，不可得理。太子奔
申，為逃其死。故次之以《我行其野》。○奔申無聊，在幽五年。
傅欲悟君，作詩以傳。故次之以《小弁》。○《小弁》親親，讀者
稱仁。更作《蓼莪》，痛呼昊天。故次之以《蓼莪》。○幽王竟不
悟，惟聽豔妻煽。群黨盛分布，四方皆有羨。宜臼方奔申，皇父
乃都向。日食在陽月，謫見猶夢夢。故次之以《十月之交》。○都
向既離居，三事亶多藏。獨有瞀御僖，日瘁反得謗。故次之以《雨
無正》。○居者有瞀御，行者有士子。從事獨賢勞，孔哀彼呰呰。
故次之以《北山》。○士子馳驅，勞及征夫。率彼幽草，畏不能趨。
故次之以《何草不黃》。○行役已苦，過期不代。念彼共人，亦孔
之優。故次之以《小明》。○更有鄶賢，能明周道。孝治天下，仁
親為寶。子生三年，乃免懷抱。用刺短喪，古禮是考。故次之以
《素冠》。○鄶仲驕慢，好潔衣服。服不式禮，其何能國。故次之
以《逍遙》。○羔裘逍遙，失其伉儷。叔妘外通，留子私詣。故次
之以《丘中有麻》。○諱鄭稱留，寄孥為媒。室既被竊，國亦殆哉。
故次之以《隰有萇楚》。○女德無極，于何其臻。鄶以妘亡，周以
姒泯。故次之以《菀柳》。○幽欲悅褒，舉烽為戲。諸侯極焉，後
亦不至。乃盟太室，將謀伐申。大夫憂亂，俾忖他人。故次之以
《巧言》。○十年伐申，戎遂入寇。誰為此禍？牝羊牡首。故次之
以《苕之華》。○幽死驪山下，平遂即位者。東遷在斯時，掘突作
六師。故次之以《瞻彼雒矣》。○掘突從王遷，寓居彼客舍。平王
深倚重，臨視靡休暇。故次之以《緇衣》。○又有秦襄公，以兵送
平王。王命為秦伯，車馬何焜煌。故次之以《車鄰》。○及平之三
年，錫司徒鄭伯。命父子繼其職，象賢斯為盛。故次之以《裳裳

者華》。〇六年鄭遷於溱洧，溱洧有土風。三月桃花水下時，士女秉蘭以徜徉。故次之以《溱洧》。〇昔言鄭詩淫，於此始一見。更有女思奔，在彼東門墠。故次之以《東門之墠》。〇雖譏溱洧，亦有雞鳴。女曰士曰，相戒勤生。民勞則思，何淫不貞。故次之以《女曰雞鳴》。〇雖譏東門之墠，亦有出其東門。勿用取女，匪我思存。以禮為坊，其流不渾。故次之以《出其東門》。〇緊鄭風駘蕩，不如秦雄壯。溱洧汧渭何懸殊，思女媚公各異尚。故次之以《駟驖》。〇捨拔以從禽，發的以祈爵。較獵雖見奇，肆禮自足樂。故次之以《賓之初筵》。〇衛武賓筵，偲偲自怪。及其耄年，猶作懿戒。故次之以《抑》。〇衛人頌武，諡為睿聖。切磋琢磨，沒身斯竟。故次之以《淇奧》。〇河淇故殷墟，終南周所都。殷墟為衛有，周都忽奏區。覽茲興廢跡，憑弔重嗟籲。故次之以《終南》。〇維秦文公，有此岐豐。二后今邈矣，孰為溯洄從。故次之以《蒹葭》。〇秦賦《蒹葭》，周詠《禾黍》。豈無興復？一成一旅。故次之以《黍離》。〇平王無志，棄地不顧。念彼舊民，誰堪依怙。故次之以《中谷有蓷》。〇昏姻禮廢，夫婦道苦。永終知敝，以禮自處。故次之以《碩人》。〇衛姜感傅言，操行不衰惰。秉禮自修持，失意成轗軻。故次之以《綠衣》。〇絺綌來風，靜思其故。何當回君心，俟解氣而悟。故次之以《終風》。〇望夫君兮不來，睹日月兮增懷。故次之以《日月》。〇碩人何其頑，寵嬖及厥子。合舞忘教胄，不講養正理。故次之以《簡兮》。〇碩人雖偊偊，居身亦太寬。無別將生亂，賢者豈能安。故次之以《考槃》。〇獨寐非忘君，不見如三月。遇合古所難，此意誰為曰？故次之以《采葛》。〇鄭莊怨讒言，寓意於采葛。東遷鄭焉依，遲君幸未發。故次之以《遵大路》。〇大路何皎皎，白石何齒齒。摯手以傳心，不使外人指。故次之以《白石》。〇素衣朱襮，進之於沃。子有衣裳，云何不著？故次之以《山有樞》。〇白石山樞，微辭諷之。危彼晉昭，力寡難支。故次之以《椒聊》。〇成師為椒聊，晉昭比揚水。豈惟晉昭公，平王亦如此。故次之以《戌申》。〇遠戍何時歸，御輕事已非。雞棲牛羊下，室家自累欷。故次之以《君子于役》。〇于役為誰，維

申之知。公族罔念，不及葛藟。故次之以《葛藟》。○人惟孝乎，友于兄弟。莫如鄭莊公，陷段不以禮。故次之以《叔于田》。○段出傾巷，洵美且武。逞技公前，袒裼暴虎。故次之以《大叔于田》。○段封大叔，百雉都城。仲足請圖，暗與公迎。故次之以《將仲子》。○仲本祭封人，而以疏間親。立談投契，卿材是甄。故次之以《野有蔓草》。○樂莫樂兮新相知，悲莫悲兮生別離。邂逅樂清揚，遠送悲頡頏。故次之以《燕燕》。○戴媯方歸陳，衛師從子仲。不戢忘自焚，州吁乃會宋。故次之以《擊鼓》。○宋會師伐鄭，以鄭欲納馮。及曲沃伐翼，鄭又以師從。桓王初即位，不問厥罪。助少陵長，俾民心癠。故次之以《節南山》。○王不勝忮求，伐翼又伐沃。衛宣亦忮求，鄭、郿、戴、魯相繼被其毒。曾謂在位百君子，不及婦人能忠告。故次之以《雄雉》。○雄雉當求雌，未聞雌雉乃從牡。為問新台臺上人，籧篨戚施形亦苦。故次之以《新臺》。○臺下水，何深深。朝隮雨，何淫淫。水深不足洮，雨淫不終朝。故次之以《蟛蜞》。○衛宣大無信，齊姜不知命。偕不如仳兮，老不如死兮。故次之以《君子偕老》。○冶容能誨淫，云何不自匿。亦有靜女姝，城隅焉是即。故次之以《靜女》。○貽彤管，不堪攜。上父姜，下子妻。宣姜死，夷姜縊。胡施顏，鼠不啻。故次之以《相鼠》。○夫婦失道，國俗傷敗。棄舊淫新，不知所屆。故次之以《谷風》。○谷風婦之良，更有婦而淫。奔人人賤之，飲恨自傷心。故次之以《氓》。○維夫婦，暨朋友，其合皆以人。夫婦猶相棄，暴蘇安足論。故次之以《何人斯》。○逝我陳，俟我著。友不友，女不女。彼為何人，而居我處。故次之以《著》。○魯桓迎齊子，先得見於歡。齊子猶魴魚，從者猶鱮鰥。故次之以《敝笱》。○笱敝當補，裳敝當縫。補笱屬夫道，縫裳盡婦功。故次之以《葛屨》。○糾屨縫裳，以事良人。不似墓棘，使鴞得親。故次之以《墓門》。○深言或不顧，顛倒乃思予。恐懼或不去，安樂轉棄予。人情何常哉，思來獨自語。故次之以《習習谷風》。○周東鄭是依，周鄭乃交惡。忘德以興師，先驅至鄭路。鄭固失臣節，周亦太不裕。故次之以《伯兮》。○伯兮出無功，不支而先奔。王卒遂大亂，

鄭聃射王肩。故次之以《兔爰》。○自是鄭稱強，雄長於一時。明
年戎伐齊，齊侯使乞師。鄭忽獲戎帥，齊僖請妻之。故次之以《有
女同車》。○舜華不足慕，羨彼苞栩集。國爾雖忘家，忠孝固並急。
故次之以《鴇羽》。○栩棘與桑在野，黍稷稻粱在田。荷華遊龍在
隰，扶蘇喬松在山。不憂靡鹽之王事，但期比肩有多賢。故次之
以《山有扶蘇》。○有如鄭祭仲，是名狂狡童。私從鄰國謀，出公
復立公。故次之以《狡童》。○鄭人惡仲，播於有眾。誰能唱義者，
蠢蠢欲俱動。故次之以《蘀兮》。○俱動苦綿力，思正於大國。故
次之以《褰裳》。○褰裳與乘舟，所遇深淺異。褰裳可速涉，乘舟
須防墜。故次之以《二子乘舟》。○伋、壽爭死誠可哀，衛朔得位
從譖來，驕而無禮安恃哉！故次之以《芄蘭》。○朔也幼蓬蓬，安
能定婁豬。故次之以《牆有茨》。○廧陰之會，明日有傳。床笫之
言，娣妾能宣。故次之以《鶉之奔奔》。○淫風下滔，盡喪其曹，
竊妻以逃。故次之以《桑中》。○桑中葉有幽，相從似穿窬。折柳
以樊圃，猶可息狂夫。故次之以《東方未明》。○未明而求衣，求
衣成何事。齊襄政無常，每作從禽戲。故次之以《盧令》。○獵有
功狗，亦有功人。豈其謀國，而無與親。故次之以《揚之水》。○
篇名揚之水，於今凡三見。桓王崩之年，鄭昭始言返。安得君子
臣，同心節不變。故次之以《風雨》。○風雨聽雞鳴，牝雞或無晨。
魯桓徇齊子，爰以喪其身。故次之以《南山》。○南山見雄狐，東
日映妹子。雄狐與妹子〔註4〕，鳥獸同群爾。故次之以《東方之日》。
○齊魯共東方，莊不報桓仇。《春秋》書狩禚，《詩》亦刺射侯。
故次之以《猗嗟》。○莊非桓之子，文姜實莊母。齊人呼莊甥，又
譬之苗莠。故次之以《無田》。○魯莊亦已弁，恣其母宣淫。行人
口似碑，何獨無人心。故次之以《載驅》。○宣淫未已，再主齊昏。
齊侯之子，平王之孫。故次之以《何彼襛矣》。○齊桓娶於周，又
有如夫人。衛姬不聽樂，《雞鳴》詩以陳。故次之以《雞鳴》。○
當莊王之末，桓霸未成。《春秋》始書荊執蔡侯獻舞，又虜息君，
妻其夫人。夫人生子，不言以死為殉。故次之以《大車》。○荊子

〔註4〕四庫本無「雄狐與妹子」。

服毳衣，曲沃篡侯服七命。荆固蠻兮沃亦夷，僖王寵沃斯失正。故次之以《無衣七兮》。○僖傳莊及惠，子頹作亂入王城。歌舞享賓，樂禍以傾。故次之以《君子陽陽》。○樂兮陽陽，俯兮切切。當憂而樂，死不可逃。故次之以《防有鵲巢》。○鵲巢鳩居，以夫為天。河水清漣，思予美人。故次之以《伐檀》。○魏國困行役，申生乘其隙。克敵讒言興，嬖子方奪嫡。故次之以《園有桃》。○申生能慕父，宋襄能念母。母出不可歸，兩地思依依。故次之以《河廣》。○宋在河南，衛在河北。衛有狄人難，求救婚姻國。渡河以盧曹，先賴宋之力。故次之以《干旄》。○竿旄已入濬，竿竹可釣淇。淇濬不相及，空勞衛女思。故次之以《竹竿》。○衛女維何？許穆夫人。因衛大夫告難，感往事懷辛。故次之以《載馳》。○自傷力小，不能救衛。思控大邦，維齊亦婿。亦有曹、邢，可與共濟。救拯焚溺，孰如其銳。故次之以《泉水》。○齊桓公新霸，恤難扶危，戍漕遣無虧。歸祭服重錦乘馬門材，使衛不頹。故次之以《有狐》。○衛警未諗，鄭亦戒嚴。高克次河上，而兒戲以淹。公子素憂棄師，直指無嫌。故次之以《清人》。○清人方在逐，存亡未可卜。有伯主畏簡書，國絕而復續，圖報百不足。故次之以《木瓜》。○桓城楚丘封衛，又與之繫馬三百。衛文新造邦，衣大布兮冠大帛。季年騋牝有三千，消殺倏然生羽翮。故次之以《定之方中》。○作室揆以日，聽言揆以理。信讒不灼理，采苓山巔似。故次之以《采苓》。○晉獻惑驪姬，信讒殺其子。重耳乃出亡，狐偃與終始。故次之以《陟岵》。○狐偃服父訓，委質不二心。譬彼中闈婦，百歲共枕衾。故次之以《葛生》。○晉獻嗜攻戰，國人多死亡。天道好還，骨肉相傷。夷吾得晉國，時在周襄王。既不納群公子，又欲殺其兄，祚以不長。故次之以《有杕》。○嗟夷吾無親，踽踽罷罷，卒見獲於秦。靈臺未改館，七年孰為陳。故次之以《權輿》。○重耳避惠，久居於外。懷安齊姜，狐偃用懟。謀於桑下，醉以車載。故次之以《十畝之間》。○遂行適曹，乃睹蜉蝣。故次之以《蜉蝣》。○維共公為蜉蝣，蕞爾曹。而三百人乘軒，安能久存？故次之以《候人》。○候人主送迎，重耳返自秦。營也身

自送舅氏，路車乘馬列佩珍。故次之以《渭陽》。○重耳因秦得入國，是為晉文公。寺人披求見，告以呂郤將焚宮。遂釋斬袪怨，等之於飄風。故次之以《羔裘豹袪》。○怨可釋，勞當報。介推祿弗及，賢者將高蹈。表茲禮賢心，將永以為好。故次之以《有杕之杜》。○杕杜道左，行者失庇。晉文過曹，莫為飲食。遂誅無禮，以曹為首。已復封曹，乃頌德厚。故次之以《鳲鳩》。○過曹適鄭，鄭亦不禮。叔詹進諫，當念兄弟。及文定霸，問罪鄭疆。詹紓國難，時號忠良。故次之以《羔裘》。○晉禮詹歸，在魯僖三十年。次年魯始郊，史克頌以傳。故次之以《閟宮》。○僖行郊禘，周公衰矣。惟大飲烝，為得古禮。故次之以《有駜》。○駜駜有駜，馬政大修。齊戎田駕，四種旁逑。故次之以《駉》。○良馬馳逸足，不借翰晨風。愛馬良馬至，亦與好士同。故次之以《晨風》。○秦穆賤晨風，固亦稱好士。如何輕用人，子車殉三子。故次之以《交交黃鳥》。○黃鳥集於桑，哀死斷人腸。碩鼠食我黍，何不徙遠方。此詩亦假託，詭計招賢良。敘在頃王世，僅存此三章。故次之以《碩鼠》。○下此有定王，其世詩八篇。晉人重卿族，始立卿子田。族行何累累，紈褲或非賢。試亦擬碩鼠，奚以解嘲焉。故次之以《汾沮洳》。○如陳夏徵舒，亦陳之公族。母氏為君淫，二卿並不速。朝夕在株林，株林觸人目。故次之以《株林》。○朝從東門來，夕從東門去。仰慚啟明星，俯慚赤楊樹。故次之以《東門之楊》。○東門有楊，抑又有池。麻紵與菅，何揀擇為。故次之以《東門之池》。○姬身有如池，下流之所歸。姬貌有如月，深夜相因依。徵舒窈糾殺機動，何不知機早自扉？故次之以《月出》。○靈公死矣，孔儀徙矣，夏姬慫矣。故次之以《澤陂》。○澤蒲體恒柔，丘葛節恒闊。求人恒如蒲，待求恒如葛。故次之以《旄丘》。○處者賦《旄丘》，出者賦《式微》。衛不恤黎難，黎君胡不歸？故次之以《式微》。○緜來國勢微，大率教化墜。所以子產，鄉校不毀。蔚為鄭名卿，顯於景王世。故次之以《子衿》。○僑重《子衿》，教化以行。載誦《豐》詩，得女之貞。勿謂事微，式關大閒。聖人錄閨節，維此及《汎彼柏舟》兩篇。故次之以《豐》。○刪詩將終

矣，乃及敬王代。孔子生斯時，知命懷侘憀。狄泉古下都，非天子所詣。荀躒雖納王，徘徊功亦細。特錄《下泉》詩，以表王靈替。棄置不復續，世衰無足繫。因之作《春秋》，獲麟而掩袂。○孟子歎《詩》亡，學者須論世。四始其一端，陋彼推五際。維予生也晚，樂道竊有志。次第詩篇章，竊取大賢義。託始於少康，屬望中興意。況復篤公劉，亦言遷都事。周初遷曰榮，周末遷曰悴。東遷已卑陋，矧此東遷愧。○抑余殿《下泉》，別又有取爾。晉、韓皆武穆，何從韓受氏。荀伯晉之臣，余祖晉兄弟。今幸遇明主，達政乃可仕。自公退食暇，編摩不輟暑。九侯山前余所居，元孫末裔族所起。論世首少康，序篇《下泉》止。聖人立教不忘先，魯商有頌意如此。千載而下，有知《詩經世本古義》為承學一家之言者，余心亦快矣。

詩經世本古義卷之〔註1〕一

閩儒何楷玄子氏學〔註2〕

夏少康之世詩八篇

何氏小引〔註3〕

《公劉》，始遷豳也。夏道衰，公劉變於西戎，邑於豳。自漆、沮度渭，取材用，行者有資，居者有畜積，民賴其慶，百姓懷之，多徙而保歸焉。故詩人歌樂思其德。

《七月》，豳風也。

《甫田》，豳雅也。豳侯夏省耘，因而雩祭社方及田祖之神，以祈雨也。

《大田》，豳雅也。豳侯秋省斂，因而報祭於方也。

《豐年》，孟冬祭八蠟也。是為豳頌。

《良耜》，蠟祭報社也。是為豳頌。

《載芟》，孟冬臘先祖五祀，以禮屬民飲酒，正其齒位。亦豳頌也。

《行葦》，美公劉也。公劉有仁厚之德，行燕射之禮，以篤同姓，詩人美之。

〔註1〕「之」，四庫本無。下同。
〔註2〕「閩儒何楷玄子氏學」，四庫本作「明何楷撰」。下同。
〔註3〕按：底本彙集各卷詩前小序於卷首，名曰「何氏小引」。四庫本無。下同。

公劉

《公劉》，始遷豳也。夏道衰，公劉變於西戎，邑於豳。自漆、沮度渭，取材用，行者有資，居者有畜積，民賴其慶，百姓懷之，多徙而保歸焉。故詩人歌樂思其德。自「夏道衰」下俱出《史記·匈奴列傳》及《周本紀》。《索隱》云：「即《詩·大雅篇·篤公劉》是也。」○按《史記》：后稷封於邰。后稷卒，子不窋立。不窋末年，夏后政衰去稷不務，不窋以失其官而奔戎狄之間。不窋卒，子鞠立。鞠卒，子公劉立。故舊說皆謂公劉，后稷之曾孫。自《周語》載太子晉諫靈王，有「自后稷始基靖民，十五王而文始平之」之語，而《周本紀》亦敘稷至文王為十五世，故孔穎達疑之，謂計虞及夏、殷、周有千二百歲，每世在位必皆八十許年，乃可充其數。子必將老始生，不近人情之甚。羅泌亦云：「史載契十世而至成湯，厥次僅是。敘后稷十有五世而至文王，中間乃閱夏、商二代，所較者三十餘世，疏脫甚矣。」又引夏氏之書記帝王之世，云：「帝俊生稷，稷生臺璽，臺璽生叔均，叔均為田祖。」謂稷之後世多矣，不窋不得為稷子。而楊慎嘗見呂梁碑，所載其世次亦與此同。及《史記》載劉敬說漢高帝，有云：「周之先自后稷，堯封之邰，積德累善，十有餘世。公劉避桀居豳。」夫公劉居豳，既當夏桀之時，則其非后稷曾孫明矣。然愚考《竹書》，載夏少康三年復田稷，沈約注謂「后稷之後，不窋失官，至是而復」，則公劉之興當在此時，而詩中如《行葦》、《甫田》、《大田》諸篇宜皆為公劉之詩。其詩中皆有曾孫之語，則公劉之為后稷曾孫，似無可疑。史遷之敘世次未必無本，然不應與《劉敬傳》相跌盭。大抵傳述每多訛異，史汎採而不能精。不然，據詩詠，遷豳乃公劉事。《史記》於劉敬、匈奴二傳亦以遷豳屬之公劉，而《周本紀》乃云「公劉卒，子慶節立，國於豳」，何也？又《本紀》祖《周語》祭公謀父之說，謂「夏之衰，棄稷弗務，我先王不窋用失其官」，而《匈奴傳》乃直云「夏道衰，而公劉失其稷官」，又何也？若諸儒於十五王世次之疑，固不為無理。金履祥謂以有德之宗數之，猶殷言賢聖之君六七，漢言七制之主。此論蓋近之矣。稗官小說所傳，出於經史之外者，固不足深信。又按：邰在今武功縣，豳在今邠州，皆屬陝西西安府，相去特百餘里。然自不窋已自竄於戎翟之間，不居邰矣。程泰之謂慶州南三里有不窋城是也。是則公劉遷豳乃自不窋城遷，非自邰遷也。至《匈奴傳》所言公劉變於西戎者，蓋謂公劉居戎地而能振奮以自變異耳，非謂其變於夷也。乃金氏則以《七月》及《篤公劉》皆豳之遺詩，其說曰：「《篤公劉》

之詩，下視《商頌》諸作，同一蹈厲。《七月》之詩，上視《五子之歌》、《夏小正》之屬，與夏令時儆之辭，皆同一文軌也。豈至周召之時而後始有如此之文哉？且周詩固有追述先公之事者，然皆明著其為後人之辭。《生民》之詩述后稷之事也，而終之曰『以迄于今』；《緜》之詩述古公之事也，而繫之以文王之事；此皆後人之作也。若《篤公劉》之詩，極道岡阜、佩服、物用、里居之詳；《七月》之詩，上至天文、氣候，下至草木、昆蟲，其聲音、名物、圖畫所不能及，安有去之七百歲而言情狀物如此之詳，若身親見之者？又其末無一語追述之意，吾是以知其決為豳之舊詩也。況史氏已明言『詩人歌樂思其德』乎！噫！自載籍之不傳，後世槩以先公之事為樸野不文之俗，胡不即近世而觀之乎？兩漢文物之久，而白狼之詩譯於朝；李唐詞章樂府之行，而涼州之遍、甘伊之聲列於樂。況豳俗居雍土之中、岐梁之虛，而公劉接聞文教流傳之後，又當變戎為華之初，為諸夏方新之邦乎？故《篤公劉》、《七月》之詩端為豳公當時之詩無疑也。」今按：此說深為有理，故從之。

篤公劉，匪居匪康。陽韻。**乃場**〔註4〕**乃疆**，陽韻。豐氏本作「畺」。**迺積迺倉**。陽韻。**乃裹餱**陸德明本作「糇」。**糧**，陽韻。陸本作「粮」。**于橐于囊**。陽韻。**思輯**《孟子》作「戢」。**用光**，陽韻。**弓矢斯張**。陽韻。**干戈戚揚**，陽韻。**爰方啟行**。叶陽韻，戶郎翻。○賦也。篤，徐鍇云：「本作竺，假借作篤。」《說文》云：「厚也。」《周書·武成篇》：「王若曰：『惟先王建邦啟土，公劉克篤前烈。』」所謂「克篤」，即積功累仁之意。又祭公謀父云：「我先王不窋自竄於式翟之間，不敢怠業，時序其德，纂修其緒，修其訓典，朝夕恪勤，守以惇篤，奉以忠信，奕世載德，不忝前人。」此亦可識「篤」字之義。然則「篤」之一字，固周之先公相傳家法也。每章皆以此起語，贊之之辭也。王肅云：「公，號也。劉，名也。」孔安國云：「公，爵也。」王基云：「周人以諱事神，公劉必字也。」孔穎達云：「公劉之後有公非、公祖之類，知公是爵。虞夏之時，世代尚質，名字之別，難得而知。《世本》、《史記》不應皆沒其名而盡書其字，以之為名，未必非矣。鄭以姜嫄為名，詩人亦得稱之，何獨公劉不可言其名也？周人自以諱事神，於時未有諱法。」季云：「公者，侯國尊君之通稱。劉，名，亦如古公之稱亶父也。」「匪」，通作「非」。「居」，通作「尻」，《說文》云：「處也。」「康」，《爾雅》云：「安也。」「匪

居匪康」,言不以戎翟之間為可以居處之地而遂安寧也。輔廣云:「公劉失職而自竄於西戎,固安能鬱鬱久居此乎?是宜其匪居匪康也。」「乃」,驚辭也。解見《縣》篇。「場」、「疆」與《信南山》篇不同。此以邊境言。《左傳》云:「疆場之邑,一彼一此。」又云:「疆場無主,則民生心。」皆謂國之邊境,非指田也。又云:「疆場之事,慎守其一,而備其不虞,姑盡所備焉。」正此「乃場乃疆」之義。但《說文》訓「疆」為「界」,訓「場」為「疆」。既以「疆場」並言,不應義都無別。愚意場是防之於外,如遠斥堠、固封守之事,以地至此易主,故名場也;疆是備之於內,如嚴干揵、詰奸慝之事。觀《孟子》言「入其疆」,則知疆是指境內言也。若田之疆場,則以八家之田各有其主,己田之外即屬易主,故舊說以場為小界。一井之田統為一疆,故舊說以疆為大界。所取不同,當以意通之。時公劉將有遷都之舉,故先於疆場致其警備,所以防外侮而固人心也。「積」,《說文》云:「聚也。」朱子云:「露積也。」按:露積之禾曰庾,《甫田》篇所謂「曾孫之庾,如坻如京」是也。「倉」,《說文》云:「穀藏也。」解見《楚茨》篇。按:《史記》云:「公劉雖西在戎狄之間,復修后稷之業,務耕種,行地宜。」陳際泰云:「夷當黃河之曲,土地肥美,宜稻。蓋黃河在天下皆害,而在河西獨利,積倉固然耳。」〔註5〕「乃裹」二句相聯說,與上文「積倉」對看。《孟子》解甚明。「裹」,《說文》云:「纏也。」《韻會》云:「包也。」「餱」,《說文》云:「乾食也。」徐云:「今人謂飯乾為餱。」「糧」,《說文》云:「穀也。」毛《傳》云:「小曰橐,大曰囊。」孔云:「囊橐俱用裹糧食,而異其文,明有小大之別。」宣二年,《左傳》稱趙盾見靈輒餓,食之,又為簞食與肉,寘諸橐以與之。橐唯盛食而已,是其小也。哀六年,《公羊傳》稱陳乞欲立公子陽生,盛之巨囊,內可以容人,是其大也。徐云:「按字書,有底曰囊,無底曰橐。」然則橐今纏腰下者。嚴粲云:「《東方朔傳》云『奉一囊粟』,是糧米盛於囊也。」乾餱盛於小橐,糧米盛於大囊。「思輯」以下專承「乃裹」二句,言思念也。「輯」,《說文》云:「車和輯也。」故以為相和輯之義。「用」,猶以也。「光」,毛云:「顯也。」當其在戎狄中,民之瘡痍驚擾,曾無寧日,安所得輯?公劉所以汲汲欲遷都者,乃思令其民脫侵侮橫加之苦,享生息保聚之樂,以此光顯其國,不奄奄於荒涼險僻之地也。又,「輯」字若依《孟子》作「戢」,則戢乃藏兵之義。公劉遷都正思弭干

〔註 5〕陳際泰《五經讀・詩經・讀篤公劉》。(《四庫全書存目叢書》經部第 151 冊,第 398 頁)

戈之患，亦通。「弓矢斯張」，解同《賓之初筵》篇。「干」，通作「𢧝」，《說文》云「盾也。」《爾雅》云：「捍也。」孫炎云：「干楯自蔽捍也。」「戈」，《說文》云：「平頭戟也。」徐云：「小支向上則為戟，平之則為戈。」「戚」，通作「鏚」，《說文》云：「戉也。」戉者，大斧也。今文作「鉞」。鉞大而斧小。太公《六韜》云：「大阿斧重八斤，一名天鉞。」毛以戚為斧，揚為鉞，非是。「揚」之訓「鉞」，其義無所出也。「揚」，《說文》云：「飛舉也。」字從手，蓋謂以手舉之，其運用之妙則如飛也。此總上干、戈、戚三者言，與上文「張」字對看。孔云：「以弓矢言張，故知『干戈戚揚』為人秉之也。」「爰」，《說文》云：「引也。」謂引辭也。「方」者，方向之義。因以為未至之辭，故或訓且，或訓始，其義一也。「啟」，通作「啟」，《說文》云：「開也。從戶從口。」開之義也。「啟行」，鄭云：「開道而行也。」整戎器以行，欲使翟人知有備而畏威也。按：《皇王大紀》云：「公劉遭夏氏之亂，勤勞於民，民用富厚，和協輯睦，備其戎器，抗中華之難。」要知公劉居戎翟間，非武備修飭，不足以銷外患而固吾圉，故篇中言之，不一而足。首章曰「乃場乃疆」，又曰「弓矢斯張，干戈戚揚」，次章曰「鞞琫容刀」，五章曰「其軍三單」，末章曰「取厲取鍛」，可見公劉固惓惓以此為事矣。然遷國乃重大之役，必待斯民富足之後而後敢議，豈易言哉？故孟子引此詩而釋之曰：「居者有積倉，行者有裹糧也，然後可以爰方啟行。」「然後可」三字最得公劉之心，即經文「方」字之義。又觀「居者」二字，則知舊國所在，其民猶有居者。蓋新都止基未定，自無一時席捲其民空國而去之理。觀末章「止基迺理，爰眾爰有」，乃是就續至者言，故知章首言「乃場乃疆」，亦所以為居者設衛，使敵國外患無綠乘虛而入也。呂祖謙云：「毛、鄭以公劉居於邰，而遭夏人亂，避難遷於豳，且以為在邰有疆場積倉，為夏人迫逐，乃棄而去。考之是章，意象整暇，不見迫逐之事。以《國語》、《史記》參之，蓋自不窋已竄於西戎，至公劉而後興。疆場積倉，內治既備，然後裹糧治兵，拓大境土，而遷都於豳焉。國都雖遷，向之疆場積倉固在其境內也。」陳際泰云：「太王之遷也，以迫逐公劉之遷，非以迫逐也，擇而處之也。富庶之後而遷都，故其後遂大。」〔註6〕○**篤公劉，于胥斯原**。元韻。亦叶真韻，虞靈翻。又叶寒韻，五官翻。○**既庶既繁**，元韻。亦叶真韻，微雲翻。又叶寒韻，蒲官翻。又叶先韻，汾沿翻。**既順迺宣**，先

<hr>

〔註6〕陳際泰《五經讀・詩經・讀篤公劉》。(《四庫全書存目叢書》經部第151冊，第398頁)

韻。亦叶元韻，況袁翻。又叶真韻，斯人翻。**而無永歎**。叶寒韻，他干翻。亦叶先韻，他涓翻。陸本作「歎〔註7〕」。**陟則在巘**，叶元韻，魚軒翻。陸本作「甗〔註8〕」。**復降在原**。韻見上。**何以舟**叶蕭韻，陟遙翻。**之？維玉及瑤**，蕭韻。**鞸琫容刀**。叶蕭韻，丁聊翻。○賦也。「胥」，通作「疋」，《說文》云「足也。上象腓腸，下從止。《弟子職》云『問疋何止』」是也。字形與足相似。「斯」，此也。「原」即下章之「溥原」，公劉所遷之地，所謂豳也。何以知之？以「斯原」「斯」字知之。「于胥斯原」，言公劉足跡至於此原也。一說：胥，相也。《公羊傳》以胥盟為相盟，言相與同來而至於此原也。亦通。「既庶」二句，乃公劉自道其相度之意。「庶」，《說文》云：「屋下眾也。」此但取眾義。「繁」，通作「煩」，《說文》云：「熱頭痛也。」此但取熱義。人眾則熱也。亦如烝，本火氣上行之意，轉訓為眾，其義正同。嚴云：「言庶而又言繁，見歸者愈多也。」按：毛《傳》謂公劉去豳，諸侯之從者十有八國焉。孔謂不知出何文。愚意毛去古未遠，定有所本。據此推之，則「既庶」指本國之眾，「既繁」指他國之眾也。「順」，《說文》云：「理也。」地與人相宜之謂。「宣」，《爾雅》云：「遍也。」「永」，長也。自後日言之，故曰永。「歎」，《說文》云：「吟也」，即太息也。公劉既至此原矣，因念此日從遷者既眾且繁，必此地果既順適而相安，乃可以居之遍，而不至有後日之嘅歎耳。是胡可以不慎？故一陟一降，相視之極其周，如下文所記是也。「陟」，《說文》云：「登也。」《說文》無「巘」字，通作「甗」，《爾雅》云：「重甗隒。」郭璞云：「謂山形如累兩甗。甗，甑也。山狀似之，上大下小，因以為名。」愚按：如郭所解，自是解重甗之隒耳。《詩》單云「巘」，則非重者，但其山形如甑而已。此即下章所謂「迺陟南岡」者。「復」，《說文》云：「往來也。」言往而復來，故《爾雅》以為返也。「降」，《說文》云：「下也。」「原」，即上文之原。初已至原矣，既又升巘以觀，而復下來，以見其相度周詳，雖勞不恤也。鄧云：「陟則在巘，相山之宗也。復降在原，察土之衝也。」「舟」，《說文》云：「船也。」毛訓為帶，未見所出，且亦難通。下章言「逝彼百泉」，則有用舟處可知已。此「于胥斯原」以前事，蓋追述之。下章則順言之也。云「何以」者，詩人言公劉之在舟中，其容飾何如乎，自問之辭也。「維玉」二句，答詞。「瑤」，《說文》云：「玉之美者。」季云：「瑤亦玉，但光之搖動者，則為瑤

〔註7〕「歎」，四庫本作「歎」。
〔註8〕「甗」，四庫本作「獻」。

耳。」孔云：「鞞者，刀鞘之名。琫者，鞘之上飾。」愚按：三朝禮言天子玉琫而珧珌，諸侯鐓琫而璆珌。則琫字雖從玉而非玉名，乃刀鞘受飾之處，名之為琫耳。「容刀」，孔云：「容飾之刀。」按：刀無受飾之處，當是指其柄而言。飾之所以為刀之容，即所謂珌也。玉、瑤兩物，或飾之鞘上，或飾之刀柄，此公劉所佩也。公劉乃諸侯，而刀之鞘柄皆得用玉者，夏禮無考。舊說謂帶玉佩以上下山原，迂遠殊甚。○**篤公劉，逝彼百泉**。叶真韻，從倫翻。**瞻彼溥原**，叶真韻。見上章。按：上章以「繁」、「讞」叶「原」，而「讞」只有元韻一叶，則上章二「原」字但當只用元韻。今此章以「泉」叶「原」，意「泉」亦宜有元叶，而韻書不載。乃二字並叶真韻，則何以通於上章之「讞」乎？當俟再考。**迺陟南岡**，陽韻。**迺覯于京**。叶陽韻，居良翻。**京師之野**，叶語韻，余呂翻。**于時處處**，叶語韻，敞呂翻。**于時廬旅**，語韻。**于時言言，于時語語**。韻也。○賦也。「逝」，鄭玄云：「往也。」此指百泉言。張子厚謂「只看百泉之往處，便知地形」，是也。然此百泉乃有所在，非汎指眾泉之謂。《廣輿記》云：「平涼府涇州有泉眼百餘，大旱不竭」，即百泉也。杜佑云：「百泉在漢為朝那縣，屬安定郡；在唐為百泉縣，屬平涼郡。魏於其地置原州。唐因之。」季云：「百泉者，平涼府北地所出之水皆流入涇，至邠州。」愚按：詳此，則上文所謂「舟」者，亦汎於涇水之舟耳。蓋自不窋竄於西戎，其地即今慶陽府是也。《廣輿記》載府境古蹟，有不窋城，又有不窋冢，在府城東，碑久剝落，上有片石，大書周祖不窋氏陵。再傳至公劉，則居寧州，亦今慶陽府所轄，古蹟所謂公劉邑也。春秋時為義渠戎國，其蹤跡甚明。厥後公劉往遷於豳，蓋道繇慶陽，經平涼，而後達於今西安府之邠州。邠州，乃涇流〔註9〕所經，而百泉則入於涇水，自平涼而來者也，故詩人詠及之。舊說相傳，但謂公劉自邰遷豳，而百泉遂茫然不知其處矣。誦古人之詩而不審其遺跡，亦何以論世乎？「瞻」，《說文》云：「臨視也。」「溥」，《說文》云：「大也。」李巡云：「土地寬博而平正，名之曰原。」「溥原」，即豳地。以其地形廣平則曰原，狀其大則曰溥，非先有此地名也。何以知之？以第二章但言「斯原」，第五章分言「既溥」知之。鄧云：「逝泉、瞻原，觀水之鍾也。」「岡」，《爾雅》、《說文》皆云「山脊也」。「南岡」，岡之在南者。季云：「謂面山也。」「乃」者，曳辭也。「覯」，毛云：「見也。」「京」，《公羊傳》

〔註9〕「流」，四庫本作「水」。

云：「大也。」與「溥」義同。即「溥原」也。蓋見其原地廣大，故贊之以溥，又呼之以京耳，固非地名，亦非高丘之謂。果京為高丘，何必陟南岡以覘之乎？陟而後覘，明是自上俯視之意。「師」，《易傳》云：「眾也。」「京師之野」，鄭云：「京地乃眾民所宜居之野也。」按：此用「京師」字，與天子所居稱京師雖字義同，而語意不同。彼京師聯文，《公羊傳》謂「天子之居，必以大眾言之」，其解自確。此「京師」句，「京」字略斷，是頂上「迺覘于京」「京」字而言，鄭解是也。董氏謂京師之稱起於此，其後世因以所都為京師，殊屬附會。「時」，通作「是」，音之近也，蒙上文言。「處」，《說文》云：「止也。」上「處」字謂作宅舍以居處之，下「處」字謂民之當居處於是者，蓋指本國之人言也。「廬」，毛《傳》、《說文》皆云「寄也」。孔云：「《地官·遺人》治國野之道，以待賓客。十里有廬，廬有飲食」，則廬是居舍之名，賓客寄舍其中。衛戴公廬於曹，亦謂寄在曹地也。「旅」，鄭云：「賓旅也。」按：旅本軍五百人之名，而借為賓旅之稱者。徐云：「眾出為旅寓，故謂在外為旅也。」「于時廬旅」，言於此作客舍以廬其旅者，指外國之人言，與末章「止旅乃密」相應。毛云：「直言曰言，論難曰語。」蘇轍云：「言施教令，語議政事。」重言「言言」、「語語」者，以所言所語非一端故也。上文言「處處」、「廬旅」，則從遷之人既皆得所居矣，然不可無君以統攝之，故於此營建宮室，設立官府，以聽政出治焉。○篤公劉，于京斯依。叶紙韻，讀如倚，隱綺翻。蹌蹌濟濟，俱上聲。俾筵俾几。紙韻。既登乃依，見上。乃造其曹。叶尤韻，徂侯翻。執豕于牢，叶尤韻，落侯翻。酌之用匏。叶尤韻，蒲侯翻。食之飲之，君之宗之。飲、宗，無叶。《大全》云：「就用之字為韻。」○賦也。「京」，即上章「迺覘于京」之「京」。「依」，謂依之以居也，總上「于時處處」四句而言。人既依乎此，則宗廟之神亦依乎此矣，故營建甫畢，即首舉遷廟之禮。「蹌」，動也。「濟」之為言齊也。凡有事於新廟中者，其人不一，而趨蹌之際無不整齊，如下文設筵几之人，亦其類也。「俾」，使也。「筵」、「几」，解見《行葦》篇。但此筵、几乃供神者。按：《周禮·春官·司几筵》職云：「王設莞筵紛純，加繅席畫純，加次席黼純，左右玉几。祀先王亦如之。諸侯祭祀席，蒲筵繢純，加莞席紛純，右彫几。」周祀禮之筵、几如此。公劉夏世，其禮無考。「登」，謂登進神之衣服於坐也。「依」，神所依也。《祭統》篇有云：「鋪筵設同几，為依神也。」正此詩義疏。考妣共几，謂之同几。按：《大戴禮記》諸侯遷廟之禮：「奉衣服者至於新廟，筵於戶牖間，有司皆先入，

如朝位。祝導奉衣服者乃入，君從入。奉衣服者升堂，君從升。奠衣服於席上，祝奠幣於几東。君北向，祝在左。贊者盥，升，適房薦脯醢。君盥酌奠於薦西，反位。君及祝再拜興，祝聲三曰：『孝嗣侯某，敢用嘉幣，告於皇考某侯。今月吉日，可以徙於新廟。敢告！再拜。』事畢，乃揀〔註10〕日而祭。」蓋其禮之大略如此。祭俟擇日，惟奠衣服於席上，奠幣於几東，以徙廟告，而禮已畢。故詩所敘述，亦僅止此，孰謂古禮遂無徵乎？「乃造其曹」以下，則鄭玄所謂「宮室既成，與群臣飲酒以落之」之事也。「造」，《說文》云：「就也。」蔡先生毅中云：「即《盤庚》『有眾咸造』之『造』。」愚按：此字有去來二義。主我言則為往就彼，主彼言則為來就我也。若此「造」字，乃使彼就我者也。「曹」本作「䗊」，《說文》謂「獄之兩曹。在廷東，治事者」也。愚按：今治事之官皆呼為曹，蓋本於此，如曹是也。此「曹」字正指群臣，凡同姓異姓皆在。「乃造其曹」，謂進其群臣於公所，將與之燕飲也。「執」者，執而殺之。「牢」，《說文》以為「閑，養牛馬關〔註11〕也」。愚按：養豕之處亦名為牢，《晉語》「大任溲於豕牢」是也。「酌」，《說文》云：「盛酒行觴也。」「匏」，解見《匏有苦葉》篇。字從包，《說文》云：「取其可包藏物也。」羅願云：「瓠與匏以大小、長短、甘苦為間，然古今亦通言瓠。」陸佃云：「以瓠盛酒，冬則煖，夏則冷。」毛云：「執豕于牢，新國則殺禮也。酌之用匏，儉以質也。」孔云：「執其豕於牢中，以為飲酒之殽。惟用豕者，《秋官·掌客》曰：『凡禮賓客，國新殺禮。』公劉新至豳地，『殺禮』也。其飲此酒，酌之用匏。匏是自然之物，故云『儉且質也』。」「食之」，蒙上「執豕」句。「飲之」，蒙上「用匏」句。「君之宗之」者，毛云：「為之君，為之大宗也。」朱子云：「宗，尊也，主也。嫡子孫主祭祀，而族人尊之以為主也。」按：君、宗即燕飲中事。公劉自以一身為群臣之君、宗也，對異姓之臣稱君，對同姓之臣稱宗。合上四「之」字，俱指群臣言。徐光啟云：「大凡創業君臣與守成異，承平既久，階陛森嚴，君臣之分不患不明，特簾〔註12〕遠堂高，九閽萬里，上德下情，不相諳悉，故燕飲之設，主於導和。創業之君與其臣披榛斬棘，沐雨櫛風，奚啻家人父子，上下之情，不患不通，特患分義未明，粗率簡易。如漢初飲酒爭功，醉或拔劍擊柱。故燕飲之設，主於辨分。周之詩，一則曰『嘉賓

〔註10〕「揀」，《大戴禮記·諸侯遷廟第七十三》作「擇」。

〔註11〕「關」，《說文解字》作「圈」。

〔註12〕「簾」，四庫本作「廉」。

式燕』，一則曰『不醉無歸』。而此詩獨言『君之宗之』，時各有所重也。」又呂祖謙云：「『食之飲之，君之宗之』，謂既饗燕而定經制，使上下相維也。公劉整屬其民，上則皆統於君，下則各統於宗。古者建國立宗，其事相須。春秋之末，晉執蠻子以畀楚，楚司馬致邑立宗焉，以誘其遺民，而盡俘以歸。當典刑廢壞殆盡之時，暫為詐謑之計，猶必立宗焉。前乎此者可知矣。」愚按：《周禮・太宰》：「以九兩繫邦國之民。二曰長，以貴得民。五曰宗，以族得民。」自宗法不行，民遂渙散。東萊此論，甚有關係。然此第言其一時燕饗，恐未說及立宗事。朱子之駮，固自中理。○篤公劉，既溥既長。陽韻。既景迺岡，陽韻。相去聲。其陰陽。韻。觀其流泉，先韻，亦叶真韻。見第三章。其軍三單。叶先韻，時連翻。度音鐸。其隰原，叶真韻。見第三章。徹田為糧。陽韻。度其夕陽，韻。豳豐本作「邠」。居允荒。陽韻。○賦也。民居既定，宮室既成，於是亟亟授田制賦，此立國之本事也。「溥」，指原言。「長」，指泉言。「瞻彼溥原」，其地則既溥矣。「逝彼百泉」，其流則既長矣。既已考之日景，以正其四方之位矣。而復登高岡以望其形勢者，何哉？蓋所以相視陰陽之向背，以識寒燠，使種植各適土之宜，如黍宜高燥，稻宜下濕之類。又觀其流泉之所經，以定溝洫，使灌溉各盡水之利，如水東畝南，水南畝東之類。「其軍三單」，初從公劉往遷者也。《周禮》：「凡起徒役，無過家一人，以其餘為羨。」「羨」者，副丁也。意古法亦當如是。大國諸侯則有三軍，公劉遷國，當在道時，具三軍以行。首章所謂張弓矢、揚干戈戚者，皆此輩也。計每家當出軍一人，而副丁老弱不與焉，故謂之「三單」。單之為言隻也，獨也。觀此，則公劉初遷，其非空國俱行益明矣。鄭云：「后稷，上公之封。大國之制，三軍。公劉遷於豳，民始從之，丁夫適滿三軍之數。單者，無羨卒也。」孔云：「夏、殷大國百里，為方一里者萬，為田九萬夫。田有不易，一易，再易，通率二而當一，半之得四萬五千家。以三萬七千五百家為三軍，尚餘七千五百，舉大數，故得為三軍也。」又毛《傳》訓三單為相襲。孔云：「重衣謂之襲。謂三行皆單而相重為軍也。」此謂始發在道及初至之時，以未得安居，慮有寇鈔，故三重為軍，使強壯在外，所以備禦之也。王肅云：「三單相襲，止居則婦女在內，老弱次之，強壯在外。」今按：三重皆單之說固似可通。但婦女老弱何得以軍名？且至豳之日，軍即應罷，而無端附見一語於此，殊屬疣贅。詩之言此，正所以為下文「度隰原」二句張本。以一家止一夫受田，其餘非老幼則餘夫也。古者寓兵於農，有事則農即為兵，無事則

兵還歸農，此三軍之眾既已先隨公劉至豳而解嚴矣，宜有分田以授之。「度」者，計料之意。下濕曰隰，高平曰原，乃周禮五地之一。按：《禹貢》雍州有「原隰底績」之文。豳在雍州，正原隰之地。其地或有上中下不同，故必量度其等則而均授之也。詳見《信南山》篇。「徹」，《說文》云：「通也。」曰「徹田」者，通力而耕之謂，即孟子所謂「方里而井，井九百畝，其中為公田。八家皆私百畝，而同養公田」者。「糧」，穀也。穀出於田，田之所入則為糧，兼君與民皆有之。一井之入，公取其一，民取其八也。而入之公者，軍賦皆出於此。按：《甫田》之詩，愚以為豳雅。其曰「倬彼甫田，歲取十千」者，正是周人百畝而徹之法。公劉為夏諸侯，何得不遵五十而貢之制？豈亦夏道衰微，公劉固得於其國中，自以其意變而通之，而其後子孫遂仍之而不敢改與？然井田之法實起自黃帝，則又非公劉創為之者。商人行助，實原於此。及周公始改名為徹，蓋有味於通力合作之義，以取此名也。又先儒考周之徹法，惟都鄙用助而鄉遂仍用貢。然則公劉雖變夏法，蓋亦有不盡變者，特其詳不可考耳。鄒忠胤云：「《周禮》大司徒『以土會之法辨五地之物生，以土宜之法辨十有二土之名物，以相民宅而知其利害。以土均之法辨五物九等，制天下之地徵。以土圭之法測土深，正日景，以求地中。』小司徒『會萬民之卒伍而用之。五人為伍，五伍為兩，四兩為卒，五卒為旅，五旅為師，五師為軍』。《夏官》：『凡制軍萬有二千五百人，王六軍。大國三軍，次國二軍，小國一軍。』小司徒『經土地而井牧其田野。九夫為井，四井為邑，四邑為丘，四丘為甸，四甸為縣，四縣為都，以任地事而令貢賦』。是其典章周密，固肇自周公。然大略已具於《公劉》一詩矣。」「度其夕陽」之「度」與上文「度」意同。《爾雅》云：「山西曰夕陽。」孔云：「陽即日也。夕始得陽，故名夕陽。總言豳人一國之所處，其界在山之西，不知是何山也。《譜》謂豳在岐山之北，《書傳》說太王去豳，踰梁山，注謂梁山在岐山東北。然則豳國之東有大山者，其為梁山乎？」愚按：此言夕陽，蓋指田地之近梁山者。孔謂總一國而言，則非也。此以待夫三單之外續至而受田者。黃佐云：「夕始得陽之田，必不甚宜於民，惟以生齒日繁，歸附日眾，每夫百畝，非舊田之所能容，故又度此以廣之耳。」前章言「斯原」，言「溥原」，言「京」，總是豳地，但未露其名，至此始指出「豳」字。「豳」亦作「邠」。「允」，信也。「荒」者，荒蕪而不明之貌，故借為遠大之義。朱子云：「又度山西之田以廣之，而豳人之居於此益大矣。」

○**篤公劉，于豳**《白虎通》、豐本俱作「邠」。**斯館**。叶翰韻，古玩翻。《白虎通》作「觀」。**涉渭為亂**，翰韻。**取厲**陸本作「礪」。**取鍛**。翰韻。陸本作「碫」。**止基迺理**，紙韻。**爰眾爰有**。叶紙韻，羽軌翻。**夾其皇澗**，**遡其過澗**。澗、澗為韻。**止旅乃密**，質韻。**芮**《周禮注》、陸本、豐本俱作「汭」。**鞫**《漢書注》作「阭」。《周禮注》作「坈」。**之即**。叶質韻，子悉翻。○賦也。《雍土記》云：「豳谷在邠州東北三十里，舊三水縣，公劉立國處。」「館」，《說文》云：「客舍也。」孔云：「禮有公館、私館。館者，宮室之名，所以止舍其中。」愚按：觀下文言「取厲取鍛」，則此館非以居民，乃官府造作之處。百工來者，不必皆本國之人，故為館以居之。《白虎通》云：「后稷封於邰，公劉去邰之邠。《詩》云『即有邰家室』，又曰『篤公劉，于邠斯館』，周家五遷，其意一也，皆欲成其道也。」「涉」，《說文》云：「徒行厲水也。」然下文言為亂，則是用舟。此蓋水旁之不可舟行者，故用涉耳。張守節云：「公劉從漆縣漆水南渡渭水至南山。」《郡縣志》云：「邠州，公劉所居之地，州治新平縣，即漢漆縣。」按：漆縣即今永壽縣。闞駰《十三州志》云：「漆水出漆縣西北岐山，東入渭。」《爾雅》云：「正絕流曰亂。」孫炎云：「直橫渡也。」孔云：「乘舟絕水為亂而過也。水以流為順，橫渡則絕其流，故為亂。」「厲」，《說文》云：「旱石也。」徐云：「粗悍石。」「鍛」，《說文》云：「小冶也。」《蒼頡篇》云：「椎也。」徐鍇云：「椎之而已，不消，故曰小冶。」嚴云：「今考鍛打鐵也。其字從金。嵇康好鍛是也。粗厲之石可以磨兵器，經鍛之鐵可以治戎具，皆涉渭以取之，思患預防，所以衛民也。」陳際泰云：「夫定軍賦也，取厲鍛也，為政有三，取材有五，誰能去之？公劉始遷之時，即治及此，有備也夫。」〔註13〕「止」，居止也。「基」，本牆始之義。《爾雅》以為謀也。邢昺云：「基者，作事謀始也。」「理」，本治玉之義，故亦以為治也。「止基迺理」，言公劉所以為居止之始謀者，已無不治，猶云美哉始基之矣。此總綰前文所言相宅、授田、經武三者，皆乃理之事也。「眾」，指初來者言。上章言「度彼隰原」、「度彼夕陽」以授之者是也。「有」，指續來者言，謂相續而愈有，故下文又言「夾皇澗」、「遡過澗」以居之也。「夾」，《說文》云：「持也。」字從大，左右兩人，有夾持之象。孔云：「夾者在其兩旁。」「皇」，《說文》云：「大也。」「澗」，《說文》云：「山夾水也。」按：《考工記》

〔註13〕陳際泰《五經讀‧詩經‧讀篤公劉》。(《四庫全書存目叢書》經部第151冊，第398頁)

云：「凡天下之地勢，兩山之間必有川焉，大川之上必有塗焉。」皇澗兩旁皆平廣可居，故民居相向夾之。「遡」字本作「泝」，《說文》、毛《傳》皆云「向也」。按：逆流而上，順流而下，皆曰泝。特以洄遊為異，說見《蒹葭》篇。「過澗」，謂澗之橫過者。孔云：「遡其過澗而處，謂開門向澗也。大率民居以南門為正，此蓋皇澗縱在兩傍而夾之，過澗橫，故在北而向之。」王肅云：「或夾或向，所以利民也。」今按：二澗不詳所在。為二為一，未可知也。此皆指本國之民言，以下文有「止旅」句隔之。彼「旅」字乃指十八國之人耳。「密」，字從山，本山如堂者之名。或又訓稠，對疏字言，當是以山木茂盛，故有稠密之義。又通作「宓」，說文云：「安也。」二義皆通，但詳語意，只當以稠密言。「芮」，水名，或通作「汭」。何景明云：「芮水出邠州西北，東入涇。汭水在隴州城西北，源出弦蒲藪，入渭不入涇。《公劉》『芮鞫之即』言邠也，非隴也。」愚按：《禹貢》雍州有「涇屬渭汭」之文，說者謂涇水居中，上屬於汭，下屬於渭，則汭渭相去殊遠，原不相涉。而其後又言「會於渭汭」，則不得不以水北解汭，如溈汭、雒汭之例。今觀何說，則芮、汭固有二水，「涇屬渭汭」之汭正當作芮，而「會於渭汭」乃謂會於渭與汭合流之處耳。但《地理志》明載「芮水出右扶風汧縣吳山西北，東入涇」。《注》引此詩為證。汧縣，今為鳳翔府隴州，而《郡縣志》亦云「涇州良原縣有汭水，一名宜祿川，西自隴州華亭縣流入」，則與何言汭水「入渭不入涇」殊異。川塗遼邈，足跡未到，奚繇能得其實。以何固秦人，所記必或無爽，故存之。又按：芮亦國名。《地理志》謂在馮翊臨晉縣，即今西安府之高陵縣，是其地也。疑當時邠地竟轄至此，亦未可知，非虞芮之芮也。「鞫」，毛云：「究也。」按：《爾雅》鞫、究皆訓為窮。孔云：「鞫是水厓之名，言其曲水窮盡之處也。」愚按：「若以芮為地名，則芮鞫亦地盡之處。」「即」，徐鍇云：「猶就也。」嚴云：「來止之旅，日以益密，於是又就芮水之外而居之。」呂云：「風氣日開，民編日眾，規模日廣，有方興未艾之象焉。周之王業既兆於此矣。」黃佐云：「『利用遷國』，《易》固有之。虞、夏之世代有屢遷者，然盤庚之遷耿也，以瀉鹵墊隘之地而有蕩析離居之憂，固宜一舉而從之。觀其巨室胥動浮言，小民不適有居，而為臣者傲上從康，乃伏小人之攸箴，內外不和吉言於百姓，眾戚之吁，矢言之出，始告之，中威之，既遷而綏爰之，若不克舉焉。而公劉長西戎之眾，裹糧之行，不俟再訊。斯原之相，十八國從遷，下無永歎之赤子，上有蹌濟之群臣，富庶之效，不日臻焉。動民而民不懼，勞民而民不怨，

聖人舉事如此而已。雖其憂國愛民之心，兩君如一，而民情之順逆，天地懸殊，則亦其平日之所感有異耳。故曰君子信而後勞其民。後之遷國者要當以公劉為法可矣。然怨誹逆命之民而以口舌代斧鉞，以至誠摯忠信，不怒而不譴焉。後世厲民自養者其毋以盤庚為口實哉！」

《公劉》六章，章十句。《序》云：「召康公戒成王也。成王將涖政，戒以民事，美公劉之厚於民而獻是詩也。」朱子亦仍其說。王安石云：「周之有公劉，言乎其時則甚微，言乎其事則甚勤。稱時之甚微以戒其盈，稱事之甚勤以懲其逸。蓋召公之志也。」而《申培說》則云：「周報公劉，召公述其事，以訓嗣王，使知民事之詩。」《子貢傳》亦以為訓成王，但作者之人闕。今按：此詩謂作於召公，固無所據。詳觀詩意，皆陳公劉遷豳之事，而略不及文、武繼述之言。又文詞奇古，與《文王》、《大明》諸篇體制不同，則似豳人本有此詩以詠公劉，如《七月》亦豳人自述豳風，而周公舉以告成王，後人遂謂周公所作。然則《公劉》之詩得無亦周、召之輩舉以告成王者與？

七月

《七月》，豳風也。《孔叢子》載孔子曰：「於《七月》見豳公之所以造周也。」按：豳公者，公劉也。造周者，周家王業自是而起也。舊說皆本《序》，謂周公陳此詩以告成王，與《書・無逸》篇同意。《子貢傳》、《申培說》亦皆以為周公陳農政之詩。金履祥云：「讀《七月》之詩，可以見豳民因天力本，孝慈忠愛之俗焉。意者豳之遺詩，周公陳之以為矇工之頌，使成王知故國衣食之原。然不居二南之前而居變風之末，何也？曰：詩皆採之當世，而前世之詩存者不可泯也，故《豳・七月》附於十五國風之後，猶《商・那》附於三頌之末也。」宋張栻入侍經筵，言周公之告成王，見於《詩》，有如《七月》；見於《書》，有如《無逸》。欲其知稼穡之艱難，與小人之依、帝王所傳心法之要，端在於此。夫治常生於敬畏，而亂常起於驕肆。使為國者每念乎農畝之勞，則心不存焉者寡矣。何者？其必嚴恭朝夕而不敢忘也，其必懷保小民而不敢康也，其必思天下之飢寒若己飢寒之也，是心常存，則驕肆何自而生，豈非治之所繇興也與？劉安世云：「公劉，豳國之君。《七月》，公劉之詩也。何不編之雅，與《公劉》相倫？《公劉》之詩言其政事，《七月》之詩言其風俗，既曰風矣，不得編於雅矣。」彭執中云：「《七月》、《公劉》皆言民事，其為詩一也。然《七月》之詩微，而及於昆蟲、草木、衣服、飲食之末，較之

《公劉》莫非興王氣象，其體固不同也。」鄭樵云：「《七月》者，西周之風；《黍離》者，東周之風。」鄧元錫云：「《豳·七月》，其帝化乎，進於王矣，百姓日用飲食而質矣，是天德也。」又云：「蓋於《七月》，渙然於天人之合也。靡人非天人，靡事非若天也。無思無為，終守淳固，順帝則而無庸識知也。古德之盛，風本〔註14〕之本也。」徐光啟云：「周之興也，十六王而武始居之。考其積基樹本，非有殊尤絕跡，震炫來世者也。今讀其文，想其先公之所以為教，不過若世間一勤儉忠厚之家而已。然一家如此，其家必興；一國如此，其國必昌。至於和氣浹洽，根幹纏綿，基厚而難傾，本深而不拔，卒受代商之命，享過曆之祚。昔人有言：太和在成周宇宙；又曰：王道本乎人情。於乎！信其然矣。」《三輔黃圖》云：「秦有四塞之固，昔后稷封釐，公劉處豳，太王徙岐，文王作豐，武王治鎬，其民有先王遺風，好稼穡本業，故豳詩言農桑衣食之業甚備。秦都咸陽，徙天下富豪十二萬戶。漢高帝都長安，徙諸齊田、楚屈、昭、景及諸功臣於長陵。後世世徙吏二千石、高貲富人及豪傑兼併之家於諸陵，強本弱末，以制天下。是故五方錯雜，風俗不一，貴者從侈靡，賤者薄仁義，故漢之京輔，號為難理。」范景文云：「讀《豳風》一篇，何意遐荒苦寒之地，綠華芳草，蔚為文明。今齊、魯、燕、晉之區多有越數百里無炊煙者，又何也？」

七月流火，叶尾韻，栩鬼翻。**九月授衣**。叶尾韻，隱豈翻。**一之日觱**《說文》、豐氏本俱作「滭」。《釋文》作「畢」。**發**，叶質韻，非律翻。《說文》、豐氏本俱作「冹」。**二之日栗**陸德明本引《說文》作「颲」。豐本〔註15〕作「㮚」。**烈**。叶質韻，力質翻。《釋文》引《說文》作「颲」。崔靈恩注、豐本俱作「列」。**無衣無褐**，叶霽韻，許罽翻。亦叶屑韻，胡結翻。**何以卒歲**。霽韻。亦叶屑韻，相絕翻。**三之日于耜**，紙韻。**四之日舉趾**。紙韻。《漢書》、豐本俱作「止」。**同我婦子**，紙韻。**饁彼南畝**，叶紙韻，母鄙翻。《漢書》作「晦」。**田畯至喜**。紙韻。鄭玄云：「本作饎。」○賦也。首章總以衣食發端，先言衣而後言食。自二章至五章所以終前六句之意，自六章至八章所以終後五句之意。「七月」，斗建申之月也。張子厚云：「《七月》之詩，皆以夏正為斷。」曹氏云：「公劉正當夏時，所用者夏正也。」「流」，毛《傳》云：「下也。」「火」，大火，心星，即大辰也。解見《小星》篇。《左·昭三年》：

〔註14〕「本」，四庫本作「化」。
〔註15〕「本」，四庫本無。

「張趯曰：『火星中而寒暑退。』」孔穎達云：「季冬十二月平旦正中在南方，大寒〔註16〕；季夏六月黃昏火星中，大暑退。是火為寒暑之候事也。知此兩月昏、旦火星中者，《月令》季夏昏火星中。六月既昏中，以衝反之，故十二月旦而中也。若然，六月之昏，火星始中。《堯典》『日永星火，以正仲夏』，所以五月得火星中者。《吳〔註17〕志》：『孫皓問鄭玄：火星季夏中心也，不知夏至中星名。答曰：日永星火，此謂大火也。大火，次名。東方之次有壽星、大火、析木三者，大火為中，故《尚書》舉中以言焉。又每三十度有奇，非特一宿者也。季夏中火，猶謂指心火也。如此言中，則日永星火謂大火之次，非心星也。《堯典》四時言中星者，春夏交舉其次，言星鳥、星心；秋冬舉其宿，言星虛、星昴。故注云：星鳥，鶉火之方。星火，大火之屬。虛，玄武中虛宿也。昴，白虎中昴宿也。其東方南方皆三次，鶉火、大火居其中。西方北方俱七宿，虛星、昴星居其中。每時總舉一方，故指中宿與次而互言之耳。』是鄭以『日永星火』為大火之次，與此火之心星別也。」又按：周洪謨云：「堯時仲夏日在鶉火，大火昏中。至周公時，歲差既多，則六月日在鶉火，大火昏中。」並錄以俟考。朱子云：「心火以六月之昏加於地之南方，至七月之昏則下而西流矣。」《左傳・哀十二年》：「冬十二月，螽季孫問諸仲尼，仲尼曰：『丘聞之：火伏而後蟄者畢。今火猶西流，司曆過也。』」按：周十二月，夏十月也。火猶西流者，以此時火未盡沒，尚是九月，曆官失一閏故也。是可見火自六月昏中之後下而過西，皆稱流也。亦以天傾西北，故云然。程子云：「歲過中而行暮矣，當有卒歲之具，禦冬之備，故以七月流火為首。」張子厚云：「周人慮事有豫，《七月》之詩常於半年前提掇。」又按：發端先以秋冬為言者，以豳地多寒，故豫先為禦寒之計耳。「九月」，斗建戌之月。「授」，《說文》云：「予也。」「授衣」，家長授於家眾也。以下文云「無衣無褐」，褐乃賤者之服，故知之。且家事聽於長故也。朱子云：「九月霜降始寒，而蠶績之功亦成，故授人以衣，使禦寒也。」「一之日」四句，原其所以授衣之故也。「一之日」，謂斗建子一陽之月。「二之日」，謂斗建丑二陽之月也。變月言日者，毛云：「十之餘也。」孔云：「謂數從一起而終於十，更有餘月，還以一二紀之也。此篇自立一體。從夏之十一月至夏之二月，皆以數配日而言之。從夏之四月至於十一月，皆以數配月而稱之。蓋以日月相對，日陽月陰，陽則生物，

〔註16〕按：見《正義》卷十六，係孔穎達引服虔之說，此處原有「退」字。
〔註17〕「吳」，《正義》作「鄭」。

陰則成物。建子之月，純陰已過，陽氣初動，物以牙蘗將生，故以日稱之。建巳之月，純陽用事，陰氣已萌，物有秀實成者，故以月稱之。若然，一之日、二之日言十之餘則可矣，而三之日、四之日者乃是正月、二月，十數之初始，不以為一、二而謂之三、四者，作者理有不通，辭無所寄。若云一月二月則群生物未成，更言一之、二之，則與前無別，以其俱是陽月，物皆未成，故因乘上數，謂之三、四，明其氣相類也。」愚按：以三四繼一二，總是蒙上之文，故有以正月為十三月者。《春秋元命苞〔註18〕》曰：「周人以十一月為正，殷人以十二月為正，夏人以十三月為正。」《後漢書‧陳寵傳》云：「十三月，陽氣已至，天地已交，物皆出，蟄蟲始振，人以為正，夏以為春。」《隋書‧牛弘傳》云：「今十一月不以黃鐘為室，十三月不以太蔟為室，便是春木不旺，夏土不相。」建寅之月乃是十月之初，亦乘上以為十三，與此同也。朱子以為變月言日，言是月之日也。張子亦云：「言月又言日，別無義例，只是文順。」愚按：二說俱於理未安。總之，本天而言則主日，以冬至為日長一線之始也；本曆而言則主月，以孟春為夏正建寅之始也。因思《易‧復》卦有「七日來復」之文，舊解亦屬未確。以此詩一二三四之日例之，《易》之「七日」正謂五月耳。五月一陰初生，而群陽以次剝盡，今則一陽復來，故曰「反復其道，七日來復」也。「觱發」，毛云：「風寒也。」按：「觱」，《說文》云：「羌人所吹角屠觱，以驚馬也。」徐鍇云：「今之觱栗。」楊慎云：「觱發之為風，其義隱而難知。諺云：『三九二十七，籬頭吹觱栗。』正謂風吹籬落聲似觱栗，與詩意合。觱栗，今樂書名風管，又可證焉。其聲悲慘，冬日寒風驟發，其聲似之。」「發」，疾貌。「栗烈」，毛云：「寒氣也。」按：「栗」，木名，其實下垂，至犥發之時，將墜不墜，有戰慄之象。人遇寒而膚栗，類此。「烈」，火猛也。本無寒義，但以其為嚴猛之貌，取以象寒威耳。孔云：「仲冬之月，待風乃寒。季冬之月，無風亦寒。故異其文。」愚按：觱栗，羌胡龜茲之樂，古樂未聞。楊說雖有理，未敢深信。疑古文音同者，字得通用，故《說文》「觱發」作「滭冹」。「滭」，風寒也。「冹」，寒也。先言滭而後言冹者，孔所謂「仲冬待風乃寒」是也。「栗」當通作「溧」，《說文》云：「寒也。」「烈」當通作「颲」，《說文》云：「烈風也。」既言溧而又言颲者，季冬寒既甚矣，更重之以朔風，則愈寒也。范祖禹云：「先王教民農桑以為衣食，非以充欲，所以備患也。是故將言衣之本，則著寒之候。」「褐」，毛布也，織毛為之。上只言衣，而此兼言

〔註18〕「苞」，底本作「包」，據四庫本改。

褐者，九月衣已足矣。十一月以後，非衣而加之以褐，則不能煖也。「卒」，通作「殁」，《說文》云：「終也。」范云：「言『何以卒歲』，則又見二之日為歲之終也。此所謂夏正也。」以上言衣之為急也。「三之日」，斗建寅之月，正月也。「于」者，口氣之舒，故又訓為往也，猶云往于彼也。「耜」，《說文》云：「鍤也。」《釋文》云：「耒下耓也。」《易》曰：「斲木為耜，揉木為耒。」耜者，耒之首，斲木使銳而為之，所以入土，俗呼犁壁。今又加以鐵鏵，謂之犁頭。耒者，耜之柄，揉木使曲而為之，所以運耜，俗呼犁衝。總呼之則為犁也。《考工記》云：「耜廣五寸，二耜為耦。」《注》云：「古者耜一金，兩人併發之。今耜岐頭兩金，象古之耦。」黃佐云：「『于耜』，謂昔改歲時，入此室處。今則往中田之廬而修田器錢鎛之屬。然獨以耜言者，所謂畟畟良耜，有略其耜，詩人以此為重而言之，將以起土而耕，必資于耜也。」孔云：「《月令》：『季冬，命農計耦耕事，修耒耜，具田器』，然則修治耒耜，當季冬之月。今豳人正月修耒耜，二月始耕者，豳土晚寒。《鄭志》答張逸謂寒晚溫亦晚，故修耒耜，始耕皆較中國遲一月也。」「四之日」，斗建卯之月二月也。「舉」，《說文》云：「對舉也。」「趾」，足也。耕以足推，故須用足二耜為耦，故云對舉也。《月令》仲春之月云：「耕者少舍。」鄧元錫云：「少舍，言無或舍息，急農之至也。」此言「舉趾」，所謂「少舍」者也。「同我婦子」，程子云：「我婦我子同來致饁也。」「我」，農夫自我也。「饁」，杜預云：「野饋也，所謂餉也。」李氏云：「郤缺耕於野，其妻饁之，是妻饁其夫也。有童子以黍肉餉，是子餉其父也。」王安石云：「畝大抵以南為正，故每曰南畝。」《補傳》云：「田事喜陽而惡陰，南東向陽則茂遂，西北傍陰則不實。」孔云：「周先公在豳，教民周備，使衣食充足，寒暑及時，民奉上教，知其早晚，各自勸勉，以勤事業，故『同我婦子，饁彼南畝』。及『嗟我婦子，曰為改歲』，此述民人之志，非敘先公號令之辭。」「田畯」，典田之官。《爾雅》、《說文》皆以畯為農夫。鄭玄、郭璞皆謂今之嗇夫，是也。邢昺云：「田畯在田司主稼穡，故謂之司嗇。漢及東晉亦有此官，謂之嗇夫。故鄭、郭皆云今之嗇夫。」愚按：《夏書·胤征》篇有「嗇夫馳」之語，則夏時已有此官，非始漢、晉矣。《周禮》無田畯之職，益知此詩及《甫田》、《大田》皆非周詩也。「至喜」者，田官巡行阡陌，來至而見其民之勤於農事，則喜也。劉公瑾云：「二月而即舉趾治田，早也。壯則在田，婦人則致餉，用力齊也。勸農之道，無非欲其不後於時，不解〔註19〕於力。豳

〔註19〕「解」，四庫本作「懈」。

人乃不待勸而能，此田畯所以喜也。」輔廣云：「『婦子』『饁彼』，見家人之心一。『田畯至喜』，見上下之志通。」以上言食之為急也。衣則言其授衣之後而未及其初，食則言其耕田之初而未及其後，此古人行文變化之妙。而自《七月》以至四之日循序敷衍，更復渾成，此所以為化工之筆也。朱善云：「三陰之月，陰氣始盛，故於是而豫為禦寒之備。三陽之月，陽氣始盛，故於是而豫為治田之備。先衣而後食，故以《七月》為首也。大寒之候在於丑月而圖之於建申之時，收成之候在於酉月而慮之於建寅之日，其為豫備可知。若寒至而後索衣，饑至而後索食，則其為計亦晚矣。」○七月流火，九月授衣。二韻見首章。春日載陽，韻。豐本作「易」。有鳴倉庚。叶陽韻，居郎翻。女執懿筐，陽韻。豐本作「匚」。遵彼微行，叶陽韻，戶郎翻。爰求柔桑。陽韻。春日遲遲，支韻。采蘩祁祁。支韻。女心傷悲，支韻。殆《釋文》：「一作『迨』。」及公子同歸。叶支韻，渠為翻。○賦也。嚴云：「二章、三章皆終首章無衣之意，再言流火、授衣者。」鄭云：「將言女工之始，故又本於此。」愚按：「九月授衣」主今年而言，以其序求之，則「春日載陽」以下皆明年事也。第三章仿此，蓋思此衣之所從來，則圖之不得不力耳。「春日」，孔以為建辰之月，亦未是。按：《月令》云：「仲春之月，倉庚鳴。」《夏小正》云：「二月采蘩。」則此章兩春日皆謂二月也。「載」，始。「陽」，溫也。《爾雅》：「四時，春為青陽。」《注》云：「氣清而溫陽。」又劉熙《釋名》云：「陽，揚也。陽氣在外發揚也。」「倉庚」，黃鳥而黑章，即《葛覃》「黃鳥」也。解見《葛覃》篇。陸佃云：「凡《詩》言黃鳥者，興也；言倉庚者，賦也。」《汲冢周書》云：「驚蟄之日，倉庚鳴。」蓋蠶生之時也。婦人未嫁，稱「女懿」。《爾雅》、《說文》皆以為形美也。愚按：猶言精緻也。「筐」本作「匡」，徐鍇云：「受物之器，象形，正三方也。」「遵」，《說文》云：「循也。」「微行」，小徑也。「柔桑」，稚桑也。蠶初生，桑始發也。「遲遲」，日行舒緩也。孔云：「計春秋漏刻多少正等，而秋言淒淒，春言遲遲者，陰陽之氣感人不同。張衡《西京賦》云：『人在陽則舒，在陰則慘。』然則人遇春暄，則四體舒泰，覺晝景之稍長，故以『遲遲』言之。及遇秋景，四體褊躁，不見日行急促，惟覺寒氣襲人，故以『淒淒』言之。淒淒是涼，遲遲非暄，二者觀文似同，本意實異也。」愚按：孔說固是。然遲遲在載陽之後，自是晝刻較長，非但晝夜平分時矣。「蘩」，解見《采蘩》篇。徐光啟云：「蠶之未出者，鬻蘩沃之則易出。今養蠶者皆然。故毛《傳》云：『所以生蠶。』」朱子謂蠶生未齊，未可食桑，

故以蘩啖之。蓋未嘗目睹此事，以意解之耳。」「祁」，本邑名，故字從邑。或訓為大，或訓為徐，或訓為眾，總不能明其義。愚意當通作「岐」。凡山之旁出、路之二達者皆謂之岐，此於眾多之意為近。《詩》「其祁孔有」、「興雨祁祁」、「祁祁如雲」，皆同斯義。若以《采蘩》篇「被之祁祁」通之，則此篇「采蘩祁祁」概豳公宮中之人亦在其中矣，故下文有「及公子同歸」之語也。「女」，即「執懿筐」之「女」。「女心傷悲」，猶云惻然動念也。「殆」，將也，「其殆庶乎」之「殆」。諸侯之子，凡男女皆得稱公子。《左傳》云：「凡公女嫁於敵國，姊妹則上卿送之，公子則下卿送之。於大國，雖公子，亦上卿送之。」昭三年：「公孫蠆為少姜之有寵也，以其子更公女而嫁公子。」又，《公羊傳》說築王姬之館云：「於群公子之舍則已卑矣。」是諸侯之女亦稱公子也。「同歸」，即《素冠》篇「聊與子同歸」之義，言其趨向亦欲與之同也。豳公之化，自家而國。春日遲遲之時，公子亦出而與於采蘩，此執懿筐之女見之不覺悲傷感，念誠見民生在勤，雖貴介公子猶不敢自暇逸如此。相與則而象之，所謂「上有好者，下必有甚焉」者也。毛、鄭以為春女悲，秋士悲，春女感陽氣而思男，秋士感陰氣而思女，是其物化，所以悲也。悲則始有欲嫁之志。信如所言，以處子而作嫁想，豈《豳風》敦龐之俗哉？或謂時偶值有于歸之事，或又謂豫有離親之感，均屬附會。○**七月流火**，見上。**八月萑葦**。尾韻。**蠶月條桑**，陽韻。**取彼斧斨**，陽韻。**以伐遠揚**，陽韻。猗《齊詩》作「猗〔註20〕」。**彼女桑**。陽韻。**七月鳴鵙**，錫韻。《孟子注》作「鴃」。《升菴外集》作「雉」。**八月載績**。錫韻。**載玄載黃**，陽韻。**我朱孔陽**，韻。**為公子裳**。陽韻。○賦也。孔穎達云：「衣之所用，非絲即麻。春既養蠶，秋當緝績。絲帛染為玄黃，乃堪衣用。故三章又陳女功，自始至成也。」「八月」，斗建西之月。「萑葦」，解見《蒹葭》篇。毛云：「豫蓄萑葦，可以為曲。」按：《月令》：「季春之月，命野虞毋伐桑柘，鳴鳩拂其羽，戴勝降於桑。具曲植蘧筐。后妃齊戒，親東鄉躬桑。禁婦女毋觀，省婦使以勸蠶事。」《注》云：「曲，薄也。植，槌也。」所以架曲與蘧筐者。孔云：「薄用萑葦為之，以下句言蠶事，則萑葦為蠶之用，故傳云豫蓄以為曲也。」「蠶月」，治蠶之月。以《月令》、《祭義》考之，正謂三月也。《月令》之說見前。《祭義》云：「大昕之朝，君卜三宮之夫人、世婦之吉者，使入蠶室，奉種浴於川。」鄭氏謂大昕者，「季春朔日之朝也」。此詩自建寅之月以至建丑之月皆有，獨少建辰之月，有

〔註20〕「猗」，四庫本作「掎」。

其事不紀其月，亦古人行文變幻處。「條」，長也，「厥木維條」之「條」。言三月之時，桑枝方條達也。「斨」，《說文》云：「方銎斧也。」孔云：「隋銎曰斧，方銎曰斨。斨即斧也，惟銎孔異也。」按：隋謂孔形狹而長也。銎，斧空也。劉熙云：「斨之言戕也，所伐皆戕毀也。」「遠揚」，朱子云：「遠枝揚起者也。」孔云：「長條揚起，手所不及，故枝落之而採其葉。」嚴云：「桑性以斬伐而始茂，取斧斨以伐其條，又豫為明年之計也。」程大昌云：「今浙桑則然歲生歲伐，率皆稠行低榦，無有高及二丈者。」「猗」，通作「倚」，嚴云：「猶依也。不斬其條，但就樹以採其葉也。」又《齊詩》作「猗〔註21〕」。故毛《傳》謂「角而束之曰猗」，蓋取此猗〔註22〕義也。「女桑」，《爾雅》云：「桋桑也。」郭璞云：「今俗呼桑樹小而條長者為女桑樹。」嚴云：「物之小者稱女，猶今稱女牆也。」上章「柔桑」，乃桑葉之嫩者，嫩葉始生未多，故以筐箱求之，養新出之蠶耳。蠶有新出者，又有未出者，故同「采蘩」言之，皆言蠶事之始也。此章「女桑」，乃桑樹之小者。大樹既條取之，小樹又猗取之，蠶已大食，故桑之大小取之無遺，蓋言蠶事之成也。「鵙」，《爾雅》云：「伯勞也。」郭璞云：「似鶷鶡而大。」楊慎云：「形似鸜鵒。鸜鵒喙黃，伯勞喙黑，以此別之。」曹植云：「伯勞以五月鳴，應陰氣之動，陽為仁養，陰為殘賊，伯勞蓋賊害之鳥也。其聲鵙，故以其音名云。」「性亦能擊搏鷹，集於林則盤旋鳴聒，候鷹飛，輒擊之。五更輒鳴不止，至曙乃息。」〔註23〕又名博勞，又名伯趙。趙者，疾也。《左傳》云：「伯趙氏，司至也。」《通卦驗》云：「博勞性好單棲，其飛𩣡。夏至應陰而鳴，冬至而止，故帝少皞以為司至之官。」陸佃云：「《說文》以為𩣡，斂足也。今鵙飛，斂足腹下。」羅願云：「按：《時訓》云：『鵙不始鳴，號令壅偪。』高誘以為夏至後應陰而殺蛇，乃磔之棘上而始鳴。今俗云鵙在林間鳴，蛇於其下蟠結不動，飛去則伸。其所踏枝，可鞭兒，令速語，以其當萬物不鳴時而能鳴，故以類求之。」或見《夏小正》訛「鵙」作「鴃」，而《孟子注》以「鴃」為「鵙」，遂以兩字通用。按：鴃名鷤鴃，巧婦也，與鵙無涉。陸佃云：「倉庚知分，鳴鵙知至。故陽氣分而倉庚鳴，可蠶之候也；陰氣至而鵙鳴，可績之候也。」嚴云：「五月伯勞始鳴，應一陰之氣。至七月猶鳴，則三陰之候，而寒將至矣。故七月聞鵙之鳴，先時感事也。」「載」之

〔註21〕「猗」，四庫本作「掎」。
〔註22〕「猗」，四庫本作「掎」。
〔註23〕按：此即前引「楊慎云」原為一則，出《丹鉛餘錄》卷一。

言「則」，蓋音近也。「績」，《說文》云：「緝也。」孔云：「《陳風》『不績其麻』，績，緝麻之名。八月絲事畢而麻事起也。」「玄」、「黃」、「朱」，皆色之正者。於是始染以獻，總上絲織而成帛，麻織而成布言。呂祖謙云：「古者冕用麻而服用絲。」一說春帛是寒服，秋布是暑服，亦通。「玄」，毛云：「黑而有赤也。」按：《考工記》鍾人說染法云：「三入為纁，五入為緅，七入為緇。」鄭《注》云：「染黑者三入而成纁，又再染以黑則為緅。『緅』，今《禮記》作『爵』，言如爵弁色也。又復再染以黑乃成緇矣。凡玄色者，在緅、緇之間，其六入者歟？」孔云：「玄色，染法互入數，禮無明文，故鄭約之以為六入，謂三入赤，三入黑，是黑而有赤也。」《易·下繫》云：「黃帝、堯、舜垂衣裳，蓋取諸乾坤。」《注》云：「乾為天，坤為地。天色玄，地色黃。故玄以為衣，黃以為裳。象天在上，地在下也。」朱、毛云：「深纁也。」《士冠禮》：「爵弁服纁裳。」鄭《注》云：「凡染絳一入謂之縓，再入謂之䞓，三入謂之纁，朱則四入矣。」孔云：「染朱入數，書傳無文，故約之以為四入也。三則為纁，四入乃成朱，色深於纁，故云深纁也。」「孔」，甚也。「陽」，毛云：「明也。」孔云：「陰陽相對，則陰闇而陽明矣。朱色無陰陽之義，故以陽為明，謂朱為光明也。」按：《周官·染人》：「秋染夏。」夏，五色也。謂之夏者，夏翟毛羽，五色皆備，成章於斯時也。天朗氣清，五色皆可以染，故繫之八月之下也。「公子」與上章「公子」同。玄黃以獻之君。其朱色之鮮明者，婦人女子尤愛之，故取以獻為公子裳，非徒表藹然家人一體之意，誠見采蘩之公子能勤婦功，而此絲麻乃婦功所成，亦猶之稱絲效功之意耳。章中言七月、八月、蠶月，皆是逐年如此。作去歲看亦可，作今歲、明歲看亦可，不必拘拘分疏。朱子云：「以上二章專言蠶績之事，以終首章前段無衣之意。」〇四月秀葽，蕭韻。五月鳴蜩，蕭韻。八月其穫，藥韻。十月隕蘀。藥韻。一之日于貉，藥韻。取彼狐狸，支韻。為公子裘。叶支韻，渠之翻。豐本作「求」。二之日其同，東韻。載纘武功。東韻。言私其豵，東韻。獻豜《周禮注》作「肩」。于公。東韻。〇賦也。「四月」，斗建巳之月。王安石云：「陽生則言日，陰生則言月。然四月正陽而言月，何也？四月陰生，氣之先至者也。」嚴云：「五行皆胎養在長生之前，五月一陰生，則亦四月陰胎萌也。」曹氏云：「首舉四月者，言陰氣之來從微至著，蓋有漸也。」《爾雅》云：「木謂之華，草謂之榮，不榮而實者謂之秀。」孔云：「分別異名以曉人，故以秀為不榮。然《出車》云『黍稷方華』，《生民》說黍稷云『實發實秀』，是黍稷

有華亦稱秀也。」「蘮」，草名，鄭疑為王蒉，非也。劉向說此味苦，苦蘮也。
按：《爾雅》云：「蘮繞，蕀菟。」郭璞云：「今遠志也。似麻黃，赤華，葉銳
而黃，其上謂之小草。」《本草》云：「遠志，一名蕀菟，一名繞蘮，一名細
草。」《廣雅》云：「一名王連，一名蕀苑。」《圖經》云：「根色黃形，如蒿根。
苗名小草，似麻黃而青，又如華豆，葉亦有似大青而小者。三月開華，白色。
根長及一尺。」嚴云：「今遠志苦澀之甚，醫家以甘草熟煮之，乃可用。」又
丘光庭云：「《月令》：『孟夏，苦菜秀。』孔穎達云：『菜似馬薤而花白，其味
極苦。』今驗四月秀者，野人呼為苦蘮，春初取煮，去苦味，和米粉作餅食
之。四月中，莖如蓬艾，花如牛蒡〔註24〕花。四月秋氣生，故苦蘮秀。則一
歲物成，自苦蘮始。《月令》所書，皆應時之物。其言苦菜，即苦蘮也。穎達
所見，別是一物，不可引以解此。」「五月」，斗建午之月。「蜩」，蜋蜩也。《夏
小正》作「良蜩」。《傳》云：「良蜩者，五采具。」按：《爾雅》，蜩種不一，
有蜋蜩，有螗蜩。據《小正》，良蜩、螗蜩皆以五月鳴。揚雄《方言》云：「楚
謂之蜩，宋、衛之間謂之螗蜩，陳、鄭之間謂之蜋蜩，秦、晉之間謂之蟬。」
果如所言，蜋、螗、蟬通是一物，《夏小正》不應別而言之。而《蕩》詩云「如
蜩如螗」，則蜩自蜩，螗自螗，其非一物明甚。毛氏於彼《傳》云：「蜩，蟬
也。螗，蝘也。」當以此說為正。螗蜩改名蝘，則蜋蜩得專名蜩矣。陸佃云：
「蜩亦蟬之一種，形大而黑。昔人啖之。《禮》有『雀〔註25〕鷃蜩蔰』是也。
一名蟬，為其變蛻而禪，故曰蟬。」又，《小正》、《月令》：「七月寒蟬鳴。」
寒蟬似蟬而小，一名寒蜩，即今啞蟬，非此蜩也。錢天錫云：「因天時之變而
物化隨之，寒於冬而萌於夏，豳民早計如此，蓋不止履霜而知堅冰矣」。此與
下章睹昆蟲之變化者不同。「穫」，《說文》云：「刈穀也。」孔云：「『八月其
穫』者，惟有禾耳。」「十月」，斗建亥之月。「隕」，《說文》云：「從高下也。」
又云：「凡草木皮葉落墮地為蘀。」徐鍇云：「此言草木而從草者，木蘀與草同
也。」又，《說文》有「槀」字，其義則木葉墮地。徐以為隕蘀當用此「槀」
字，但古今字異，此字今所難行也。以上四句言陰氣之緜萌而盛而極，見於
物者如此，以起裘褐，不可緩之意。「於貉」，往祭貉也。按：《周禮》大司馬
之職，「中冬，教大閱，群吏以旗物、鼓鐸、鐲鐃，各率其民而致之。大司馬
質明，弊旗，誅後至者。有司表貉於陳前」。舊說云：「貉，師祭也。立表以

〔註24〕「蒡」，底本作「旁」，據四庫本改。
〔註25〕「雀」，《禮記・內則》作「爵」。

祭，故謂之表貉。」古人祭貉於立表之處，無壇墠，置甲冑弓矢於前，置椟其後，以依神禱，氣勢壯而多獲。羅願云：「貉，善睡之獸，似〔註26〕狐，畜而養之，扣之即悟，已而復寐。周人將獵，則先祭貉，故謂獵為貉。《周禮》曰：『祭表貉，則為位。』蓋獵之將出貉為先導，表貉之所在，知獸之所聚，故祭而取之。《穆天子傳》曰：『天子獵於漆澤，於是得白狐玄貉焉，以祭於河宗。』此《周禮》獵祭貉之驗也。」「狸者，狐之類。狐口銳而尾大，狸口方而身文。黃黑彬彬，蓋次於豹，故稱聖人虎變，君子豹變。辨人狸別。狸，善搏者也。為小步以擬度焉，其發必獲，謂之狸步。量侯道法之。古者王大射，則射人以狸步張三侯。」〔註27〕陸佃云：「狐善疑，狸善擬，不可以有為，故古者以為燕居之裘。《詩》曰：『一之日於貉』，取彼狐狸為公子裘，言往祭表貉，因取狐狸之皮為裘也。」孔云：「禮言狐裘多矣。《左傳》稱齊大夫東郭書衣狸制，服虔謂『狸制，狸裘也』。」陳祥道云：「夫公子無豫於事而狸裘，東郭即戎而狸制，則狸裘非禮服之裘也。《傳》又曰『臧之狐裘，敗我於狐駘』，則春秋之時，戎服亦以狐裘也。」此「公子」謂豳公之子，與上二章女公子不同。蠶績者，婦人之事，則我朱孔陽以獻公之女。狩獵者，男子之事，則取彼狐狸以獻公之子。亦各從其類也。閔光德云：「蠶績、狩獵，不專為君，但於勤生之中有先公後私之義耳。」「其同」者，鄭云：「君臣及民因習兵俱出田也。」或引《周禮》「小司徒」職云：「凡起徒役，毋過家一人，以其餘為羨，惟田與追胥竭作。」《注》謂「竭作者，正卒、羨卒盡出也」。一之日只正卒往，二之日則正卒、羨卒俱往，故曰同。愚按：此說絕無稽據。今以下文「獻豜于公」觀之，則公固在田所矣。鄭解為是。又一之日行表貉之祭，似與《周禮》「中冬大閱」之典相合。而此更言二之日「載纘武功」者，舊說謂豳地晚寒，故習兵晚，亦屬附會。此詩自說豳俗，在《周禮》未作之先，原不宜律以《周禮》，或祗是一之日聽民相與祭貉，以獵取禽獸，而君未同往，至二之日，君方帥有司致民於田以講武，故曰「其同」也。毛云：「纘，繼功事也。」孔云：「既言捕取狐狸，因說田獵之事，至二之日之時，君臣及其民俱出田獵，則繼續武事，年常習之，使不忘戰也。」愚按：此時始習兵出田，一年僅止一次耳，與《周禮》蒐苗獮狩之典殊異。謂之「纘」者，言纘續上年之事。蓋歲以為常，非謂繼前日之於貉也。「豵」、「豜」皆豕名。《說文》以豚生六月為豵，毛

〔註26〕「似」，底本作「以」，據四庫本改。
〔註27〕按：上兩則分見羅願《爾雅翼》卷二十一《貉》、《狸》。

《傳》以豕生一歲為豵，未詳孰是。《爾雅》：「豕生三子曰豵。」《注》云：「豬生子常多，故別其少者之名。」《說文》以豕生二歲肩相及者謂豜，《周禮注》以四歲為豜，亦未詳孰是。然總之豕之大者也。小獸私之為己有，大獸獻之於公所，薄於己而厚於君也。朱子云：「此章專言狩獵，以終首章前段無褐之意。」愚按：裘、褐有別，貴者衣裘，賤者衣褐，通章只重在「取彼狐狸，為公子裘」二語。蓋豳民因己之資褐以禦寒，而重為貴者之慮。下文「二之日」一段，則又因言「於貉」而並及之耳，語意自有輕重。又按：《禮·射義》諸侯以《狸首》為節，疑即歌此章也。一之日取彼狐狸，故曰狸首，又豳公之詩也，是故諸侯之射以之為節。○**五月斯螽動股**，霙韻。**六月莎**《釋文》作「沙」。**雞振羽**，霙韻。**七月在野**，叶霙韻，王矩翻。**八月在宇**，霙韻。**九月在戶**，霙韻。**十月蟋蟀入我床下。**八言為句，叶霙韻，後五翻。**穹窒熏鼠**，叶霙韻，此主翻。**塞向**《儀禮疏》作「鄉」。**墐戶。**霙韻。**嗟我婦子**，叶霙韻，茲五翻。**曰**《漢書》、豐氏本俱作「聿」。**為改歲，入此室處。**叶霙韻，此主翻。○賦也。「斯螽」，解見《螽斯》篇。《爾雅》以為蜇螽。陸璣云：「蝗類也，長而青，長角長股，青色黑斑，其股似玳瑁文。五月中，以兩股相搓作，聲聞數十步。幽州人謂之舂箕，亦謂之舂黍，江東人謂之蚱蜢，亦謂之蚘蚆。」陸佃云：「『五月斯螽動股』言螽斯股成而奮迅之也。《爾雅》云：『螽醜奮。』蓋於是時股成而奮迅之，則方春尚弱也，故《列子》以為『臣力折春螽之股，堪〔註28〕秋蟬之翼』。」「六月」，斗建未之月。「莎雞」，蟲名。「振羽」者，毛云：「羽成而振迅之。」丘光庭云：「按：諸蟲之鳴出於口喙者多矣，有脅鳴者，有脛鳴者，有股鳴者，有羽鳴者。脅鳴者，蜩蟬也。脛鳴者，螻蟈也。股鳴者，斯螽也。羽鳴者，莎雞也。若以飛而有聲為羽鳴者，則蠅蚊之類皆是，何獨莎雞也。且《豳風》所言非偶然也。以莎雞、斯螽之事皆陽蟲也，陽氣出則此蟲鳴，陽氣入則此蟲盡，著其將寒之有漸，勸人早備於寒也。今驗莎雞，狀如蚱蜢，頭小而身大，色青而有鬚，其羽晝合不鳴，夜則氣從背出，吹其羽，振振然其聲，有上有下，正似緯車，故今人呼為絡緯者是也。如或不信，可取樹枝之上，候其鳴者，把火燃看，即知斯言之不謬。或云飛而振羽，索索作聲，是其不識莎雞，妄為臆說。」羅願云：「莎雞振羽作聲，其狀頭小而羽大，有青、褐兩種，率以六月振羽作聲，連夜札札不止，其聲如紡絲之聲，故一名莎雞，一名絡緯。今俗人謂之絡絲娘，蓋其鳴時

又正當絡絲之候。故《豳詩》云『六月莎雞振羽，七月在野，八月在宇，九月在戶』也，寒則漸近人。今小兒夜亦養之，聽其聲，能食瓜莧之屬。」崔豹《古今注》云：「莎雞，一名促織，一名絡緯，一名蟋蟀。促織謂鳴聲如急織也，絡緯謂其鳴聲如紡緯也。」又曰：「促織，一名促機。絡緯，一名紡緯。其言促織如急織，絡緯如紡緯是矣。但蟋蟀與促織是一物，莎雞與絡緯是一物，不當合而言之爾。《詩》稱『六月莎雞振羽』，以至『九月在戶，十月蟋蟀入我床下』一章，而別言莎雞與蟋蟀，可知其非一物也。蓋二蟲皆似機杼之聲，可以趣婦功，故易以紊亂。孫炎解《爾雅》『翰，天雞』，以為小蟲，黑身赤頭，一名莎雞。郭氏又云：『一名樗雞。』陸璣則云：『莎雞如蝗而斑色，毛翅數重，下翅正赤，或謂之天雞。六月中飛而振羽，索索作聲。幽州人謂之蒲錯。』《廣志》云：『莎雞似蠶蛾而五色，亦曰犨雞。』蓋皆非其類。今莎雞之鳴乃止而振羽，不待飛也。一名馬蠿。」陸佃云：「蓋其名〔註29〕以時，故有雞之號。」范祖禹云：「五月日短至而陰生，斯螽動股，莎雞振羽，氣使之然也。陰陽之氣積微而為寒暑，君子之戒民也蚤矣。」「七月在野」以下蒙上文，皆謂莎雞也。舊說以為屬下文，指蟋蟀，不特文理未順，且《周書》云「小暑之日溫風至，又五日而蟋蟀居壁」，《易通卦驗》亦云「立秋蜻蛚鳴，白露下，蜻蛚上堂」，蜻蛚即蟋蟀也，安所睹「七月在野」乎？「宇」，《韓詩》云：「屋霤也。」陸德明云：「屋四垂為宇。」《說文》以為「屋邊也」。《釋名》云：「宇，羽也，如鳥羽翼自覆蔽也。」「戶」，《說文》云：「護也。半門曰戶。象形。」又外曰門，內曰戶。《易‧節》卦初九曰「不出戶庭」，九二曰「不出門庭」是也。「蟋蟀」，解見《唐風》。林兆珂云：「蟋蟀有三尾者，雌也；二尾者，雄也。吳人取其雄而趫健者馴養以鬥，其鳴在股間，非口也。」〔註30〕亦作悉蟀。陸佃云：「陰陽率萬物以出入，至於悉蟀，能帥陰陽之悉者也。《詩》云『十月蟋蟀入我床下』，言蟋蟀微物也，猶知隨時，可以人而不如乎？故曰物有微而志信，人有賤而志忠也。」「床」，《說文》云：「安身之坐也。從木從爿。」爿象人斜身有所倚着。鄭玄云：「言此三物之如此者，著將寒有漸，非卒來也。」「穹」，朱子云：「空隙也。」通作「空」。《考工記》：「穹者三之一。」鄭司農云：「『穹』讀為『空』，謂鼓木穹窿者居

〔註29〕「名」，《埤雅》卷十《釋蟲‧莎雞》作「鳴」。

〔註30〕（明）林兆珂《多識編》卷六《蟲部‧蟋蟀》。（《四庫全書存目叢書》經部第62冊，第115頁）

鼓三之一也。」又，《呂覽》：「伊尹生於空桑。」字或作「空」。「窒」，《說文》云：「塞也。」室中空隙者塞之。「薰」，《說文》云：「火煙上出也。」薰鼠令出其窟，使不得穴於其中也。孔云：「《月令》：孟冬，命有司閉塞而成冬。此經穹窒、墐戶，文在十月之下，亦當以十月塞塗之矣。」「塞」，《說文》云：「窒也。」本作「𡫳」，從宀，屋也；從廾，捧也；從𡉄，從土。𡉄音展，象疊物捧而塞於屋中也。「向」，《說文》、毛《傳》皆云「北出牖也。從宀從口。」徐云：「牖所以通人氣，故從口。會意。」孔云：「《士虞禮》云：『祝啟牖向。』《注》謂向、牖一名也。」「塞向」，避北風也。孔云：「為寒之備，不塞南窗。」「墐」，毛云：「塗也。」孔云：「所以須塗者，庶人篳戶。篳戶以荊竹織門。荊竹通風，故泥之，使令室無隙孔，寒氣不入。」錢天錫云：「向可暫塞戶，則人所出入不可塞，但墐之而已。」陸燧云：「隙能生寒，而鼠又能生隙，故窒薰之，使寒不得自內出；塞墐之，使寒不得自外入。」王安石云：「嗟者，憫憐之辭。」「曰為改歲」者，黃佐云：「言時至冬歲，事將改，亦猶《堯典》稱冬為朔易之義。呂氏不察其說，而謂『三正通於民俗尚矣，周特舉而迭用之耳』。朱子亦謂『周歷夏、商，其未有天下之時，固用夏、商之正朔。然其國僻遠，無純臣之義，又自有私記。其時月者，故三正皆曾用也』。是謂周之先公私有紀候之法，故云『十月改歲』。然既以十月為改歲，則又何以云二之日為卒歲乎？是其一篇之中自相矛盾而不可通矣。」愚按：改歲原不正指十月，乃豫計之詞。玩本文語意自明。「室」者，邑中之室。「處」，止也，言於此而止息也。自田廬而止之，故曰「入」。顏師古云：「去田中，入室處也。」孔云：「蟲既近人，大寒將至，故塗塞其室。又告妻子，言我所以為此者，為改歲大寒，當入此居處也。」班固云：「春令民畢出在野，冬則畢入於邑。其詩曰『四之日舉趾。同我婦子，饁彼南畝』，又曰『十月蟋蟀入我床下。嗟我婦子，聿為改歲，入此室處』，所以順陰陽，備寇賊，習禮文也。」黃子道周云：「《明堂禮》曰：『仲秋農隙，民畢入於室。曰時殺將至，毋罹其災。』此託於護民者也。則不如豳風之情也。豳風至十月『塞向墐戶』，曰『入室處』，是亥月也。」此章亦以終首章前段卒歲之意。既言有衣有褐矣，復及室處者，豳地寒，總是禦寒事也。○**六月食鬱及薁**，屋韻。《說文》、《爾雅疏》作「蔖」。**七月亨**音烹。豐氏本作「亯」。**葵及菽**，屋韻。《釋文》、豐氏本俱作「尗」。**八月剝棗**，晧韻。**十月穫稻**。晧韻。**為此春酒**，有韻。**以介眉壽**。有韻。**七月食瓜**，叶虞韻，攻乎翻。**八月斷壺**，虞韻。**九月叔**

苴，叶虞韻，莊俱翻。採荼薪豐本作「新」。樗，叶虞韻，他胡翻。食音
嗣。我農夫。虞韻。○賦也。朱子云：「自此至卒章，皆言農圃、飲食、祭
祀、燕樂，以終首章後段之意。」蘇轍云：「春夏食去歲之蓄，至於六月，始
有果實成，而可食。」「鬱」，唐棣之類。劉楨《毛詩義問》云：「其樹高五六
尺，其實大如李，正赤，食之甜。」《本草》云：「一名雀李，一名車下李，
生高山川谷或平田中。五月時實。」「薁」，毛云：「蘡薁也。」亦作蘡鬱。《詩
疏》云：「一名車鞅藤。」戴侗云：「蔓生，類蒲萄，六月熟。甌越諺云：『蘡
薁熟，食新粥。』正詩六月所食也。」《花木志》云：「燕薁實如龍眼，黑色。」
《說文》謂之蘡薁。《廣志》云：「燕薁似梨，早熟。」舊說皆以為即唐棣，
而沈括又以為唐棣即鬱棠，棠即薁，此皆非也。按：鬱乃車下李，薁乃蘡薁，
唐棣乃薁李，本是三物，何得相混？又按：《本草注》云：「葡萄即蘡薁，生
隴西五原山谷。」未詳孰是。「亨」，煮也。「葵」，菜名。《本草》云：「葵為
百菜之主。」按：葵之種類不一。有丘葵，《廣雅》所謂「虆者」是也。有胡
葵，《廣志》所謂「其花紫赤」者是也。有冬葵，崔寔謂「中伏後所種」，陶
隱居曰「以秋種葵，覆養經冬，至春作子」，《管子》所謂「桓公北伐山戎，
得冬葵，布之天下」者是也。有蜀葵，一名衛足葵，孔子以比「鮑莊子智不
如葵，葵猶能衛其足」者，郭璞云「如木槿花，一名戎葵」，《爾雅》所云「菺
戎葵」者是也。又有黃蜀葵，與蜀葵頗相似，而各別種。有錦葵，花小葉員。
有終葵，一名繁露，《爾雅》謂「蔠葵，繁露」者是也，亦名落葵，又名天葵，
又名承露，又名藤葵。郭璞云：「大莖小葉，華紫黃色，可茹，味甘滑。」《圖
經》云：「蔓生，葉員厚，如杏葉，子如五味子，生青熟黑，所在有之」。有
龍葵，《本草注》云：「即關河間謂之苦菜者，葉員，花白，子若牛李子，生
青熟黑，但堪煮食，不任生啖。」《圖經》云：「惟北方有之。」有菟葵，《本
草注》云：「苗如龍芮，葉光澤，花白似梅，莖紫色，煮汁可食。」《爾雅》
所謂「莃，菟葵」者是也。有荊葵，一名芘芣。陸機云：「似蕪菁，華紫綠色，
可食，微苦。」《詩》及《爾雅》所謂「荍」者是也。有錢葵，叢低，又一種，
鮮妍可愛。有蒲葵，可食，其葉大者中作扇，晉人所捉者是也。有露葵，宋
玉《諷賦》、曹植《七啟》中皆及之，未詳其狀。《顏氏家訓》載「蔡朗以父
諱純，遂呼蓴菜為露葵」，而露葵實非蓴菜也。有楚葵，即水中芹也。有澤葵，
即莓苔。鮑昭《蕪城賦》所謂「澤葵依井」是也。有鳧葵，葉員似蓴，生水
中，《馬融傳》謂「桂荏鳧葵」者是也。一名水葵。莖甚淡，三月至八月細如

釵股,名懸葵。九月至十月漸粗,在泥中者曰苑葵。春末夏初有莖,未葉名雉葟,一名茆。又有吳葵、鴨腳葵、春葵、秋葵、紫莖葵、白莖葵。葵類雖多,鮮不堪茹,故古人重之。《周禮》醢人饋食之豆,其實葵菹。《儀禮》:「贊者一人,執葵菹以授之主婦。」繆襲《祭儀》云:「夏祀和羹,芼以葵。」公儀休相魯,食於舍而茹葵,慍而拔之,不欲奪園夫之利。魯監門女嬰謂馬佚食園葵,歲利亡半。魯漆女謂馬佚踐園葵,使終歲不厭葵味。潘岳《閑居賦》云:「菜則綠葵含露。」齊周顒答王儉云:「綠葵紫蓼。」繇斯以觀,葵之為尚久矣。《齊民要術》云:「種葵三十畝,勝作十頃穀。」羅願云:「葵子雖經歲不涅,微炒令煇炸,散着〔註31〕濕地,遍踏之,朝種暮生,遠不過宿。早種者,十月末,地將凍,散子勞之。正月末亦可。五月初更種之,以春者既老,秋菜未生,種此相接。六月一日,種白莖秋葵,白莖者宜乾。九月作葵菹、乾葵。蓋一歲凡得三輩。《士虞禮》:『夏秋用生葵,冬春用乾豆。』皆滑物。道家之法,十日一食葵菜,所以調和五臟。」「菽」,大豆也。按:張揖《廣雅》云:「大豆,菽也。小豆,荅也。」是則菽為大豆之專名。氾勝之云:「高田可種大豆,保歲易為宜,古之所以備凶年也。謹計家口數,種大豆,率人五畝,此田之本也。」羅云:「菽類最多,故九穀之中居其二。然菽於用甚多,故羞籩之實、餌餈粉粢,皆稻米黍米所為。合蒸則曰餌,餅之則曰餈,以其黏著,故擣粉熬大豆以為表。餌言饘,餈言粉,蓋互相足。」陸佃云:「王公熬豆而食曰啜菽。」又,毛《傳》以為藿也。孔云:「大豆葉謂之藿。」《儀禮‧公食禮》云:「鉶羹牛藿,採其葉也。」未詳孰是。「棗」,果名。按:《爾雅》,棗有十一種。《夏小正》云:「八月剝棗,栗零。」蓋於是時,棗、栗熟也。「剝」,落也。毛以為擊也。陸佃云:「棗實未熟,雖擊不落,已熟則爛,不擊自墮。」蓋收棗,擊而落之。故《齊民要術》所謂「全赤則收。收法,撼而落之為上」是也。且棗全赤即收,故乾則紅皺,復無烏鳥之費;半赤而收者,肉未充滿,乾復黃皺;將赤,味亦不佳。故於全赤之時,剝而落之。羅云:「古者八月剝棗。《大戴禮》曰:『剝者,取也。』其修治,則曰新之,曰蒦之,以為饋食之籩,又以為婦贄。其事父母舅姑者,棗栗飴密以甘之,凶歲亦仰焉。」宋王安石初解「剝棗」,不用毛注,曰:「剝者,剝其皮而進之,所以養老也。」後從蔣山郊步至民家,問其翁安在,曰去撲棗,始悟前非,即具奏乞除前說。「稻」,解見《鴇羽》篇。蔡邕《月令章句》云:

<hr />

〔註31〕「着」,四庫本作「著」。

「『十月穫稻』，人君嘗其先熟，故在季秋。九月熟者，謂之半夏稻。」稻米粒如霜，性尤宜水。其黏者為糯，一名秫，可以釀酒。其不黏者為粳，可以作飯。二月種秫稻，有芒者為粳，不芒者為糯，通稱稌也。故《周頌》曰「豐年多黍多稌，為酒為醴」，《月令》曰「乃命大酋，秫稻必齊」。大酋，酒官之長也。「春酒」，毛云：「凍醪也，冬釀春熟。」《月令注》云：「古者穫稻而漬米麵，至春而為酒。」「介」，取擯介之義。故古人訓介為助。《史記注》曰「相佐助曰介」是也。「眉壽」，毛云：「毫眉也。」孔云：「年老者必有毫毛秀出。」王安石云：「眉壽衰矣，養氣體以助之也。」邵氏云：「古人以酒為養老之具，餘人不得飲焉，曰『介眉壽』。蓋釀酒之意如此。」自章首至此，鬱薁，佳果也；葵，嘉蔬也；菽與棗，俱可供籩實，皆羞耆者之具。不特釀稻為酒，足以養老而已。「七月食瓜」以下，則農夫之所以自養也。按：《夏小正》：「五月乃瓜。」乃瓜者治瓜之辭也。「八月剝瓜」，謂蓄瓜時也。此七月，瓜正盛，則食之而已。「壺」，瓠屬。陸佃云：「似瓠而員曰壺。壺，圓器也，故謂之壺，亦曰壺盧。《古今注》曰：『壺盧，瓠之無柄者也。』玄蜂若壺，蓋取諸此。壺性善浮，要之可以涉水，南人謂之要舟。《鶡冠子》曰：『賤生於無所用，中流失船，一壺千金』，以此故也。《詩》曰『八月斷壺』，壺性蔓生，披蔓斬之，故曰斷也。今其收法，八月冷露降，輒生斷其根。」劉彝云：「壺，枯者可為壺，嫩者可供茹。八月宜斷其梢，令勿復花實，所以堅其壺而大其茹。今民尚爾。」亦通作「瓠」。陸云：「《風俗通》云：『八月秋穰，可以殺瓠，取其色澤而堅。』《類從》以為『瓠死燒穰，瓠死燒穰』，即此是也。今俗，畜瓠之家不燒穰，種瓜之家不焚漆。」崔寔云：「正月可種瓠，六月可蓄瓠，八月可斷壺。」羅願云：「《詩》『斷壺』，瓠中白膚，所謂張蒼『肥白如瓠』者也。可以飼豕致肥，其瓣可以作燭致明，其葉又可為菜。」「叔」，《說文》云：「拾也。」按：叔、朮、菽三字，古文多混用，今別其義。季父之稱當作朮。唐孔氏以為字從上從小，言尊行之小是也。《說文》訓為豆，謂象豆生有岐枝之形，恐未然也。拾取之義當作叔。此朮為聲，從又定意。又者，手也。其從草者，乃豆名之菽。菽葉可食，亦菜之類，故從草也。「苴」，麻之有實者，亦名蕢。其無實者曰牡麻，亦名枲。按：《爾雅》云：「蕢，枲實。」《注》引《儀禮注》云：「苴麻之有蕢者。」又曰：「茡，麻母。」《疏》云：「苴麻盛子者。」蓋謂此有實之麻，其子名苴名蕢，其母名茡也。孔云：「叔苴謂拾取麻實以供食也。九月初熟，拾取以供羹菜。其在田收穫者，納取以供常食

也。」羅云:「麻實有文理,故屬金,為西方之穀。《明堂月令》:『秋則食麻與犬。』而至仲秋,則又『以犬嘗麻,先薦寢廟』。若《豳風》『九月叔苴』,蓋食農夫者不嫌於晚耳。」「荼」,解見《谷風》篇。此草凌冬不凋,故一名遊冬,生山田及澤中,得霜脆而美。大木可折曰薪。「樗」,毛云:「惡木也。」《說文》作「㯉」。陸璣云:「樗樹及皮皆似漆,青色耳。其葉臭。」《通志》云:「樗似椿,北人呼山椿,江東呼虎目。葉脫處有痕,如樗蒲子,又如眼目,故名。材易大而不中器用。」《莊子》云:「吾有大樹,人謂之樗。其大本擁腫而不中繩墨,其小枝捲曲而不中規矩,立之塗,匠者不顧。」孔云:「樗唯堪為薪,故云惡木。」黃佐云:「採荼以上皆食物也,薪樗直以熟此物焉耳。」鄭云:「瓜瓠之畜,麻實之糝,乾荼之採,惡木之薪,皆所以助養農夫之具。」嚴云:「優老而薄壯,豳俗之厚也。」陳鳥飛云:「取貀以為私,取貀以獻公,上下之分著矣。以美者養老,以惡者自養,長幼之義明矣。」○**九月築場**《釋文》作「塲」。〔註32〕**圃**,麌韻。**十月納**豐氏本作「內」。**禾稼**。叶麌韻,古五翻。**黍稷重**《周禮注》作「穜」。《釋文》、《說文》俱作「種」。陸德明云:「《說文》禾邊作重,是重穋之字;禾邊作童,是種蓻之字。今人亂之已久。」**穆**,叶職韻,錄直翻。《周禮注》、《釋文》、《說文》俱作「穋」。**禾麻菽**豐本作「尗」。**麥**。叶職韻,紀力翻。**嗟我農夫,我稼既同**,東韻。**上入執宮**豐氏本作「公」。**功**。東韻。**晝爾于茅**,叶尤韻,迷侯翻。**宵爾索綯**。叶尤韻,徒侯翻。**亟其乘屋**,韻。**其始播**豐本作「匹」。**百穀**。屋韻。○賦也。嚴云:「此章述農事終而復始,其勤勞未嘗息也。」「築」,《說文》云:「搗也。」《周禮》場人「掌國之場圃,而樹之果蓏珍異之物,以時斂而藏之」。《注》云:「除地曰墠,築堅始得為場。樹果蓏曰圃,園其樊也。」毛云:「春夏為圃,秋冬為場。」鄭云:「場圃同地,自物生之時,耕治之以種菜茹,至物盡成熟,築堅以為場。」孔云:「蹂踐禾稼謂之場。九月之時,築場於圃之中,以治穀也。」「納」,通作「內」。《釋名》云:「入內也。」謂治於場而內之囷倉也。一說王雪山以納禾稼並後章納凌陰,皆謂納之公家,云:「豳民遇事,先公後私」,亦通。「禾」,《儀禮·聘禮》「門外米禾皆一十車」之「禾」。《注》云:「稿實並刈者也。」朱子云:「禾之秀實而在野曰稼。」「重」,本作「種」。《說文》云:「先種後熟也。」《左傳》:「余髮如此種種。」猶言此晚禾之短也。「穆」,亦作穋,《說文》云:「疾熟也。」《周禮》內宰「上

春詔王后生種稑之種。」鄭眾云：「先種後熟曰重，後種先熟曰稑。」賈公
彥云：「先鄭直云先種後種，不見穀名。後鄭意黍稷皆有種稑。」孔云：「再
言禾者，以禾是大名，非徒黍稷重穋四種而已。其餘稻秫菰粱之輩，皆名為
禾。麻與菽麥則無禾稱。故於麻菽麥之上更言禾字，以總諸禾也。」按：《月
令注》云：「麥實有孚甲，屬木；黍秀舒散，屬火；麻實有文理，屬金；菽
實有孚甲堅合，屬水；稷，五穀之長，屬土。」據此，則黍稷麻菽麥所屬以
五行相生為序，故立言云爾也。重穋〔註33〕與禾，則其類尚多，故包括之〔註
34〕其中也。嚴云：「廣舉禾稼之類，以見其多。謂至十月，則此等諸種皆成
熟矣，不專是十月納之也。《月令》：『五月登黍，四月登麥』，非十月也。」
「嗟我農夫」，乃同儕自相警戒之辭。輔廣云：「黍稷重穋〔註35〕禾麻菽麥，
則凡一歲所種者先後大小皆舉之矣，故復總言之曰『我稼既同』，謂畢聚也。」
毛云：「入為上，出為下。」李氏曰：「自田野入都邑，故謂之上。」愚按：
以下而供上之事亦曰上。「執」，治也。「宮功」，范氏、董氏皆以為公室官府
之役。朱子云「古者用民之力，歲不過三日」是也。嚴云：「農事了畢，農
夫自相告戒，云：嗟我農夫，稼穡收穫既齊矣，野中無事，我當上入都邑，
執公室之役。不待督責而從，見豳人尊君親上，禮義之俗也。」「爾」，汝也，
亦豳人自相戒之辭。「於茅」，往取茅也。「宵」，《說文》云：「夜也。」「索」，
《說文》云：「草有莖葉，可作繩索也。」「綯」，《爾雅》云：「絞也。」按：
《說文》無「綯」字，當通作「條」，云：「扁〔註36〕緒也。」《廣韻》以為
編絲繩，是絞之義也。「宵爾索綯」，言夜則爾當繩是絞也。嚴云：「茅不可
索綯。晝取茅草，將以蓋屋。宵作索綯，將以縛屋。」「亟」，《說文》云：
「敏疾也。」「乘」，《說文》云：「覆也。」徐云：「從上覆之也。」「屋」，邑
居之宅也。朱子云：「古者民受五畝之宅，二畝半為廬，在田，春夏居之；
二畝半為宅，在邑，秋冬居之。」輔廣云：「豳民於田畝則曰『雨我公田，
遂及我私』，於居室則曰『上入執宮功』，然後『索綯』以『乘屋』。其忠君
親上，發於真誠，不待使之而然也。七月之民，其事則不外於農桑，其心則
不忘乎君上。治天下未能使民至於如此，則皆苟道也。」「播」，布種也。嚴

〔註33〕「穋」，底本作「穋」，據四庫本改。
〔註34〕「之」，四庫本作「于」。
〔註35〕「穋」，底本作「穋」，據四庫本改。
〔註36〕「扁」，《說文》同四庫本作「編」。

云：「謂之始播終而復始也。」范祖禹云：「天運而不息，人動而不已，故我稼既同，則又將始播植也。」王安石云：「如《易》所謂『終則有始』也。」羅云：「古人說百穀，以為梁者，黍稷之總名；稻者，溉種之總名；菽者，眾豆之總名。三穀各二十種，為六十。蔬果之實助穀，各二十凡，為百穀。然予以為穀之種類，每物不下十數，亦何假蔬果而後為百耶？」輔廣云：「詩言民之趨於農功，自然如此其亟，故孟子引之，以證其民事不可緩之說。」鄧元錫云：「六章秋眾物成，主食饗。七章冬農功畢，主宮功。」愚按：此章只重農事，不重治室。稼既同而始乘屋，為農也。稼既同而亟乘屋，亦為農也。正如秀葽章終首章衣褐之意，只重「於貉」一段耳。○二之日鑿冰豐氏本作「夂」。**沖沖**，東韻。三之日納于凌《說文》作「朕」。**陰**。叶東韻，余中翻。四之日其蚤，叶筱韻，子小翻。《禮記注》、豐氏本俱作「早」。**獻羔祭韭**。叶筱韻，己小翻。**九月肅霜**，陽韻。**十月滌場**。陽韻。**朋酒斯饗**，叶陽韻，虛良翻。**曰殺羔羊**。陽韻。**躋彼公堂**，陽韻。**稱彼兕觥**，叶陽韻，姑黃翻。《釋文》、《禮記注》、豐本俱作「觵」。**萬壽無疆**。陽韻。○賦也。此章言藏冰、宴饗等事，以終言食之意，亦猶四章、五章言「為公子裘」，言「曰為改歲」，以終衣褐卒歲之意也。「冰」，《說文》云：「水凍也。」《韓詩傳》云：「冰者，窮谷陰氣所聚，不泄則結為伏陰。」「鑿冰」，謂鑿而取之。《月令》「季冬之月，冰方盛，水澤腹堅，命取冰，冰以入」是也。「沖」，本作「沖」，《說文》云：「湧搖也。」或以為和也。嚴云：「季冬陽氣尚微，盛陰固閉，不能自達，乃豫於深山窮谷鑿取其冰以達之，陽氣達而衝衝然和也。」「納」，解見前章。「凌」，《說文》云：「冰出也。」鄭眾以為冰室。按：《風俗通》云：「積冰曰凌，冰壯曰凍，冰流曰澌，冰解曰泮。」以字義求之，凌從冫從夌，正謂積冰之處，其冰之多如山陵然耳。「陰」，闇處也。《周禮》：「凌人掌冰，正歲十有二月，令斬冰，三其凌。」《注》謂三其凌者，三倍其冰，備消釋也。取冰藏冰在十二月。此言「納于凌陰」在正月者，此時東方解凍，冰漸消釋，故取冰室所藏更貯於內之陰處，令不復釋。《周禮》斬冰三倍，正為此也。舊說鄭玄答孫皓謂豳土晚寒，故可正月納冰，殊屬附會。以愚觀此書所陳，無不與《夏小正》、《月令》相應者。「其蚤」，孔云：「其早朝也。」愚按：即二月朔也。《月令》：「仲春，天子乃鮮羔開冰，先薦寢廟。」《注》云：「『鮮』當為『獻』。」「韭」，菜名。《說文》云：「一種而久，故云韭。」諺曰：「韭，懶人菜」，以不須歲種也。

又利病人，可久食。字象形，在一之上。一，地也。〔註37〕《齊民要術》云：
「韭性內生根，喜上跳，故種與葵同法，而畦欲極深。」禮祭宗廟，「韭曰豐
本」。按：《夏小正》：「正月，囿有見韭。」韭乃陽菜，春始發露，故紀之。舊
傳以為即此四之日祭韭，非也。陸佃云：「開冰，春祭也，故獻羔祭韭。《禮》
曰『春行羔豚』，又曰『春薦韭』是也。」孔云：「『祭韭』者，蓋以時韭新出，
故用之。《王制》云：『庶人春薦韭』，亦以新物，故薦之也。」羅云：「韭，首
春色黃，未出土時最美，故云『春初早韭，冬末晚菘』。詳庶人四時之薦。夏
及秋冬乃薦麥黍與稻，而春乃薦菜茹之物，又三時用魚豚鴈為配，而韭獨以卵，
豈春物未成，可薦者少，故耶？」曹氏云：「獻羔，祭司寒也。祭韭，薦清廟
也。宋淳化中，李至上言：『按詩四之日獻羔祭韭，即今之二月也。又，《月令》
開冰之祭，當在春分，非四月所當行也。』帝覽奏，曰：韭長可以苫屋矣，何
謂薦新？今春分開冰祭司寒，卜日薦冰於太廟。」《左傳》：「申豐曰：『古者日
在北陸而藏冰，西陸朝覿而出之。其藏冰也，深山窮谷，固陰沍寒，於是乎取
之。其出之也，朝之祿位，賓食喪祭，於是乎用之。其藏之也，黑牡、秬黍，
以享司寒。其出之也，桃弧、棘矢，以除其災。其出入也時，食肉之祿，冰皆
與焉。大夫命婦，喪浴用冰。祭寒而藏之，獻羔而啟之，公始用之。火出而畢
賦。自命夫、命婦，至於老疾，無不受冰。山人取之，縣人傳之，輿人納之，
隸人藏之。夫冰以風壯，而以風出。其藏之也周，其用之也遍，則冬無愆陽，
夏無伏陰，春無淒風，秋無苦雨，雷出不震，無災霜雹，癘疾不降，民不夭札。
《七月》之卒章，藏冰之道也。』」按：《爾雅》云：「北陸，虛也。西陸，昴
也。」杜預云：「陸，道也。十二月，日在虛危。三月，日在昴畢。三月四月
中，火星昏見東方。」鄭玄以西陸朝覿為四月立夏之時。《周禮》：曰「夏班冰」
是也。服虔則以為二月日在婁四度，春分之中，奎始晨見東方，蟄蟲出矣，故
以是時出之，給賓客喪祭之用。今按：《左傳》本文「西陸朝覿而出之」，在「火
出畢賦」之先，服虔之解是也。《爾雅》以西陸為昴，未足信。《周禮》「凌人」
職云：「春始治鑒，凡內外饔之膳羞鑒焉，凡酒漿之酒醴亦如之，祭祀共冰鑒，
賓客共冰，大喪共夷槃冰。夏頒冰，掌事。秋，刷。」《注》云：「鑒如甀，大
口，以盛冰，置食物於中，以禦溫氣。春始治，為二月將獻羔而啟冰也。醴酒

〔註37〕按：此數語出羅願《爾雅翼》卷五《釋草·韭》：「韭，《說文》云：『一種而
　　　久者，故謂之韭。象形，在一之上。一，地也。』諺亦曰：『韭者，懶人菜。』
　　　以其不須歲種也。又利病人，可久食。」

見溫氣亦失味，故亦鑒焉。夷之言尸也。尸之槃曰夷槃，欲以寒尸也。夏暑氣盛，王以冰頒賜群臣，則凌人主其事。刷，清也。秋涼，冰不用，可以清除其室。」曹氏云：「十二月陽氣尚微，於是鑿冰以達之。至二月，四陽大壯，恐其太過，則微陰幾於失滅，於是開冰而頒之。迨火出而畢賦，所以節其過也。聖人裁成天地之道，有在於此，而賓、食、喪、祭因以致其用焉耳。」蘇轍云：「古者藏冰發冰，以節陽氣之盛。陽氣之在天地，譬猶火之著於物也，故常有以解之。十二月，陽氣蘊伏，錮而未發，其盛在下，則納冰於地中，故曰『日在北陸而藏冰』。至於二月，四陽作，蟄蟲起，陽始用事，則亦始啟冰而廟薦之，故曰『仲春獻羔開冰，先薦寢廟』。至於四月，陽氣畢達，陰氣將絕，則冰於是大發。食肉之祿、老疾喪浴，冰無不及，故曰『火出而畢賦』。人之居大冬也，血氣收縮，陽處於內，於是厚衣而寒食。及其居大夏也，血氣發越，陽散於外，於是薄衣而溫食。不然，盡者將過而為厲。藏冰發冰，亦猶是也。」黃子道周云：「冰火之劑，天地之大用也。先王慮人之有疾疢、陰陽、人事，叢於肉食。肉食而內熱，天地之大戒也。曰二月，火猶未覿，而公用之，不已蚤乎？曰卯者，火之所生也，火生而冰劑之，既濟之義也。」以上言藏冰備暑之事。「肅霜」，朱子云：「氣肅而霜降也。」「滌」，《說文》云：「灑也。」孔云：「洗器謂之滌，則是淨義。在場之功，早已入倉，故滌埽其場。」毛云：「兩尊曰朋。」「斯饗」者，鄭云：「國君閒於政事而饗群臣。」《月令》孟冬云：「是月也，大飲烝。」《注》云：「十月農功畢，天子諸侯與群臣飲酒於太學，以正齒位，謂之大飲，別之於燕，其禮云烝。」引此詩「十月滌場」以下，云是大飲之詩。烝，升也。升牲體於俎上，所謂房烝也。孔云：「言朋酒者，設尊之法。每兩尊並設，故云朋耳。非謂國君大飲，惟兩尊也。《燕禮》：公尊兩瓦大，卿大夫尊兩方壺，士尊兩圜壺。〔註38〕是尊皆兩兩對設之也。」瓦大者，有虞氏尊名也。「曰殺羔羊」者，孔云：「案《燕禮》記云：『其牲狗。』此大飲大於燕禮，故用羊也。」「躋」，升也。「公堂」，孔云：「謂太學也。謂之公堂者，以公法為學，故稱公耳。」「稱」，舉也。孔云：「兕觥者，罰爵。此無過可罰，而云『稱彼』，故知舉之以誓戒眾人，使之不違禮。疆是境之別名，言年壽長遠，無疆畔也。」鄭云：「飲酒既樂，欲大壽無竟。」愚按：「稱彼兕觥」，蓋司正之事。「萬壽無疆」，則群臣祝君之辭也。先儒皆謂豳之先公

<hr>

〔註38〕《儀禮‧燕禮》：「司宮尊於東楹之西，兩方壺，左玄酒，南上。公尊瓦大兩，有豐，羃用綌若錫，在尊南，南上。尊士旅食於門西，兩圜壺。」

國容未備，無君民之間，故國人以羔羊朋酒自詣公堂，其禮甚簡，其意甚真。然愚終不能無疑。使人人皆欲躋堂以致敬，無論其奔走煩苦不堪言，即豳之君亦瑣屑，應接不暇，且尊卑有體，名分脫略至此，有是理否？若以上文獻羔祭韭之禮推之，則此章所言大率皆君事也。矧十月大飲，《月令》所載，正與此合，斷當以鄭說為正。又按：《月令》是月亦有勞農以休息之文，不知其禮如何。舊說以為即《周禮》黨正屬民飲酒之禮。毛《傳》解此，亦主此說。所謂朋酒，即《鄉飲酒禮》所云「尊兩壺於房戶間」者。但萬壽無疆明是祝君之語，故定主鄭義。以上言農隙燕饗之事。鄧元錫云：「卒章詠藏冰，詠慶成，何也？藏冰贊化育也，君人之大德。慶成祝萬壽也，臣民之至情。故以是終焉。」○王符云：「明王之愛民也，憂之勞之，教之誨之，慎微防萌，以斷其邪，故《易》美『節以制度，不傷財，不害民』。《七月》詩大小教之，終而復始。繇此觀之，民固不可忞也。」王安石云：「仰觀星日霜露之變，俯察昆蟲草木之化，以知天時，以授民事。女服事乎內，男服事乎外，上以誠愛下，下以忠利上。父父子子，夫夫婦婦，養老而慈幼，食力而助弱。其祭祀也時，其燕饗也節，此《七月》之義也。」真德秀云：「夫農者，衣食之本。一日無農，則天地之所以養人幾乎熄矣。惟其關生人之大命，是以服天下之至勞。今以此詩考之，日月星辰之運行，昆蟲草木之變化，凡感乎耳目者皆有以觸其興作之思，是其心無一念不在乎農也。自於耜而舉趾，自播穀而滌場，所治非一器，所業非一端，私事方畢而公宮之役無敢稽，歲功方成而嗣歲之圖不敢後，是一歲之間，無一日不專乎農也。惟夫與婦，惟婦與子，各共乃事，各任乃役，是一家之內無一人不力乎農也。織薄於秋，求桑於春，躬蠶績之勞以為衣服之計者無所不至，猶恐其未足也。於貉為裘，又有以相之。食鬱及薁，烹葵及菽，備果蔬之美以充耆老之養者無所不至，猶恐其未足也。穫稻為酒，又有以介之。當是時，農之所耕者自有之田也。而上之人又從而崇獎勸勵之，故斯人亦以為生之樂，而勤敏和悅之氣浹於上下，不見其有勞苦愁歎之狀。朋酒羔羊，升堂稱壽，君民相與獻酬，忘其為尊卑貴賤之殊。後世之農則異乎此矣。己無田可耕，而所耕者他人之田，為有司者，得無殃害之足矣，豈復有崇獎勸勵之意。故數米而炊，並日而食者，乃其常也。田事既起，丁夫之糧餉與牛之芻槁無所從給，預指收斂之入以為稱貸之資，糲飯藜羹，猶不克飽，敢望有鹽酪之味乎？曉霜未釋，忍饑扶犁，凍皲不可忍，則燎草火以自溫，此始耕之苦也。燠氣將炎，晨興以出，傴僂如啄，至夕乃休，泥塗被體，熱燠濕蒸，百畝告青，而形容變化不可

復識矣,此立苗之苦也。暑日如金,田水若沸,耘耔是力,稂莠是除,爬沙而指,為之戾傴僂而腰為之折,此耘苗之苦也。迨垂穎而堅栗,懼人畜之傷殘,縛草田中,以為守舍,數尺容膝,僅足蔽雨,寒夜無眠,風霜砭骨,此守禾之苦也。刈穫而歸,婦子咸喜,舂揄簸蹂,競敏其事,若可樂矣。而一飽之歡,曾無旬日。穀入主家之廩,利歸質貸之人,則室又垂罄矣。自此之外,惟採薪於茅,販鬻易粟,以苟活而已。若夫桑麻種藝,蠶績織紝,勞苦稱是,而敝衣故絮,曾不得以卒歲,豈不重可哀憐也哉!」楊氏云:「先王之政,使民終歲,男女勤動,未嘗休也。雖淫僻之心,何自萌蘖哉?而獻享之禮,孝愛之誠,隆於自然,此所以嗥嗥莫知為之者也。」《補傳》云:「君民之間,上下相親,不啻如家人父子。周之王業,繇於得民。世三十,年八百,其基於此與?」劉彝云:「此詩所記,苟非井邑其民,鄉黨其教,各有正長部分司其歲功,未易集也。」萬尚烈云:「每章之首必繫之以月,每章之中又或月或日,必紀載詳明,諄諄然不厭繁複者,示人以趨時也,惟恐人之失時而失事也。蓋周之王業起於其勤勤者,兢兢業業,能不失時而已。苟一失其時,物候隨變,即有人力,將安用之?故曰:『雖有鎡基,不如待時。』況帝王之治,敬天勤民,未有勤民而不本乎!敬天者苟於天時漫不加意,玩愒優游,孟浪虛擲,敬天之謂何而勤安從生,故又曰『敬授人時』。」

《七月》八章,章十一句。《序》云:「《七月》,陳王業也。周公遭變故,陳后稷先公風化之所繇,致王業之艱難也。」以此詩為周公遭變後之作,殊無稽據,故朱子不取。至周家雖以農事開國,然此詩自是言豳地風俗,與后稷無預。乃朱《傳》亦頗習用其語,何也?又鄭玄云:「《七月》言寒暑之事,《迎氣歌》其類也。豳雅亦謂《七月》也。《七月》又有『于耜』、『舉趾』、『饁彼南畝』之事,是亦歌其類。豳頌亦《七月》也。《七月》又有『穫稻』、『作酒』、『躋彼公堂,稱彼兕觥,萬壽無疆』之事,是亦歌其類。」又,《詩箋》以首二章為豳風,自「七月流火,八月萑葦」至「以介眉壽」為豳雅,「七月食瓜」至末為豳頌。孔穎達云:「詩始為風,中為雅,成為頌,言其自始至成,別故為三體。豳公之教亦自始至成,述其政教之始則為豳風,述其政教之中則為豳雅,述其政教之成則為豳頌,故今一篇之內,備有風雅頌也。」朱子云:「先儒因此說而謂風中自有雅,自有頌,雖程子亦謂然,似都壞了《詩》之六義。」郝敬則謂「此詩歌於朝廷可為雅,歌於祭祀可為頌」,亦皆臆度之詞。又歐陽修云:「《七月》之詩,燕、齊、魯三家皆無之。」

甫田

《甫田》，豳雅也。豳侯夏省耘，因而雩祭社方及田祖之神，以祈雨也。《周禮‧春官》「籥章」職云：「凡國祈年於田祖，吹豳雅，擊土鼓，以樂田畯。」朱子引或者之說，疑謂《楚茨》、《信南山》、《甫田》、《大田》四詩當之。以其所言皆農事，而篇次在《小雅》之中，故謂之豳雅。今按：《楚茨》、《信南山》所言乃天子秋嘗冬烝之事，其推本於黍稷者，特謂品物成則可以祭耳，非為勸農發也。若此詩及《大田》二篇，其當為豳雅無疑。何以知之？以二詩篇中皆言田祖，故禮用以迎年於田祖也；又皆言田畯，故禮吹之於籥以樂田畯也。且《七月》之詩紀「饁彼南畝，田畯至喜」，今二詩中亦具舉之，何其相吻合也。豈公劉時固有此詩，周公追述以告王與？王安石云：「王業之起本於豳，而樂之作始於土鼓，本於籥。逆暑、逆寒、祈年，皆本始民事。息老物，則息使復本反始，故所擊者土鼓，所吹者葦籥，其章用豳詩焉。」鄧元錫云：「《七月》主陳民俗，故曰風；《甫田》主上農政，故曰雅。蓋各有當也。《小雅》以燕饗逮下，示慈惠，樂田畯，勞農，公為制豳雅將之，慈惠下下之盡也。」又云：「讀《豳‧七月》，民忠敬事上之道畢具，而上子惠下下之事，不稍槩見也。疑之。及讀《甫田》，而後知君民之交愛至是也。」愚按：此詩記邠侯夏省耕，因而雩祭。《月令》：「孟夏之月，命野虞出行田原，為天子勞農勸民，毋或失時；命司徒循行縣鄙，命農勉作，毋休於都。」皆省耘類也。夏，耘候也，故其詩曰「或耘或耔」，且又曰「黍稷薿薿」，明乎其為夏景也。曾孫親行，不命人者，重田功之至也。《左傳》曰：「啟蟄而郊，龍見而雩。」雩者，吁嗟求雨之祭也。龍見，建巳之月。蒼龍宿之體，昏見東方。萬物始盛，待雨而大。聖人為民之心切，欲為百穀祈膏雨，與啟蟄之郊其意同，故曰大雩，猶之言大旅、大饗，禮之盛也。或又曰：建巳陽充之時，陰氣難建，故雩祭作焉。此詩言以祈甘雨，以介我稷黍，正孟夏雩祭事也。乃《月令》又言：「仲夏，大雩帝，用盛樂。命百縣，雩祀百辟卿士有益於民者，以祈穀實」，何也？四月，雩禮之正也。若仲夏而不雨，則猶可以雩。過則失時，《春秋》譏之。《穀梁傳》曰「是月不雨，則無及矣。是年不艾，則無食矣」是也。〔註39〕又，《月令注疏》云：「百縣謂諸侯也。百辟卿士，古者上公，若句龍、后稷之類也。」故《左氏》於社稷五官云：「封為上公，祀為貴神。」

天子雩上帝，諸侯以下雩上公。是詩〔註40〕止言「以社以方，以御田祖」者，以公劉固邠侯耳，亦可知其非天子之詩矣。

倬《韓詩》作「箌」，云：「卓也。」**彼甫**《爾雅疏》作「圃」。**田**，先韻。亦叶真韻，他因翻。**歲取十千**。先韻。亦叶真韻，雌人翻。**我取其陳**，真韻。亦叶先韻，陳延翻。**食我農人**。真韻。亦叶先韻，如延翻。**自古有年**，先韻。亦叶真韻，奴因翻。**今適南畝**。叶紙韻，母鄙翻。**或耘**《前漢書》、《釋文》俱作「芸」。**或耔**，紙韻。《前漢書》作「芓」。**黍稷薿薿**。紙韻。《前漢書》作「儗儗」。**攸介攸止**，紙韻。**烝我髦士**。紙韻。○賦也。「倬」，毛《傳》云：「明貌。」《說文》云：「著大也。」徐鉉云：「卓然高明也。」「甫」，通作「誧」，《說文》云：「大也。」一曰：「人相助也。」愚按：「誧」字從言，兼前《說文》二義，當是為事既重大，須謀人以相助。今田大，亦應通力合作，故以誧名。後人傳寫，因省言為甫也。「歲」，為一歲之定額。「取十千」者，萬夫之數也。丘井之法，昉於黃帝。徹田為糧，創於公劉。其制：一夫受田百畝，畝起於步，六尺為步，長寬各百步為方百畝。三其夫為屋，三其屋為井，井方一里，九夫之地也。於其中以一夫之地為公田，其外八家皆私其所受之百畝，而同養公田。自後皆以十起數。井十為通，通十為成，成方十里，為田九萬畝，計百井九百夫之地，公田取百夫焉。成十為終，終十為同，同方百里，為田九百萬畝，計萬井九萬夫之地，公田取萬夫焉。此詩言歲取萬夫之入，乃百里侯國之制也。陳祥道云：「《王制》言：『古者以周尺八尺為步，今以周六尺四寸為步。古者百畝，當今東田百四十六畝三十步。古者百里，當今百二十一里六十步四尺二寸二分。』然六尺四寸者，十寸之尺也；十寸之尺，六尺四寸，乃八寸之尺八尺也。」一說：「季本云：『千與阡同。十阡指公田百畝，言每十畝千步為阡，故百畝為十阡也。』」亦通。篇中稱我者，詩人代為公劉敘述之辭。「陳」，通作「敶」，陳列也，謂布列於倉廩者，即所云舊粟也。「農人」，朱子云：「私百畝而養公田者也。」加之以「我」，親之也。取陳粟以食之者，亦省耕補不足，省斂助不給之意。禾穀未登，農或有困乏者，則以此賙給之也。《周禮》：「遺人掌邦之委積，以待施惠。」法亦同此。委積者，謂九穀之所餘，少曰委，多曰積。「古」之為言故也。「自古」，猶云昔日。「有年」者，豐年也。上之人勤於恤民如此，是以民皆力於農事，而追

〔註40〕「詩」，底本作「時」，據四庫本改。

思往昔，亦皆幸而得享有年之樂也。此承上起下之語。謝枋得云：「民生於三代之前，其命制乎君。民生於三代之後，其命制乎天。吾求其所以制命之道矣，取民常少與民常多。從古以來，豈無水旱霜蝗，吾民常如有年者，上之人斂散得其道也。」馬端臨云：「三代之時，田賦之外，未嘗他取於民。雖有補助之制，然未聞責其償也。春秋時，始有施捨已責之說，家量貸而公量收之說。《管子》言『耕耨者有時而澤不必足，則民倍貸以取庸矣』。」「今」，今日也。「南畝」，解見《七月》篇。言今日之適南畝何為乎？專為省耘耔耳。「耘」，本作「䅆」，《說文》云：「除苗間穢也。」劉章《耕田歌》云：「深耕漑種，立苗欲疏。非其類者，鋤而去之。」「耔」，本作「秄」，《說文》云：「壅禾本也。」愚按：此代田之法。「薿」，《說文》云：「茂也。」以黍稷並言，故重曰薿薿。「薿」，《前漢書》云：「趙過為搜粟都尉。過能為代田。一畝三畎，歲代處，故曰代田，古法也。后稷始畎田，以二耜為耦，廣尺深尺曰畎，長終畝。一畝三畎，一夫三百畎，而播種於三畎中，苗生葉以上，稍耨隴草，因隤其上以附苗根。故其詩曰：『或芸或芓，黍稷薿薿。』芸，除草也。芓，附根也。言苗稍壯，每耨輒附根。比盛暑，隴盡而根深，能風與旱，故薿薿而盛也。」據此，可見「黍稷薿薿」在夏時也。「一畝三畎」之「畎」，即「畎」字。「能風與旱」之「能」，讀曰耐。「攸介」，承黍稷言。「介」，助也，「以介我黍稷」之「介」。說見下章。「止」，息也，「曾孫來止」之「止」。「烝」，毛云：「進也。」按：烝者，火氣上行之名，故有進義。髮至眉為髦。《禮記注》云：「幼時剪髮為之，至年長，垂著兩邊，髦然也。」「髦士」，《爾雅》云：「官也。」《注》云：「取俊士令居官也。士中之俊如毛中之髦。」愚按：此句當連下章看，蓋供事於祭祀者言我往南畝見農夫之勤於耘耔，而黍稷亦有方長之勢若此，於焉思所以介助之，惟在得時雨為急，於焉暫憩於田，所進諸髦士之在官者而告之，將躬行雩祭之禮以祈雨也。○以我齊《釋文》作「齍」，云：「又作『齋』。」**明**，叶陽韻，謨郎翻。**與我犧羊**，陽韻。**以社**豐氏本作「祏」。**以方**。陽韻。**我田既臧**，陽韻。**農夫之慶**。叶陽韻，虛良翻。**琴瑟擊鼓**，麌韻。**以御**音迓。**田祖**，麌韻。**以祈甘雨**。麌韻。**以介我稷黍**，語韻。**以穀我士女**。語韻。○賦也。此章皆進我髦士而告之之辭也。毛云：「器實曰齊。」當通作「齍」。《說文》云：「黍稷在器以祀者。」《周禮》：「小宗伯辨六齍之名物與其用。」《注》以為六穀謂黍稷稻粱麥菰也。六穀實之於器，皆名為齍。此言「齊明」者，謂六齍中之明，指稷也。按：《曲禮》云：「黍曰薌合，粱曰

蘠萁，稷曰明粢，稻曰嘉蔬。」是可見穀以明為名者，惟稷耳。觀《大田》篇言「與其黍稷」，則祭兼用黍。此獨言稷者，以稷為五穀之長，故首舉以兼之。古者號稷為首種。《考靈曜》曰：「日中星鳥，可以種稷。」是一歲之中，所先種者惟稷。陶唐之世，以后稷名農官，而歷代祀穀神，與社相配，亦以稷為名，皆取稷以該五穀也。《郊特牲》云：「惟社，丘乘共粢盛，所以報本反始也。」宗廟之牲，色純曰犧。《王制》云：「天子社稷皆大牢，諸侯社稷皆少牢。」按：牛羊豕具曰大牢，但有羊豕無牛曰少牢。此社祭獨言羊者，舉羊以該豕，亦明其為邦侯之祭也。又《周禮》「少司徒」職云：「小祭祀，共牛牲」，則四方之祭亦得用牛，但彼乃天子之禮耳。「社」，毛云：「后土也。」孔云：「后土者，地之大名。」鄭《駁異義》以為「社者，五土之神，能生萬物者，以古之有大功者配之」。按：《祭法》、《左傳》皆言共工之霸九州也，有子曰句龍，職主土地，故謂其官為后土，死以配社神而祭之。然則毛所云后土，自是句龍所居官職之名，非與皇天對言之后土也。「方」，謂四方之神。《曲禮》云：「天子祭四方，歲遍。諸侯方祀，歲遍。」《注》云：「祭四方謂祭五方之神於四郊也。句芒在東，后土、祝融在南，蓐收在西，玄冥在北。」《疏》云：「諸侯不得總祭四方之神，唯祀當方，故云方祀。」愚按：詩每以方、社對舉，以后土乃中央土之神，既立為社，自不當在五祀之列，故禮止言四方。《注》增為五方，而《疏》又增置后土於南，皆臆說也。然四方之解又自不一。《周禮》：「大宗伯以副辜祭四方百物」，舊說謂磔禳及蠟祭也；「舞師教羽舞帥而舞四方之祭祀」，舊以為四望。《祭法》云：「四坎壇，祭四方」，舊以為山林川谷丘陵之神也。今按：《周禮》「鼓人」職云：「凡祭祀百物之神，鼓兵舞、帗舞者」，則與四方之祭用舞羽異。可知四方與百物不同，必非磔禳、蠟祭之類也大。司樂祀四望，在天神地示之下、山川之上，而「鬯人掌供秬鬯」，凡山川四方用蜃，則又列四方於山川之下，可知四方別是一祭，既不同於山川，亦斷非祭日月星海之四望也。參互眾說，惟以祭句芒等神為允。此祭社、方及下文「御田祖」，皆孟夏雩祭祈雨之禮，詳已見《小引》下。又證於《雲漢》之詩曰「祈年孔夙，方社不莫」，明前此冬春既行祈年之禮，及巳月又行雩祭方社之禮，而卒過時不雨，故閔之也。舊說皆以此為秋報，誤矣。「我田既臧」二句，祈之之辭也。「臧」，善也。「慶」之為言福也，「必有餘慶」之「慶」，言誠使我田既善，則是農夫之有福慶。蓋國以民為天，民以食為天。欲為民祈福，非自為也，必得雨而後田乃善，故為此祭以求之也。「琴瑟擊鼓」，作樂以

娛神也。「擊鼓」，據《周禮》為擊土鼓。杜子春云：「土鼓以瓦為匡，以革為兩面，可擊。」又按：《月令》：「仲夏，命樂師修鞀鞞鼓，均琴瑟管簫；執干戚戈羽，調竽笙簴簧，飭鍾磬柷敔。命有司為民祈祀山川百源，大雩帝，用盛樂。」先儒謂雩以樂為主，樂用盛樂，與它祭獨不同。聲音之號，所以詔告於天地之間，以達神明也。此獨言「琴瑟擊鼓」者，約略言之。或諸侯禮稍殺耳。乃陳暘為之說曰：「離音絲而琴瑟以之，南方之樂也；坎音革而擊鼓以之，北方之樂也。南方至陽用事而陰萌焉，故萬物自是而之死。北方至陰用事而陽萌焉，故萬物自是而之生。《甫田》之『御田祖』，必琴瑟擊鼓者，以自冬徂春，農事則終而復始，百穀則死而復生，故作是樂以御之，各有度數存焉。用是以祈甘雨，則陰陽和，五穀生，其於『介稷黍』、『穀士女』也何有？」「御」，鄭云：「迎也。」愚謂若御車以迎之也。「田祖」，毛云：「先嗇也。」《周禮注》云：「祖者，始也。始教造田，謂之田祖。先見稼穡，謂之先嗇。神其農業，謂之神農。名殊而實同也。」今按：以神農為田祖，經傳無明文。王安石謂「生為田正，死為田祖，猶樂官之死而為樂祖也」，以樂祖例田祖，於理近之。又雩祭、社方、田祖之神，當皆在《月令》所稱「百辟卿士」之列，不應以古帝雜於其內，而古人祭社必以稷。竊意此田祖即稷，如列山氏之子柱，未可知也。列山即神農氏，柱為農官，自夏以上，祀以為稷，至商始以周棄代之。公劉為夏世諸侯所祀稷神，仍應是柱耳。舊謂於「社」、「方」言「齊明」、「犧羊」，於「田祖」言「琴瑟擊鼓」，互相備也。然觀《大田》「來方禋祀，騂黑黍稷」之文，則非因方、社以見田祖明矣；觀《周禮》「祈年田祖，擊土鼓之」文，則非舉田祖以見方、社又明矣。意二禮各不同。陳暘云：「古者有事於釋奠祭先師，有事於瞽宗祭樂祖，養老祭先老，執爨祭先炊，馬祭先牧，食祭先飯。然則於田祭田祖，亦示不忘本始而已。」「祈」，《爾雅》云：「告也，叫也。」郭璞云：「祭者叫呼而請事也。」曰「甘雨」者，孔云：「以長物則為甘，害物則為苦。」《左傳》曰：「秋無苦雨。」服虔謂「害物之雨，民所苦」是也。「以介我稷黍」者，當薿薿之時，得雨助之，則秀實在望，所謂時雨化之也。「穀」，毛云：「善也。」朱子云：「言倉廩實而知禮節也。」鄭云：「養也。」按：《國策》：「求百姓之飢寒者收穀之。」以穀為養人之物，故穀有養義〔註41〕。二說皆通，毛理為長。「士女」，通指百姓。士者，男子之稱。○曾孫來止，紙韻。以其婦子，紙韻。饁彼南畝。叶紙韻。見首章。

〔註41〕四庫本此處有「焉」字。

田畯陸德明本作「峻」。至喜，紙韻。攘其左右，叶紙韻，羽軌翻。嘗其旨否。叶紙韻，補美翻。豐本作「不」。禾易長畝，見上。終善且有。叶紙韻，羽軌翻。曾孫不怒，農夫克敏。叶紙韻，母鄙翻。○賦也。此章皆紀事之辭。鄧云：「幽公，后稷之曾孫，故具以曾孫稱。」鄒忠胤云：「《甫田》、《大田》不繫廟祭，何以亦稱曾孫？蓋周人世世務農，視農事如其家事，服先疇之畎畝，故自號曰曾孫。當時邠民自少至老，狃習其上，無以異於家人，故目其君亦曰曾孫，若曰此吾家曾孫云爾。」又朱子云：「曾孫，主祭者之稱，非獨宗廟為然。《曲禮》：『外事曰曾孫某侯某。』武王禱名山大川曰『有道曾孫周王發』是也。」皆通。「來止」，來至此而止息也。《春秋傳》云：「能左右之曰以。」「婦子」，農夫之婦子也。「饁」，《說文》云：「餉田也。」〔註42〕杜預云：「野饋也。」自家之野也。言曾孫之為此行也，先省耘，隨雩祭，又復舉補助之典，提挈農人之婦子，俾得備酒食以饋餉於南畝。前章所云「我取其陳，食我農人」，此物此志也。「田畯」、「田官」，解見《七月》篇。「至」者，至田所也。「喜」者，喜農夫之有饁，得以畢力於南畝也。「攘」，《說文》云：「推也。」「左右」，田畯之從者。「嘗」，徐鉉云：「口試其味也。」「旨」，甘美也。「否」，不也，旨之反也。田畯自推卻其從者而親嘗饁之旨否，饁必無不旨者。然必攘而嘗之，上下相親之甚，且嘗而後知其旨，亦益以見君恩之不可忘也。孫鑛云：「嘗其旨否，是偶然事，亦是偶然句，湊合來，情景卻妙絕。」「禾易長畝」，所謂代田也。顏師古云：「代，易也。」何謂易？一畝三甽，前歲之甽，今歲易其處；今歲之甽，明歲易其處。以休地力而用之。每甽之長，各盡其畝，於中種禾焉，曰「禾易長畝」也。詳見首章。漢趙過精於其法，一歲之收，嘗過縵田畝一斛以上。縵田謂不為甽者也。其善為甽者且倍之。過使教太常、三輔及邊郡民，皆便代田，以為用力少而得穀多也。「終」，竟也，預期之辭。「善」者，實穎實栗之美。「有」者，「萬億及秭」之饒。「敏」，《說文》云：「疾也。」田畯嘗饁之後，巡行阡陌，見禾之易甽而居者，其長終畝，預知其收穫終當美而且多也，不覺心口相語曰：「曾孫其庶幾不怒歟？」以農夫之能力於耘耔，不敢泄泄從事也。不然，其何以副來止至意哉？呂祖謙云：「不曰喜而曰不怒者，若不敏於農則怒矣。蓋其喜怒欣戚專在於農也。雒人稱張全義曰：『張公他無所好，見嘉穀大繭則喜耳。』正此意也。」○曾孫之稼，如茨如梁。陽韻。曾孫之庾，如坻如京。叶陽韻，居良翻。

〔註42〕四庫本此處有「又」字。

乃求千斯倉，陽韻。**乃求萬斯箱**。陽韻。**黍稷稻粱**，陽韻。**農夫之慶**。
叶陽韻。見次章。**報以介福，萬壽無疆**。陽韻。○賦也。此章皆預期之辭，
承上章。言農夫克敏如此，行見秋成在即，大有可期，萬情胥悅，歸恩於上，
如下文所云也。《說文》云：「禾之秀實為稼，莖節為禾。」嚴云：「種之曰稼，
斂之曰穡，散則相通。此以稼對庾，先言稼，後言庾，是稼為在田未割之禾，
庾為已刈未入倉而露積之禾也。」「茨」，鄭云：「屋蓋也。」「梁」，毛云：「車
梁也。」孔云：「墨子稱茅茨不剪，謂以茅覆屋。《孟子》『十二月興梁成』，梁
謂水上橫橋。橋有廣狹，得容車渡，則高廣者也。」朱子云：「『如茨』，言密
比也。『如梁』，言穹窿也。」「庾」，解見《楚茨》篇。「坻」，鄭云：「水中高
地也。」《爾雅》云：「水中可居曰洲，小洲曰渚，小渚曰沚，小沚曰坻。」
「京」，《爾雅》、《說文》皆以為絕高丘也。張揖云：「四起曰京。」按：絕即
四起之意。董氏云：「『如坻』，則鱗比而出也。『如京』，則絕高者亦非一矣。」
「倉」，解見《楚茨》篇。「箱」，解見《大東》篇。嚴云：「時和年豐，禾穀充
積，農民喜悅，以為皆吾君之稼、吾君之庾，謂秋毫皆君賜也。其稼在田，繇
高處視之，則稼在下而見其密，故如屋茅；繇平處視之，則稼在上而見其高，
故如橋樑。若使高處見其疏，平處見其低，則禾薄收矣。露積之禾曰庾。其庾
在野，隨意堆積，有平而高者，如水中高地之坻；有卓絕而高者，如高丘之
京。始言稼則未刈也，繼言庾則已刈而未入倉也。於是求千倉以貯之，求萬
車箱以載之，先治倉而後箱載以輸之，故先言倉，後言箱也。」首章第言「黍
稷薿薿」而已，此復加以稻粱，見種類之繁夥也。「稻粱」，解見《鴇羽》篇。
曰「農夫之慶」者，呂云：「農夫視黍稷稻粱之豐，以為天下之美盡在此矣，
不知其他也。」季云：「前章言『農夫之慶』，曾孫期望其民之辭也。此章言
『農夫之慶』，農夫喜慰其君之辭也。」言「福」必曰「介」者，凡人獲福，
若冥冥中有以陰助而默相之。農夫喜慶之極，不忘君恩，故欲報以陰助默相
之福。而祝其壽考萬年，無疆竟也！

　　《甫田》四章，章十句。《序》云：「刺幽王也。君子傷今而思古焉。」
朱子謂「此《序》專以『自古有年』一句生說，而不察其下文『今適南畝』以
下亦未嘗不有年也」，其論當矣。然謂此詩「亦述公卿有田祿者，力於農事，
以奉方社田祖之祭」，則政未必然。彼蓋未詳晰此祭之為雩，而「歲取十千」
乃百里萬夫之數也。且茨、梁、坻、京、千倉、萬箱，公卿之富，何遽至是？
明屬有國者視君民之田猶一體，故有此比擬耳。《子貢傳》以為勸農，蓋亦近

之。然猶未知其為雩祭而作。《申培說》誤認謂〔註43〕農事既成，祀田祖而並犒農夫之詩。總之，未離乎影響也。

大田

《大田》，豳雅也。豳侯秋省斂，因而報祭於方也。詳見《甫田》篇。《甫田》祭兼方、社，此報賽農功之成，第言方而不及社者，以《周頌·良耜》為報社之詩，所謂豳頌也。

大田多稼，既種既戒。叶實韻，居吏翻。既備乃事，實韻。以我覃《爾雅注》作「剡」。耜，紙韻。俶載南畝。叶紙韻，毋鄙翻。播厥百穀，叶藥韻，工絡翻。既庭且碩，叶藥韻，實若翻。曾孫是若。藥韻。○賦也。《大田》與《甫田》同義，萬井之田也。《周禮注》云：「種穀曰稼，如嫁女有所生也，以多言者。」曹氏曰：「或利先種，或利後種，或宜高燥，或宜下濕也。」「種」，朱子云：「擇其種也。」孔穎達云：「以下始說耕事，則此未得下種，故知既種為相地之宜而擇其種也。」「戒」，通作「誡」，《說文》云：「敕也。」朱子云：「飭其具也。」按：《月令》：「季冬，令民出五種」，所謂「既種」也。又「命農計耦耕事，修耒耜，具田器」，所謂「既戒」也。「備」，《說文》云：「具也。」總上二者，言穀種與田器咸具也。「此」指去冬言。「事」，田事，下文「俶載播穀」是也。孔云：「民已受地，相地求種，既已擇其種矣，又號令下民豫具田器，此受地擇種，戒策具器，既已周備矣。至孟春之月，乃耕而事之矣。」嚴粲云：「或說『既備乃事』者，備其事也。」亦通。但詩中「既順迺宣」、「既登乃依」皆二事也。「覃」，當依《爾雅注》作「剡」。張衡《東京賦》「介馭間以剡耜」是也。「覃」、「剡」以音同通用。《說文》云：「剡，銳利也。」「耜」，所以發土，解見《七月》篇。「俶」，《說文》云：「善也。」「載」，通作「縡」，《說文》云：「事也。」《唐史》「天載」作「天縡」可證。言以我銳利之耜往，善其事於南畝也。按：《農書》云：「土長冒橛，陳根可拔，耕者急發。」《齊民要術》詳載其法，以為「春侯地氣始通，椓橛木長尺二寸，埋尺，見其二寸。立春後，土塊散，上沒橛，陳根可拔。以此時耕，一而當四。二十日以後，和氣去，即土剛，耕，四不當一」。《七月》之詩言「三之日于耜」，然則用剡耜以發田土在孟春之時，所謂「俶載」也。「播」，《說

文》云：「種也。」「百穀」，解見《七月》篇。「四之日舉趾」，在此時也。「庭」，
毛《傳》云：「直也。」解見《斯干》篇。「碩」，大也。庭言不捲曲，碩言不
低小，皆指始生時言。曹云：「苗生葉以上皆條直而茂大也。」按：《月令》：
「季春之月，生氣方盛，陽氣發洩，句者畢出，萌者盡達」，則「既庭且碩」
在此時也。「以我覃耜」二句應「既戒」言，「播厥百穀」二句應「既種」言。
「曾孫」，解見《甫田》篇。「若」，《爾雅》云「順也」。解見《烝民》篇。李
氏云：「民之所以勤於農功如是者，期以曾孫是若故也，言民皆順曾孫之意。」
鄧元錫云：「種戒耕播曰『曾孫是若』，大順之實也。己則何心？以上之心為
心。斯王民之心哉！」自首章至第三章皆代為農夫之詞。○**既方既皁**，叶
有韻，此苟翻。**既堅既好**，叶有韻，許厚翻。**不稂不莠**。有韻。**去其螟
螣**，職韻。《說文》作「蟘」。陸德明本作「蚤〔註44〕。**及其蟊**陸本作「蛑」。
賊，職韻。豐氏本作「賊」。**無害我田穉**。叶紙韻，讀如雉，丈幾翻。**田
祖有神，秉**《韓詩》作「卜」，云：「報也。」**畀炎火**。叶紙韻，虎洧翻。
○賦也。「既」之言已也。「方」即第四章「來方禋祀」之方，解見《甫田》篇，
謂龍見而雩祭也。與《生民》篇「實方實苞」之「方」各自取義。鄭《箋》訓
方為房，謂「孚甲始生而未合時也」，殆屬臆說。上章言「播厥百穀，既庭且
碩」，已盡乎三春之事。至建巳之月，則得雨為急，故方祭以求雨也。「皁」，
據《說文》即「草」字，從草，早聲，云：斗櫟實也。」俗訛以為艸木之艸，
而別作皁字，為櫟實之皁。然古文原無皁字。毛《傳》謂「穀未堅曰皁」，此
但據上下文義而強為之解，殊無據。此「皁」字當通作「早」字，謂穀之早種
者也，與下文「穉」字對看。《齊民要術》云：「凡田欲早晚相雜，然大率欲
早，早田倍多於晚。」注云：「早晚相雜者，防歲道有所宜。然早穀皮薄米實
而多，晚穀皮厚米少而虛也。」「堅」者，充實之義，兼莖與穗而言。《呂氏春
秋》云：「后稷曰：『子能使藁數節而莖堅乎？子能使穗大而堅均乎？』」又云：
「其施土也均。均者，其生也必堅。」又云：「得時之稼與失時之稼，約莖相
若，稼之得時者重粟之多；量粟相若，而舂之得時者多米。」是皆堅之義也。
「好」，鄭云：「齊好也。」孔云：「眾穗皆熟，並無死傷。」嚴云：「禾雖已堅
實，或大風所偃，或淫雨所腐，或早霜所殺之類，則損壞而不好。」「稂」，解
見《下泉》篇。「莠」，解見《國風・甫田》篇。稂乃禾粟之穗，不能成實者。
莠，禾粟下生，似稷無實。以上皆主早種之穀言。蓋自已行方祭之禮而後，而

〔註44〕「蚤」，四庫本作「蚤」。

其穀之已經早種者亦已堅實，亦已齊好，盡皆成熟，無有秀而不實而為稊者，而亦無似是而非之莠以竊其地力也。螟、螣、蟊、賊，舊說以為四蟲名，皆害稼者。《爾雅》云：「食苗心曰螟。食葉，螣。食節，賊。食根，蟊。」郭璞云：「分別蟲啖食禾所在之名。」邢昺云：「舊說螟螣蟊賊，一種蟲也，如言寇賊奸宄，內外言之耳。故犍為文學曰：『此四種蟲皆蝗也。』」李巡云：「食禾心為螟，言其奸冥冥難知也。食禾葉者，言假貸無厭也。食禾節者，言貪狠，故曰賊也。食禾根者，言其稅取萬民財貨，故曰蟊也。」王安石《字說》云：「螣食苗葉，無傷於實，若螣可貸也。賊食苗節，賊苗者也。蟊食根，如句〔註45〕所植。螟食心，不可見。」諸家以為四種蟲。陸璣云：「螟似蚘蚄而頭不赤。」《詩詁》云：「今禾始發，有蟲生苗心中，如蠶而細，仍能吐絲，包纏其心，使不生穗。」羅願云：「今食苗心者，乃無足小青蟲。既食其葉，又以絲纏集眾葉，使穗不得展。江東謂之螟蟲，音若橫逆之橫，言其橫生，又能為橫災也。漢孔臧賦云：『爰有蠕蟲，厥狀似螟。』是螟為無足蟲也。」又，《說文》云：「螟蟲，食穀葉者。」未詳孰是。《春秋含〔註46〕孳》云：「螟應苛尅。」螣，陸璣云：「蝗也。」《說文》作「螣」，云：「食苗葉者。」《詩詁》云：「春秋謂之螽，其子謂之蝝。」螣亦音騰，謂其飛也。蔡邕云：「螣水處澤中，數百或數十里，一朝蔽地，而食禾粟，苗盡復移。雖自有種，其為災，云是魚子中化為之。」蟊，《說文》云：「蟲食草根者。」本作「蟊」，從蟲，象其形。徐鍇云：「唯此一字象蟲形，不從矛，書者多誤。」愚按：蟊字不從矛，何得有矛音？或以字形相似故耳。陸璣云：「或說蟊即螻蛄，食苗根，為人害也。」賊，似非蟲名，璣以為桃李中蠹蟲，赤頭身長而細。愚按：桃李中蠹蟲，於苗何與？此不足信。且諸經傳中未有單名賊為蟲者。以蟊連言，意即指蟊耳。故《桑柔》之詩曰「降此蟊賊」。以食葉食心，苗本猶在。今下食其根，則無苗矣。命之為賊，深惡之也。又，《瞻卬》之詩曰「蟊賊蟊疾」，既擬之於賊矣，又醜之以疾。賊言其自外至，疾言其自內生，皆惡之之辭也。是則蟊賊止是一蟊，其文理甚明。或分螟螣蟊賊為四種，或云一種，皆非也。陸佃云：「許慎《說文》以為『吏冥冥犯法即生螟，乞貸則生螣，抵冒取民財則生蟊』。然則靈芝朱草秬秠之鍾其美與螟螣之鍾其惡雖不同，其係王者之政一也。《淮南子》曰：『枉法令，即多蟲螟。』其以此乎？」羅云：「《京房易傳》曰：『臣

〔註45〕「句」，四庫本作「矛」。
〔註46〕四庫本此處有「元」字。

安祿，茲謂貪，厥災蟲食根。德無常，茲謂煩，蟲食葉。不紲無德，蟲食本。與東作爭，茲謂不時，蟲食節。蔽惡生孽，蟲食心。」王充《論衡》曰：『變復之家，謂蟲食穀者，吏貪狠所致也。蟲頭赤者武官，黑者文吏。按：蟲頭赤身白，頭黑身黃，復應何官耶？」又按：《月令》：「孟夏行春令則蝗蟲為災，仲夏行春令則百螣時起」，以螣之種類不一，故曰百螣。然則此數物大抵盛於夏時也。孔云：「四者所謂昆蟲，得陰而藏，得陽而生，陽盛則蟲起。」「穉」，《說文》云：「幼禾也。」晚種後熟者。《齊民要術》云：「二月三月種者為稙禾，四月五月種者為穉禾。二月上旬及麻菩楊生種者為上時，三月上旬及清明節桃始華為中時，四月上旬及棗葉生桑花落為下時。歲道宜晚者，五月六月初亦得。」孔云：「蟲災之甚，稙者亦食，以穉者偏甚，故舉以言之。」「田祖」，解見《甫田》篇。孔云：「以田祖主田之神託而言耳。」錢天錫云：「田祖之去田害，根君御田祖來。」「秉」，陸德明云：「執持也。」按：秉字從又持禾。又者，手也，故有持義。「畀」，《說文》云：「相付與也。」「炎」，《說文》云：「火光上也。」朱子云：「持此四蟲而付之炎火之中也。姚崇遣使捕蝗，引此為證。夜中設火，火邊掘坑，且焚且瘞，蓋古之遺法如此。」按：唐開元間，山東大蝗，姚崇奏議云：「『秉畀炎火』，此除蝗之義也。」乃出御史為捕蝗使，分道殺蝗。倪若水上言：「除天災者，當以德。昔劉聰除蝗不克而害愈甚。」崇移書誚之，曰：「聰偽主，德不勝妖。今妖不勝德。」若水懼，乃縱捕，得蝗十四萬石，蝗害訖息。○有渰《漢書》作「黤」。《韓詩》、陸本俱作「弇」。《呂氏春秋》作「晻」。萋萋，叶支韻，此移翻。《呂氏春秋》、《漢書》俱作「淒淒」。興雨《呂氏春秋》、《韓詩外傳》、《漢書》、《顏氏家訓》、《漢無極山碑》俱作「雲」。祁祁。支韻。毛、鄭《注》、《疏》作「祈祈」。嚴云：「監本作『祁』，俗本作『祈』，誤也。」《韓詩外傳》亦作「祈祈」。雨我公田，遂及我私。支韻。彼有不穫穉，實韻。此有不斂穧。叶實韻，資四翻。定本、《集注》作「積」。彼有遺秉，此有滯穗。實韻。《禮記》括此四句作二句，云：「彼有遺秉，此有不斂穧。」伊寡婦之利。實韻。○賦也。「渰」，《說文》云：「雲雨貌。」陸佃云：「渰，水氣之云也。《傳》曰：『雨雲水氣。』劉氏云：『天將降雨，則地氣上騰，薰蒸為濕潤。』」「萋」，通作「淒」，《說文》云：「雲雨起也。」愚按：據《說文》渰、淒之解，皆兼雲雨而言，以其字皆從水，毛《傳》專以渰為雲興貌，萋萋為雲行貌，似無據。「祁祁」，當指雲言。《韓奕》之詩曰「祁祁如雲」可證。「有渰萋萋」，雖兼象

雲，而意專在雨，言隨雲之雨萋萋然。「興雨祁祁」，雖專指雨，而意獨在雲，言興雨之雲祁祁然也。「祁」，通作「岐」。山之旁出者謂之岐。流雲在天，卷舒多態，故亦以祁祁擬之，所謂「夏雲多奇峰」也。《孟子》曰：「七八月之間旱，則苗槁矣。天油然作雲，沛然下雨，則苗浡然興之矣。」周七八月，夏五六月也。雲濃即雨，雲散即止，惟此時為然，故言雨必兼雲矣。《孟子》云：「方里而井，井九百畝，其中為公田。八家皆私百畝，而〔註47〕同養公田。公事畢，然後敢治私事。」又云：「惟助為有公田，雖周亦助也。」愚按：周之徹法創於公劉，公劉尚在夏世，而所創徹法已開助法之先，是為殷所襲者也，非襲殷者也。班固云：「先王制土，處民富而教之，故民皆勸功樂業，先公而後私。其詩曰：『雨我公田，遂及我私。』」孔云：「民見雲行雨降，歸之於君，云此雨本主為雨我公田耳，因遂及我私田。」范景文云：「先公後私，非擬之後言。言者不覺，聽者繹之。」蕭望之云：「古者臧於民。《詩》曰：『爰及矜人，哀此鰥寡』，上惠下也。又曰：『雨我公田，遂及我私』，下急上也。」「彼有不穫穉」以下言秋收事也。按：《月令》於季夏之月曰：「水潦盛昌，神農將持功。土潤溽暑，大雨時行。燒薙行水，利以殺草，如以熱湯，可以糞田疇，可以美土疆。」《孝經說》亦云：「地順受澤，謙虛開張。含泉任萌，滋物歸中。」謂此時也。故自夏雨溥遍而後，而農功漸且告成矣。孟秋，「農乃登穀」。仲秋，「命有司趣民收斂」。季秋，「命冢宰，農事備收」。則一歲之田事，於此究也。「穫」，《說文》云：「刈穀也。」「穉」，即「無害我田穉」之「穉」。「斂」，《說文》云：「收也。」「穧」，《爾雅》、《說文》皆云「穫也」。孔云：「禾之鋪而未束者。」「遺」，《禮記注》云：「猶脫也。」「秉」即「秉畀炎火」之「秉」。「滯」，《說文》云：「積也。」一云留也。「穗」，本作「采」，《說文》云：「禾成秀也，人所以收。字從爪、禾。」「寡」，《釋名》云：「倮也。」謂人之單獨者。「婦」，匹婦也，不必無夫者。皆力量孱微，不足以任田事，故須有以存恤之。《周書》曰：「至於敬寡，至於屬婦」，亦言此兩色人最足動上人之憐念也。此與上章「去其螟螣」以下五句遙相應，蓋穀之晚種者每至於薄收，蟲之為害者或難以盡斃，故言設若彼人有不堪穫刈之穉禾，則我此處有收斂不盡之穧束，足以濟之；彼人或蟲災偶遺於秉畀，則我此處有刈餘滯留之禾穗足以濟之。是皆伊寡婦匹夫之利，其在彼也，猶其在此也。彼，彼寡婦也；此，此我也。或疑大有之時，似無不穫穉與遺秉之事。夫地力參差，人事不齊，理

〔註47〕「而」，四庫本無。

之所有。且明王之時，秋助不給。不然，胡為而有寡婦哉？舊說以「不穫穉」
四句皆一意，謂穉乃穗之低小、刈穫之所不及者，秉乃束而輦載之所不盡者，
〔註48〕「百穀既多，種同齊熟，收刈促遽，力皆不足，故聽矜寡取之以為利」
〔註49〕。亦通。鄧云：「天澤，先之公也，不必先己。地利，公之人也，不必
在己。非甚盛德，孰能與於此矣？」又，《坊記》：「子云：『君子不盡利以遺
民。《詩》云：彼有遺秉，此有不斂穧。伊寡婦之利。故君子仕則不稼，田則
不漁，食時不力珍，大夫不坐羊，士不坐犬。』」《鹽鐵論》亦云：「古之仕者
不穡，田者不漁，抱關擊柝，皆有常秩，不得兼利盡物。如此，則愚知同功，
不相傾也。《詩》云：『彼有遺秉，此有滯穗。伊寡婦之利。』言不盡物也。」
皆斷章取義，無關詩旨。○**曾孫來止**，紙韻。**以其婦子**。紙韻。**饁彼南
畝**，叶紙韻。見首章。**田畯至喜**。紙韻。**來方禋祀**，紙韻。**以其騂黑**，
職韻。**與其黍稷**。職韻。**以享以祀，以介景福**。叶職韻，筆力翻。○賦
也。此章皆紀事之辭。「來止」，來於田所而止息也。劉彝云：「時當西成，乃
出郊省民之斂也。」「以其婦子」，解同《甫田》篇。鄭云：「出觀農事，饁食
耕者，以勸之也。」「田畯」，解見《七月》篇。「至喜」者，至田所而喜也。
王安石云：「喜其趨穫事也。」「來方禋祀」，報成之祭也，言曾孫之為此來也，
非特省斂而已，又舉行禋祀於方之禮。曰「方禋祀」者，倒文也。「方」者，
木〔註50〕火金水四方之神，其祭之各有所為。以下騂黑之牲推之，則但祭南北
二方而已。「禋」，《說文》云：「潔祀也。」《周語》：「內史過云：『精意以享禋
也。』」又按：《月令》：「季秋之月，天子乃厲飾，執弓挾矢以獵，命主祠祭禽
於四方。」此秋獮之祭，未必與此同也。《周禮》「大司馬」職云：「羅弊致禽
以祀祊。」先儒破祊為方，亦本於此。「騂」，南方色。「黑」，北方色。孔云：
「知方祀各以其方色牲者，《大宗伯》云：『青圭禮東方，赤璋禮南方，白琥禮
西方，玄璜禮北方，皆有牲幣，各放其器之色。』《注》：『以為禮五天帝人帝
而句芒等食焉。』是五官之神，其牲各從其方色也。」愚按：「牧人」職云：
「凡望祀，各以其方之色牲。」毛之意亦同。此所以取騂色者，以螟螣蟊賊，
「秉畀炎火」，故報祝融；所以取黑色者，以「雨我公田，遂及我私」，故報玄

〔註48〕劉執中：「穉謂穗之低小、刈穫之所不及者，穧謂刈而遺忘、秉縛之所不及者。」
　　　　呂祖謙《呂氏家塾讀詩記》卷二十二、段昌武《段氏毛詩集解》卷二十一引之。
〔註49〕鄭《箋》。
〔註50〕「木」，底本作「本」，據四庫本改。

冥也。祝融主火，玄冥主水。孔謂「略舉二方，以為韻句」，非是。據《甫田》方祭禮同於社，則牲亦當具羊豕也。「與其黍稷」，告黍稷之成也。「景福」，解見《小明篇》。以此享祀，則鬼神將助之以昭明可見之福，亦如「萬壽無疆」是也。此二句乃農人祝願之辭。

　　《大田》四章，二章章八句，二章章九句。《序》云：「刺幽王也。言矜寡不能自存焉。」朱子謂「此《序》專以『寡婦之利』一句生說」，其駁之是矣。惟以此詩乃農夫所以答《甫田》，則未知彼為雩祭，此為報祭；彼為省耘，此為省斂；二事判不相及，何答之有？《子貢傳》、《申培說》亦皆謂農夫報上之詩，明是剿襲朱《傳》而偽為之，適足彰其無識耳。

豐年

《豐年》，孟冬祭八蠟也。是為**豳頌**。《周禮》「籥章」職云：「國祭蠟，則吹《豳頌》，擊土鼓，以息老物。」鄭玄云：「萬物助天成歲事，至比為其老而勞，乃祀而老〔註51〕息之，於是國亦養老焉。《月令》『孟冬，勞農以休息之』是也。」按：孟冬者，建亥之月，在周為十二月。《禮·郊特牲》篇云：「天子大蠟八。伊耆氏始為蠟。蠟也者，索也。歲十二月，合聚萬物而索饗之也。蠟之祭也，主先嗇而祭司嗇也，祭百種以報嗇也，饗農及郵表畷、禽獸，仁之至，義之盡也。古之君子，使之必報之。迎貓〔註52〕，為其食田鼠也。迎虎，為其食田豕也。迎而祭之也。祭坊與水庸，事也。曰：『土反其宅，水歸其壑，昆蟲毋作，草木歸其澤。』皮弁素服而祭。素服以送終也。葛帶榛杖，喪殺也。蠟之祭，仁之至，義之盡也。」陳祥道云：「蠟之為祭，所以報本反始，息老送終也。其所致者，川澤山林，以至土〔註53〕示天神，莫不與焉。則合聚萬物而饗之者，非特八神也。而所重者八，以其尤有功於田故也。八神：先嗇也，司嗇也，百種也，農也，郵表畷也，禽獸也，坊也，水庸也。」鄭云：「先嗇，若神農者。司嗇，后稷是也。農，田畯也。郵表畷，謂田畯所以督約百姓於井間之處也。水庸，溝也。」賈公彥云：「禽獸者，即貓、虎之屬。坊者，所以蓄水，亦以鄣水。庸者，所以受水，亦以泄水。祝辭言此神繇有此功，故今得報，非祈禱也。」程迥云：「八蠟之祭，為民設教也厚矣。方

〔註51〕「老」，四庫本作「休」。
〔註52〕「貓」，四庫本作「貓」。
〔註53〕「土」，四庫本作「地」。

里而井，八家共焉，吾食其一。仰事俯育，資焉而無憾者，可不知所本乎？古
有始為稼穡，以易佃漁，俾吾卒歲無饑，不與禽獸爭一旦之命者，繄先嗇是
德，故祭先嗇焉。曰司嗇者，謂修明其政而潤色之者也。曰農者，謂傳是業以
授之於我者也。曰郵表畷者，畷井田間道也。郵表也者，謂畫疆分理，以是為
準者也。昔之人為是而勞，今我蒙之而逸，蓋不得不報也。曰貓虎者，謂能除
鼠豕之害吾稼者也。曰坊者，謂昔為堤防之人，使吾禦水患者也。曰木庸者，
謂昔為畎澮溝洫，使吾為旱備者也。吾不敢忘，皆得以上配先嗇、司嗇之享。
其民勸於功利，推而廣之，等而上之，視君親如天地而不敢慢也。後世農田
之利，奪於兼併之蒙，雖天下之用舉仰於農，而農不蒙其利。大抵一歲之入，
兼併袖手，什取之五；假之牛種，則什之七；又乘其乏，舉貸以倍稱之息，雖
八九可也。是故樂歲先饑，凶年多死者，莫農人若也。何以致然？緣郵表畷
之失職也。郵表畷之失職，則先嗇、司嗇與夫農者其德不白，雖有坊庸，必私
其私〔註54〕。是生民之害，不在鼠豕螟螣也。」《雜記》篇云：「子貢觀於蠟。
孔子曰：『賜也，樂乎？』對曰：『一國之人皆若狂，賜未知其樂也。』子曰：
『百日之蠟，一日之澤，非爾所知也。張而不弛，文武弗能也。弛而不張，文
武弗為也。一張一弛，文武之道也。』」今按：《豐年》之詩，舊亦知為報賽而
作，然無有知其專為蠟祭者。愚蓋即以豐年一語知之。《郊特牲》云：「八蠟以
記四方。四方年不順成，八蠟不通，以謹民財也。順成之方，其蠟乃通，以移
民也。」賈《疏》〔註55〕謂「蠟祭八神，因以明記四方之國，記其有豐稔凶
荒之異。四方之內，年穀不得和順成熟，則當方八蠟之神不得與諸方通祭，
欲使不熟之方萬民謹慎財物也。四方之內，有順成之方，其蠟之八神乃與諸
方通祭。所以然者，以其蠟祭豐饒，皆醉飽酒食，使民歆羨也」。蠟祭惟年豐
有之，非若他祭，不問豐凶，其禮不廢。此詩特以年豐降福為言，非報賽八蠟
而何？天子大蠟八，諸侯之蠟未聞。然《禮運》言「仲尼與於蠟賓」，則可見
諸侯之國有蠟矣。所以知此詩為豳頌者，以其事與周禮合，而詩又在頌中，
其為豳頌明矣。

豐年多黍多稌，麌韻。**亦有高廩**，豐氏本作「稟」。**萬億及秭**。紙韻。
亦叶薺韻，獎禮翻。陸德明本作「數」。今按：依本字作紙韻，則章首二句俱

〔註54〕「私」，四庫本作「利」。按：程氏語見《文獻通考》卷八十五《郊社考十八》，
　　　　亦作「私」。
〔註55〕按：此係《禮記‧郊特牲》孔穎達疏。

－96－

無韻。依陸本作「萬億及數」，則「數」乃霽韻，與「稌」字叶。未知是否。
為酒為醴，薺韻。亦叶紙韻，力紙翻。**烝**《韓詩外傳》作「蒸」。**畀祖妣。**
紙韻。**以洽**陸本作「袷」。**百禮**，薺韻。亦叶紙韻，力紙翻。**降福孔皆。**
叶紙韻，舉里翻。《左傳》作「偕」。○賦也。豆之滿者曰豐。歲大熟則五穀多
有，故以豐命年。鄭玄以為「大有之年」，是也。「黍」，解見《黍離》、《下泉》
諸篇。「稌」，《爾雅》、《說文》皆云：「稻也。」《孝經援神契》云：「污泉宜
稻。」羅願云：「稻米粒如霜，性尤宜水，故五穀外別設稻人之官，掌稼下地，
以豬畜水，以防止水，以溝蕩水，以遂均水，以列舍水，以澮瀉水。一名稌，
然有黏有不黏者。今人以黏者為糯，不黏者為秔。秔或作粳。然在古則通得
稻稌之名。若詩書之文，自依所用而解之。如《論語》『食夫稻』，則稻是粳；
《月令》『秫稻必齊』，則稻是糯；《周禮》『牛宜稌』，則稌是粳；《豐年》『多
黍多稌』，則稌是糯也。」朱子云：「黍宜高燥而寒，稌宜下濕而暑。黍、稌皆
熟，則百穀無不熟矣。」李氏云：「職方氏謂雍冀高燥，其穀宜黍；荊揚下濕，
其穀宜稻。是黍利高燥，稌利下濕也。豐年之時，或高或下，無所不熟。」陸
化熙云：「年若不豐，非旱即澇。旱不宜稌，澇不宜黍。多黍多稌，可例其餘。
所以為豐年。」「亦有」者，兼舉非一之辭。孔穎達云：「既黍稌之多，復有高
大之廩，於中盛五穀矣。」「廩」，《爾雅》云：「廥也。」孔云：「對則藏米曰
廩，藏粟曰倉，其散即通也。」按：《明堂位》云：「米廩有虞氏之庠。」又，
注云：「魯謂之米廩。」此則廩為米藏之稱，明矣。《周禮・地官》有廩人之
職，以下大夫掌之，而倉人則廩人之屬，其位不過中士下士耳。明米精而粟
粗，且粟多而米約，當其為粟，則先入之於倉；及其為米，而後實之於廩。故
廩人之職大於倉人也。若此詩「高廩」，即是倉之通名，不必專以米言也。陳
際泰云：「西戎之俗，藏粟於窖，積年不敗〔註56〕。然《公劉》有倉，《豐年》
有廩，固已備其制矣。」「萬」，本蟲名。趙頤光云：「萬蟲類多，借十千名，
數之終也。」《左傳》云：「萬，盈數也。」「億」，本作「億」，通作「意」，與
「意」字不同。《說文》云：「滿也。一曰十萬曰意。」趙云：「因滿義借訓十
萬。」黃公紹云：「十萬曰億，古數也。秦時改制，始以萬萬為億。」「及」，
猶至也。「秭」，《博雅》云：「積也。」《韓詩》云：「陳穀曰秭。」又按：秭之
義不一。郭璞謂「十億曰秭」。十億者，百萬也。《風俗通》則謂「千生萬，萬

〔註56〕「敗」，陳際泰《五經讀・詩經・讀豐年》同（《四庫全書存目叢書》經部第
　　　151冊，第406頁），四庫本作「賊」。

生億，億生兆，兆生京，京生秭」，各以十數推之，則秭者萬萬也。定本、《集注》又謂「數億至萬曰秭」，是以秭為十萬萬。毛《傳》更謂「數萬至萬曰億，數億至億曰秭」，則億之為數愈多而秭之為數愈不可彈究矣。《說文》則以「五稷為秭」。韋昭謂「一緵六百四十斛」，五緵則三千二百斛，斛容一石，一秭之數計三千二百石也。繇前之說，則秭可以包萬億。既舉秭矣，似不必贅言萬億。繇後之說，則一秭之數固自無幾，若加萬億於秭之上，又不應太侈。是皆不足信，宜從《博雅》為順。曰萬曰億，即《甫田》所謂「乃求萬斯箱」、《楚茨》所謂「我庾維億」者。高廩之中，本有舊積，而今以新歲之收與之相及。古者三年耕必餘一年，九年耕必餘三年，陳陳相因，可謂盛矣。「醴」，解見《吉日》篇。季本云：「酒，酒味之厚者，即《周禮》『三酒所以待賓客』也。醴，酒味之薄者，即《周禮》『五齊所以供祭祀』也。」「烝」者，火氣上行之義，故《爾雅》訓進也。「畀」，《說文》云：「相付與之，約在閣上也。」徐鍇云：「閣所以承物也。」愚按：此亦與奠同意。嚴云：「百物皆所以為禮，而行禮以酒為主。」「祖」，孔云：「先祖也。」《爾雅》云：「妣之言媲也。」愚按：媲匹於祖者，謂之祖妣，非專為母稱也。周人以姜嫄為妣，以后稷為祖，故《周禮·大司樂》文享先妣在享先祖之上。《斯干》之詩亦曰「似續妣祖」是也。蠟臘之祭，據《月令》，惟及先祖耳，不及姜嫄，則此妣乃祖之妣耳，故繫妣於祖之下。《左·襄二年》：「齊姜薨。初，穆姜使擇美檟以自為櫬，季文子取以葬。君子曰：非禮也。禮無所逆。婦，養姑者也。虧姑以成婦，逆莫大焉。且姜氏，君之妣也。《詩》曰：『為酒為醴，烝畀祖妣。』」「洽」，通作「合」。「百禮」，如祠公社門閭、臘五祀、養老、勞農等事，皆於蠟祭時，合而舉之也。又，范景文云：「禮之精意，雖不藉物以存，然必民力普存，備物咸有，始發皇莫御，盤際不窮。此洽字之義。」亦通。「降」，《說文》云：「下也。」「福」，指豐登之福言。孔《正義》云：「甚也。」「皆」，毛云：「遍也。」隨事賴豐年之利用，則隨處徵神惠之普存，而其降福，殆甚遍矣。歸功於八蠟之辭。

《豐年》一章，七句。《序》以為「秋冬報也」。但紀其報之時，而不實其所報之神。鄭玄申其說云：「謂嘗也，烝也。」蔡邕《獨斷》亦云：「烝嘗，秋冬之所歌也。」孔穎達云：「不言祈而言報者，所以追養繼孝，義不祈於父祖。至秋冬，物成以為鬼神之助，故歸功而稱報，亦孝子之情也。」劉安成但以為薦新於宗廟之詩。此皆泥篇中有「烝畀祖妣」一語。然烝嘗薦新，宗

廟之禮，時享月祀，典有正經，不必其豐年也。假使當大祿之時，行享祀之禮而告神登歌，乃首舉《豐年》為辭，毋乃不類之甚，即祖妣獨無恫乎？朱《傳》初本亦以為「穀始登而薦於宗廟之樂歌」，與濮氏說同。其後改本作「秋冬報賽田事之樂歌」，蓋祀田祖、先農、方、社之屬。偽《申培說》襲之。蘇轍則以為「秋祭四方，冬祭八蠟」，王安石則以為「祭上帝」。曹氏兼取蘇、王之說，謂「秋季大祭於明堂，秋祭四方，冬祭八蠟，天地百神，無所不報，而同歌是詩，故《序》不言其所祭耳」。今按：頌載祭祀樂歌，俱未有通用者。以數說考之，除八蠟外，固各有詩矣。《楚茨》，祭嘗也；《信南山》，祭烝也；《大田》，報方也；《良耜》，報社也；《我將》，大享也。是皆無藉於此詩。若田祖之神，據毛《傳》以為八蠟中之先嗇，則即先農耳。他祭有詩，唯蠟祭無詩。此詩首以豐年發端，正禮言順成通蠟之意，則其為孟冬報蠟而作，無可疑者。蘇、朱亦知牽引及之，而特不敢專主，大抵為《序》中「秋冬」二字所誤耳。若鄒忠胤則云：「此詩摘《載芟》中四句成文，而小異其首尾，既有《載芟》，此詩似可無作。然而另為一篇者，與報賽異用也。嘗觀《楚語》觀射父曰：『先王日祭、月享、時類、歲祀，諸侯舍日，卿大夫舍月，士庶人舍時。天子遍祀群神[註57]品物，諸侯祀天地三辰及其土之山川，卿大夫祀其禮，士庶人不過其祖。日月會於龍狵，九氣含收，天明昌作，百嘉備舍，群神頻行，國於是乎烝嘗，家於是乎嘗祀。百姓夫婦，擇其令辰，奉其犧牲，敬其齋盛，潔其糞除，慎其彩服，禋其酒醴，帥其子孫，從其時享，虔其宗祀，道其順辭，以昭祀其先祖，肅肅濟濟，如或臨之。於是乎合其州鄉朋友婚姻，比爾兄弟親戚，於是乎弭其百苛，殄其讒慝，合其嘉好，結其親昵，億其上下，以申固其姓。』此即詩《豐年》注腳也。《豐年》之歌，雖或上下所通用，而於士庶尤較切。蓋舍日者有月享，舍月者有時類，而舍時者歲乃祭。所謂士庶，不過其祖，家於是乎嘗祀是也。『以洽百禮』，則弭苛、殄慝、合好、固姓兼舉之矣。」今按：以《楚語》解此詩，固亦近似，但如所云，大段為士庶發耳，載之天子之頌，何居？

良耜

《良耜》，蠟祭報社也。是為豳頌。《禮·月令》：「孟冬，天子乃祈來年

[註57]「神」底本作「臣」，據四庫本、《國語·楚語下》改。

於天宗，大割祠於公社及門閭。」鄭玄《注》云：「此《周禮》所謂『蠟祭』也。」按：《周禮》：「國祭蠟，則吹《豳頌》，擊土鼓，以息老物。」此固頌詩也，而所言者蠟祭之事，是以知其為豳頌也。蠟祭在建亥之月。此詩所陳報賽之事，而有「百室盈止，婦子寧止」之文，孔穎達謂此「乃是場功畢入，當十月之後」，則正與《月令》合矣，是以知其為蠟祭也。蠟之為言索也，謂合祭萬物之神而索饗之也。天子大蠟八，而又有天宗之祈公社門閭之祠。《周禮》「黨正」職亦云：「國索鬼神而祭祀。」若然，則凡為神者莫不與矣。而獨謂是詩為報社者，何也？禮祭：陰祀用黝牲。〔註 58〕陰祀者，先儒謂祭地北郊及社稷也。黝也者，黑也。殺時犉牡，固黑唇也。祭地北郊，天子之禮。諸侯惟祭社稷，祭社必及稷也。是以知其為報社也。社祭一歲凡有三。《月令》：仲春，擇元日，命民社，一也；雩祭以社以方，二也；孟冬，大割祠於公社，三也。與祈年天宗並舉者，《周禮》「肆師」之職所謂「社之日，涖卜來歲之稼」，即此時事也。若門閭之祀，不知何神。如以為五祀中之門，則既蠟而臘，復又及五祀矣，似不應瀆祭也。且既非陰祀，即不用黝牲。以是知此詩之作專為報社也。天子諸侯禮數雖不無差殊，又三代禮文或損或益，然大端要不甚相遠。若八蠟之祭，則已見於《豐年》之篇矣。鄧元錫云：「或疑《思文》、《臣工》、《噫嘻》、《豐年》皆豳頌，非也。《思文》頌配天，《臣工》、《噫嘻》言王釐言成王，皆王事，《載芟》、《良耜》言質淳，於周頌殊音，殆其豳乎？」豈亦公所陳豳詩，後制樂，因定以祈報與？

畟畟良耜，紙韻。**俶載南畝**。叶紙韻，母鄙翻。**播厥百穀**，屋韻。**實函斯活**。叶屋韻，呼酷翻。○〔註 59〕賦也。「畟」，《說文》云：「治稼畟畟進也。」上〔註 60〕從田從人，謂治田之人也。下從夊〔註 61〕，《說文》云：「象人兩脛有所躧也。」「良耜」，鄭玄云：「利善之耜也。」「俶載」三句，解俱見《載芟》篇。耜惟良，故可以「俶載南畝」，所謂「欲善其事，必利其器」也。此第一節，言其既耕而播種也。《良耜》、《載芟》皆報賽之詩，故備陳農功本末。○**或來瞻女**，音汝，語韻。**載筐**豐氏本作「匚」。**及筥**，語韻。**其饟伊黍**。

─────────────

〔註 58〕按：《周禮・地官・牧人》：「凡陽祀，用騂牲毛之；陰祀，用黝牲毛之。」

〔註 59〕此「○」四庫本亦有。

〔註 60〕「上」，四庫本作「字」。

〔註 61〕「夊」，底本、四庫本均誤作「又」。按：《說文解字・畟》：「治稼畟畟進也。從田人，從夊。《詩》曰：『畟畟良耜。』」《說文解字・夊》：「行遲曳夊夊，象人兩脛有所躧也。」

語韻。〇賦也。「瞻」,《說文》云:「臨視也。」錢氏云:「猶省也。」鄭云:「有來視女,謂婦子來饁者也。」「載」,猶運也。「筐筥」,解見《采蘋》篇。方曰筐,圓曰筥。鄭云:「筐筥所以盛黍也。」愚按:或載筐,或載筥,見耕者之多,故饁者眾也。《說文》云:「周人謂餉曰饟。」邢昺云:「食人曰饁,自家之野也。」鄭云:「豐年之時,雖賤者猶食黍。」孔云:「少牢、特牲,大夫士之祭禮。食有黍。明黍是貴也。《玉藻》言『子卯,稷食菜羹』,為忌日貶而用稷,是為賤也。賤者當食稷耳。故云『豐年之時,雖賤者猶食黍。』」此第二節,言餉田也。〇**其笠伊糾**,有韻。亦叶筱韻,舉天翻。豐本作「丩」。**其鎛斯**豐本作「伊」。**趙**,筱韻。《周禮注》、《集韻》俱作「捎」。**以**《說文》作「既」。**薅**《爾雅》、《說文》俱作「茠」。**荼**《爾雅》作「蒤」。**蓼**。筱韻。亦叶有韻,力久翻。**荼蓼朽**有韻。**止,黍稷茂**叶有韻,莫後翻。**止。**賦也。「笠」,《說文》云:「簦無柄也。」孔云:「笠之為器,暑雨皆得禦之。」「伊」,語詞。「糾」,《說文》云:「繩三合也。」嚴粲云:「糾結其緣也。」季本云:「結於頷下,使不動也。」「鎛」,耨也,所以耘苗也。解見《臣工》篇。「趙」,《說文》云:「趨也。」攜鎛疾趨,將往耘草,如下文所云也。「薅」,《說文》云:「拔去田草也。」經有三荼:一曰苦菜,《爾雅》所謂「荼,苦菜」者也;一曰英荼,《爾雅》所謂「蔈,荂,荼」者也;一曰委葉,《爾雅》所謂「蒤,委葉」者也。據《爾雅注》引此詩以解「委葉」,故唐孔氏以此荼為委葉也。然委葉之形狀,《注疏》無文,古今莫曉,但指為穢草耳。愚考《爾雅》於苦菜、蔈、荂,字皆作「荼」,而所謂委葉者,字乃作「蒤」,又於別條有「蒤,虎杖」之目,則虎杖名蒤,疑此即委葉也。《疏》於本條下引陶注《本草》,云:「此物田野甚多,狀如大馬蓼,莖班而葉圓。」因悟此詩以荼蓼並言,當是其形相近。而朱子亦云:「荼,陸草。蓼,水草。一物而有水陸之異也。今南方人猶謂蓼為辣荼。」二者蓋相吻合。然則此荼之為虎杖,明矣。《說文》有「荼」字,無「蒤」字。或《爾雅》故異其字,以為識別;抑或本有此字,而《說文》偶遺之;皆不可知。蒤既名虎杖,又名委葉者,蓋以此物委葉田中,為田之害,故與「皇,守田」並稱。皇亦生廢田中者,故別號之為守田也。請與博雅君子詳之。又張萱云:「虎杖一名班杖。秋有花,直出,作赤子,與蒟蒻相似。」《本草》入木部,云:「作木高丈餘」,非也。《衍義》曰:「似寒菊,惟花葉莖蕊差小耳。」當以草部為正。「蓼」,解見《小毖》篇。生水澤中,白居易詩「水蓼冷花紅簇簇」是也。王肅云:「荼,陸穢。

蓼，水草。」孔云：「所稼田有原有隰，故並舉水陸穢草也。」「朽」，《說文》云：「腐也。」「止」，通作「只」，語已辭也，後仿此。「茂」，豐盛也。按：《月令》：「季夏，是月也，土潤溽暑，大雨時行，燒薙行水，利以殺草，如以熱湯，可以糞田疇，可以美土疆。」當即於斯時也。此第三節，言耘苗而苗盛也。○穉之挃挃，質韻。積《說文》作「積」。之栗栗。質韻。《說文》作「秩秩」。其崇如墉，其比如櫛，質韻。以開百室。質韻。百室盈叶陽韻，余章翻。止，婦子寧叶陽韻，尼良翻。止。賦也。「穉」，《說文》云：「刈穀也。」「挃挃」，毛《傳》、《說文》、《爾雅注》皆以為穫聲也。又，《小爾雅》云：「截顛謂之挃。」蓋謂截禾顛之聲也。「積之栗栗」三句一連說。「積」，《說文》云：「聚也。」「栗」即「實穎實栗」之「栗」，《左傳》所謂「嘉栗」。孔氏謂「栗是禾之堅熟」。《詩詁》謂「禾之孚甲縝密如栗」，是其義也。重言「栗栗」者，有顆粒均勻之意。「崇」，《說文》云：「嵬高也。」「墉」，毛云：「城也。」孔云：「城之與牆俱得為墉，但此比高大，故為城。」「比」，《說文》云：「密也。」「櫛」，朱子云：「理髮器。」《說文》云：「梳篦之總名也。」孔云：「所積聚者，其高大如城雉之峻壯，其比迫如櫛齒之相次。」愚按：「如墉」分所積之一堆而言，「如櫛」合所積之眾堆而言。「以開百室」者，鄭云：「其已治之，則百家開戶納之。」又云：「千耦其耘，輩作尚眾也。一族同時納穀，親親也。百室者，出必共洫間而耕，入必共族中而居，又有祭酺合醵之歡。」孔云：「《周禮》：『五家為比，五比為閭，四閭為族』，是百室為一族。於六鄉則一族，於六室則一鄙。『遂人』職云：『百夫有洫。』故知百室共洫間而耕也。族在六鄉而引彼者，鄉之田制與遂同，故得舉鄙之制以言族也。」愚按：鄭、孔所引皆《周禮》，未必公劉時有此法。曰「千耦」，曰「百室」，大抵皆約略之辭。強為之說則鑿矣。萬尚烈云：「方春在田，邑室皆閉。田事既畢，則邑中之百室皆開，以其所穫所積者入之於室也。」錢天錫云：「計畝均分，故各開其室。」「百室盈止」者，孔云：「百室皆盈滿而多穀粟也。」崔寔《四民月令》云：「十月農事畢，五穀既登，家家儲蓄，乃順時令也。」初言「穉」，是穫之於野。既言「積」，是積之於場。此言「開」言「盈」，則入之於室矣。「婦子」，謂耕者之妻與子也。「寧」，通作「宁」，《說文》云：「安也。」向者終歲田間勤動，至此百室既開，始得入邑中而安處也。《七月》之詩曰「嗟我婦子，曰為改歲，入此室處」，正此詩所云「寧止」者。彼為豳風，此為豳頌，又當孟冬之時，其為周禮蠟祭所吹，

無可疑矣。此第四章，言收穫之多而豐稔足樂也。○**殺時犉**陸德明本作「犞
〔註62〕」。**牡，有捄其角。以似以續，續古之人**。四句俱無韻，未詳。
○賦也。「犉」，牛之黑脣者。按：《爾雅》云：「黑脣，犉。黑眥，牰。黑耳，
犚。黑腹，牧。黑腳，犈。」但別牛黑所在之名，而不顯其身之色。毛《傳》
及《說文》則皆謂「黃牛黑脣曰犉」。孔云：「牛之黃者眾，故知黃牛也。社
稷用黝牛，當以黑。而用黃者，蓋正禮用黝。至於報功，以社是土神，故用
黃色，仍用黑脣也。」曹氏云：「古之人享其神〔註63〕，必思其所自以為，百
室盈而婦子寧者，社稷之功，故於是而報焉。地之色，以黑為正，以黃為美。
故陰祀用黝牲，正其義也；社稷用犉，美其功也。」「牡」，《說文》云：「畜
父也。」愚按：諸侯祭社稷用少牢。少牢者，羊豕也。此詩為豳頌，則是諸
侯之祭，而得用牡牛者，以田功告成，教民美報，故隆其禮。《月令》言「大
割祠於公社」，鄭玄謂「大割者，大殺群牲割之也」。天子祭社，不過以太牢
為常禮，而此特變云大割，則必有奢於太牢之外者。諸侯之禮雖殺於天子，
改少牢而進用特牛，不為泰矣。「捄」，通作「觓」，本作「觓」。《說文》云：
「角貌。」朱子云：「角上曲貌。」按：《王制》云：「祭天地之牛角繭栗，宗
廟之牛角握，賓客之牛角尺。」無社稷之文。《禮緯稽命徵》則云：「社稷宗
廟角握。」毛《傳》則云：「社稷之牛角尺。」今以「有捄其角」之語推之，
捄、觓通用。據《詩》言「兕觥其觩」、「角弓其觓」，必非角握，當從毛說為
長。毛去古未遠，定有所據也。「以似」二句，祭畢而祈神之辭也。「以似」
者，欲來歲之有年亦如今歲也。「續」，《說文》云：「連也。」「以續」者，稼
穡之事，國家根本所在，欲世世相承勿絕也。毛云：「續往事也。」鄭云：「嗣
前歲者，後求有豐年也。續往事者，復以養人也。」「古之人」，謂后稷也。
后稷以農事開國，自今以往，庶藉神庥以永續其事於不替，是則我君民之所
深願耳。一說：報賽之禮，有其舉之，莫敢廢也。今日奉行故事，庶幾不替
其先耳。何足答神，覬於萬一乎！亦通。蘇轍云：「聖人之為詩，道其耕耨播
種之勤，而述其終歲倉廩豐實、婦子喜樂之際，以感動其意。夫詩之可以興
者，所以感發人之善志也。先言勤勞，後言逸樂，使勤者可以自忘其勞，而
怠者亦知以自奮也。」

〔註62〕「犞」，四庫本作「犞」。
〔註63〕「神」，四庫本作「人」。按：曹氏語見嚴粲《詩緝》卷三十四，作「古之人
　　　　享其成」。

《良耜》五章，二章章四句，一章三句，一章五句，一章七句。
舊作一章二十三句。○《序》及蔡邕《獨斷》皆云：「秋報社稷」之所歌也。
以為「報社稷」者，得之。獨繫之於「秋」，則與「百室盈」、「婦子寧」之語
不合。嚴氏乃謂「此詩為報社稷，必陳農功之本末，故當秋時而追述春耕，預
言冬穫」。唐孔氏意亦如此，亦可謂強為之辭者矣。朱《傳》了無所主。《申培
說》則云：「《載芟》亦《豐年》之意，《良耜》與《載芟》同意。」其不知所
適從，猶朱《傳》也。《子貢傳》闕文。

載芟

《載芟》，孟冬臘先祖五祀，以禮屬民飲酒，正其齒位。亦豳頌也。
《月令》：「孟冬之月，天子乃祈來年於天宗，大割祠於公社及門閭，臘先祖
五祀。」《郊特牲》云：「黃衣黃冠而祭，息田夫也。野夫黃冠。黃冠，草服
也。」先儒謂此既蜡後，臘先祖五祀之祭也。對文蜡臘有別，總其義俱名蜡
也。陳祥道云：「先儒以《郊特牲》言『皮弁素服而祭』，又言『黃衣黃冠而
祭』，則二祭之服不同。《月令》言『祈來年於天宗，割祠於公社』，又言『臘
先祖五祀』，則祈臘之名不同，於是謂『皮弁素服而祭』與『祈來年於天宗』，
蜡也；『黃衣黃冠而祭』與『臘先祖五祀』，臘也。周蜡於十有二月，秦臘於孟
冬，皆建亥之月也。晉侯以十二月滅虢，遂襲虞。宮之奇曰『虞不臘』，則臘
在蜡月可知矣。」唐孔氏云：「《月令》臘在祈天宗之下，但不知臘與蜡祭相去
幾日。準隋禮及今禮，皆蜡之後日。」又，《周禮》「黨正」職云：「國索鬼神
而祭祀，則以禮屬民，而飲酒於序，以正齒位。」《注》謂「此大蜡之時，建
亥之月也。必正齒位者，為民三時務農，行闕於禮，至此農隙，而教之尊長養
老，見孝悌之道也」。按：《月令》於「臘先祖五祀」之下文曰「勞農以休息
之」，先儒謂此即黨正「屬民」、「飲酒」、「正齒位」，是也。《禮運》篇載「仲
尼與於蜡賓，事畢，出遊於觀之上」，是有主賓飲酒之禮。而《雜記》篇又載
「子貢觀蜡，曰：『一國之人皆若狂』」者，以蜡禮同鄉飲酒，其初立賓行禮，
至禮終，脫屨升堂而燕，行無算爵。然則初時正齒位，至其後則若狂也。鄭玄
《周禮注》云：「萬物助天成歲事，至此為其老而勞，乃祀而老〔註64〕息之，
於是國亦養老焉。」今按：此詩言「有實其積」，正孟冬謹蓋藏之時。而又言

〔註64〕「老」，四庫本作「休」。

「烝畀祖妣」，以是知其為臘祭先祖也。其曰「胡考之寧」，則所謂養老而正齒位者也。蠟而臘，臘而養老，至養老而蠟之事始畢。《周禮》：「蠟必吹豳頌。」若此詩非豳頌，則何所取之？故知為公劉時臘祭之詩，無疑也。又按：臘之義訓有二。徐鍇云：「臘，合也。合祭諸神也。」應劭亦云：「臘者，接也。新故交接，狎臘大祭以報功也。」愚謂此義得之。狎臘者，重接之貌。《西京賦》「披紅葩之狎臘」是也。乃先儒相傳，皆謂「臘者，獵也」，「謂以田獵所得禽祭也」〔註65〕。夫《郊特牲》篇有曰：「大羅氏，天子之掌鳥獸者也。諸侯貢屬焉。草笠而至，尊野服也。羅氏致鹿與女，而詔客告也，曰：『好田好女者亡其國。』」是則好田之戒正申飭於臘月來貢之時。而謂其獵禽以祭乎，必不然矣。或又疑《周禮》羅氏職有「蠟則作羅襦」之語，謂將以羅網圍取禽也。夫野虞教道田獵，實在仲冬，此時作羅襦，亦以備用也，即《周禮》「中冬狩田，獻禽享烝」，非臘月也。宜乎此詩之言「烝祖妣」、「洽百禮」，第舉酒醴而不及禽獸也。愚於《雅》之《甫田》、《大田》，《頌》之《豐年》、《良耜》、《載芟》與《風》之《七月》皆定為豳詩，雖以《周禮》為據，而其辭之相為出入亦確有可信者。《七月》曰「同彼婦子，饁彼南畝，田畯至喜」，而《甫田》、《大田》亦皆曰「以其婦子，饁彼南畝，田畯至喜」也；《七月》曰「嗟我婦子，曰為改歲，入此室處」，而《良耜》亦曰「以開百室，百室盈止，婦子寧止」也，《甫田》累言曾孫，以公劉為后稷之曾孫，而《大田》亦言曾孫也；《大田》言「以我覃耜，俶載南畝」，而《良耜》亦言「畟畟良耜，俶載南畝」，《載芟》亦言「有略其耜，俶載南畝」也；《七月》言「其始播百穀」，而《良耜》、《載芟》皆言「播厥百穀，實函斯活」也；《豐年》言「萬億及秭，為酒為醴。烝畀祖妣，以洽百禮」，而《載芟》於此四句全文皆同也。至於《甫田》曰「自古有年」，《良耜》曰「續古之人」，《載芟》曰「振古如茲」，所謂古皆指后稷而言，有惓惓率祖之思焉。《詩三百篇》未有辭意吻合之多若是者，斯亦可以見其制於一時，出於一手，而使朱子聞此，定當渙然冰釋，不復曰未知是否矣。

載芟載柞，叶陌韻，側格翻。**其耕澤澤**。陌韻。《爾雅》作「郝郝」。**千耦其耘**，陸德明、嚴粲本俱作「耘」。**徂隰徂畛**。**侯主侯伯**，陌韻。**侯亞侯旅，侯彊侯以**。紙韻。**有嗿其饁，思媚其婦，有依其士**。紙韻。**有略**《字書》作「畧」。**其耜**，紙韻。**俶載南畝**。叶紙韻，母鄙翻。○賦

〔註65〕《禮記·月令》「臘先祖五祀」鄭玄注。

也。「載」，鄭云：「始也。」當通作「才」。「芟」，《說文》云：「刈草也。」毛《傳》云：「除木曰柞。」孔穎達云：「《秋官》：『柞氏掌攻草木及林麓』，是『除木曰柞』也。」曹氏云：「除草木是初墾闢而為田者也。」季本云：「以『芟』、『柞』之語觀之，則似公劉始荒豳地之言也。」「澤」，通作「釋」，《說文》云：「解也。」郭璞云：「言土解也。」草木既去，則其土無復膠結凝滯，始解釋而可以耕，未謂其已耕也。」〔註66〕「耦」，解見《噫嘻》篇。「千耦」，不必有所指。嚴粲云：「耦以言並作，千以言其多。」孔云：「為耦者千，是二千人為千耦，與『十千維耦』異也。」「耘」，《說文》云：「除苗間穢也。」蔣悌生云：「去草皆可訓為耘，非必為去苗間草也。若以為去苗間草，則始耕之時，未曾播種，何從有苗？」曹氏云：「反土之後，草木根株有芟柞所不盡者，則復耘之，其多至於千耦也。」黃佐云：「此耘在未種前。『緜緜其麃』，則耘在既種後。」蓋耘有二等，其辨如此。「徂」，《說文》云：「往也。」「隰」，《說文》云：「阪下隰也。」朱子云：「為田之處也。」「畛」，《說文》云：「井田間陌也。」《周禮》：「十夫有溝，溝上有畛。」鄭云：「輩作者千耦，或往之隰，或往之畛。」嚴云：「言遍於原野，無曠土也。」「侯」，發語辭，如伊、維之類。後放此。「主」，毛云：「家長也。」孔云：「《坊記》曰：『家無二主』，主是一家之尊也。」「伯」，毛云：「長子也。」班固云：「子最長，迫近父也。適長稱伯，庶長稱孟。」「亞」，《爾雅》云：「次也。」李氏云：「伯之次也。」愚按：凡仲、叔、季皆是也。「旅」，《說文》云：「俱也。」「彊」，《說文》云：「弓有力也。」人之有力似之，故以為壯盛之稱。「以」，《說文》云：「用也。」《左傳》云：「能左右之曰以。」言一人為家之主，受田以耕，而其子之伯若亞皆與之俱為。其伯亞之中有彊壯多力者，則提挈而指麾之，俾之盡力於農畝也。按：《周禮》：「小司徒均土地以稽人民而周知其數。上地家七人，中地家六人，下地家五人。」《注》謂「一家男女七人以上則授之上地，所養者眾也；男女五人以下則授之下地，所養者寡也」。是則一夫之子，若伯若亞，自非本身受田之後，總仰給於彼父所受百畝之中。其旅俱耕作，有固然者。「嗿」，《說文》云：「聲也。」毛《傳》云：「眾貌。」蓋眾多之聲也。「饁」，《說文》云：「餉田也。」杜預云：「野饋也。」「媚」，《說文》云：「悅也。」「婦」，田夫之婦，來饋餉也。《左傳》「冀缺耨，其妻饁之」是也。「依」，《說文》云：「倚也。」親近之意，故鄭云：「依之言愛也。」「士」者，男子之稱。婦人亦

〔註66〕見季本《詩說解頤正釋》卷二十八《載芟》。

稱夫為士，《易》「老婦得其士夫」是也。「思媚其婦」與「思媚周姜」文法相似，當主婦言，言思媚悅乎田中之夫者，其婦也。「有依其士」與「有嗿其饁」、「有略其耜」語皆相類，當主士言，言有親近乎饋饁之婦者，其士也。陳際泰云：「農之為事苦矣。先王有道焉，使之而忘其勞。人情莫不樂其群，主、伯、亞、旅皆在焉，均勞，又聚語也。人情莫不樂所昵，婦女自饁，氣體為契，又相慰藉也。」〔註67〕嚴云：「夫耕婦饁，驩然相愛，見治世和樂之氣象焉。」季云：「一家親愛，同力一心，農夫之所以有年者，蓋本於此。」「有略其耜」，饁畢而後耕也，是主伯亞之事，與婦無涉。「略」，當依《字書》通作「畧」。《說文》云：「刀劍刃也。」《爾雅》云：「利也。」「耜」者，耒首，斲木為之。解見《七月》篇。曹氏云：「利則入土也深。」「俶」，《說文》云：「善也。」「載」，通作「縡」，《說文》云：「事也。」「南畝」，解見《七月》篇。言有銳利如刀劍刃之耜，以善其事於南畝也。○**播厥百穀**，屋韻。**實函斯活**。曷韻。亦叶屋韻，呼酷翻。又叶屑韻，胡決翻。**驛驛**《爾雅》作「繹繹」。**其達**，曷韻。亦叶屑韻，陀悅翻。**有厭其傑**。屑韻。**厭厭其苗**，蕭韻。**緜緜**《韓詩》作「民民」，云：「眾貌。」**其麃**。叶蕭韻，蒲嬌翻。《說文》作「穮」。**載穫濟濟**，叶薺韻。子禮翻。**有實其積，萬億及秭**。紙韻。亦叶薺韻，獎里翻。**為酒為醴**，薺韻。亦叶紙韻，力紙翻。**烝畀祖妣**，紙韻。**以洽百禮**。薺韻。亦叶紙韻，力紙翻。○賦也。「播」，《說文》云：「種也。」「百穀」，解見《七月》篇。曹氏云：「百穀之性，其寒暑、濕燥、高下、早晚各有所宜，而水旱豐凶不可預料，故悉種之，所以為備也。」「實」，鄭云：「種子也。」孔云：「此說初種，故知實為種子。」「函」，通作「含」。孔云：「函者，容藏之意，故轉為含，猶人口含之也活。」鄭云：「生也。」按：「活」者，水流聲。物之生意流動，亦謂之活。「實函斯活」者，孔云：「言種子內函生氣也。」「繹」，《說文》云：「置騎也。」曰「驛驛」者，象其出土之速，《孟子》所謂「速於置郵」也。或依《爾雅》，通作「繹繹」，為抽絲之義，言百穀次第而生，連續不斷也。亦通。「達」者，自此而忽適彼之名。故毛《傳》以為射也。鄭云：「出地也。」孔云：「苗生達也，則射而出。」「厭」，通作「猒」。《說文》云：「飽也。」朱子云：「受氣足也。」「傑」，《說文》云：「傲也。」按：才過人者謂之傑。故鄭亦以苗先長者為傑，言其異於眾苗也。孔云：「苗

〔註67〕陳際泰《五經讀·詩經·讀載芟良耜》。(《四庫全書存目叢書》經部第151冊，第407～408頁)

之傑者，亦是苗也，而與其苗異文。傑謂其中特美者，苗謂其餘齊等者，二者皆美茂，故俱稱厭。但以齊等苗多，重言厭厭耳。」黃佐云：「夫百穀之生，始焉固有受氣之足而先長者矣。及其既也，皆受氣之足而同一茂盛矣。何者而非厭厭之苗乎？」「緜」，《說文》云：「聯微也。」孫炎云：「『緜緜』，言詳密也。」「蔉」，通作「穮」。《說文》云：「耕禾閒也。」徐鍇云：「禾已長大，復鋤其閒草也。」萬時華云：「苗已同時皆長，故不可不耘。」嚴云：「芟、耘、蔉，皆除艸也。芟與柞並言，是新開為田，先除其地上之艸木也。既耕而言耘，是反土之後，除其土中之草木根株也。既苗而言蔉，是除其苗間之艸也。」王安石云：「耘以綿綿為善，恐傷苗也。」徐光啟云：「《莊子》：『滅裂而耘之，則亦滅裂而報余。』詳密正與滅裂相反。」「穫」，《說文》云：「刈穀也。」「濟」之為言齊也。朱子訓濟濟為人眾貌，蓋謂人眾而齊力也。「實」，嚴云：「穀實也。」按：上文「實函斯活」雖亦穀實，但彼乃種子，此則種子所生而成熟者，義自不同。「積」，《說文》云：「聚也。」據《公劉》篇以「積」與「倉」對言，朱子以為「露積」，是也。「萬億及秭」，解見《豐年》篇。當始穫之時，但見刈穀之人濟濟眾多，所有之穀實露積甚盛，其貯之於廩，則數或以萬計，或以億計，與前歲之陳穀因仍相及也。「穫」言在野，「積」言在場，「萬億及秭」言在廩，自有次第。「為酒為醴，烝畀祖妣」，解亦見《豐年》篇，惟「以洽百禮」義與彼不同。此特謂祭五祀及勞農養老等事也。○有**飶**陸德明本作「苾」。**其香**，陽韻。**邦家之光**。陽韻。**有椒**陸云：「沈本作『俶』，云作『椒』者誤。」**其馨**，青韻。**胡考之寧**。青韻。**匪且有且，匪今斯今，振古如茲**。三句無韻。○賦也。「飶」，《說文》云：「食之香也。」「香」，本作「𪏰」。《說文》云：「芳也。」徐云：「按：《尚書》：『稼穡作甘。』黍甘為香。會意。」曰「邦家之光」者，以大有之年行祭祀之禮。《左傳》所云「奉盛以告，謂三時不害，而民和年豐。奉酒醴以告，謂上下皆有嘉德而無違心」者，其邦家之光顯孰如之？若凶荒殺用，氣象荼然，何光之有？「椒」，本作「茮」，木名，解見《椒聊》、《東門之枌》篇。孔云：「椒是木名，非香氣也。但椒木氣香，作者以椒言香。」《詩故〔註68〕》云：「椒之氣烈，故古者謂椒酒，取其香且烈也。」史繩祖云：「杜〔註69〕牧之《阿房宮賦》，所用事不出於秦時，只『煙斜霧橫，焚椒蘭也』兩句，尤不可及。六經只以椒蘭為香，如

〔註68〕「故」，四庫本作「詁」。
〔註69〕「杜」，底本作「牡」，據四庫本改。

『有椒其馨』、『其臭如蘭』、『蘭有國香』是也。《楚辭》亦只以椒蘭為香，如『椒漿蘭膏』是也。沉檀、龍麝等字皆出於漢西京以後，詞人方引用。至唐人詩文則盛引沉檀、龍麝為香，而不及椒蘭矣。」曹氏云：「飶椒皆酒醴芬芳之氣。」「胡」，《說文》云：「生頷垂也。」毛云：「壽也。」《解頤新語》云：「老狼亦垂胡。今老者或有此狀，故詩人取之。」又，《士冠禮》祝云：「永享胡考。」《注》：「胡為遐。」蓋音相近。「考」，《說文》云：「老也。」毛云：「成也。」孔云：「老而有成德也。」「寧」，通作「寍」。《說文》云：「安也。」嚴云：「以養耆老，則老人之安寧也。」愚按：此即「屬民」、「飲酒」而「正齒位」之事。正齒位者，《鄉飲義》謂「六十者坐，五十者立侍。六十者三豆，七十者四豆，八十者五豆，九十者六豆」是也。詳見《小引》下。「匪」，通作「非」。「且」者，聊且之義。「今」，今日也。「匪且有且」，言非曰聊且為之而姑有如此聊且之事。「匪今斯今」，言非自今日偶一為之，而乃謂此特今日之事也。「振古」，謂振起於古昔之人，即后稷也。自我后稷以農事開國，而其垂教於稼穡、美報於蠟臘者已如此矣。我今日者，不過舉行故事，循而勿失云爾。曰「且」曰「今」，亦似初遷都時語。

　　《載芟》三章，二章章十二句，一章七句。舊作一章三十一句。○《序》及蔡邕《獨斷》皆以為「春籍田而祈社稷」之所歌也。今細玩詩辭，無耕籍之事，亦與祈社稷無涉。朱子云：「此詩未詳所用。然辭義與《豐年》相似，其用應亦不殊。」《申培說》祖之，遂云：「亦《豐年》之意。」彼但見「萬億」四語，二詩相類耳，而究竟其所用之地，莫能明也。劉公瑾疑為「秋成之祭〔註70〕，薦新於宗廟而歌」此，則亦依附於「烝畀祖妣」一語，較為近之。若胡一桂之論曰：「《載芟》、《良耜》二詩誠不見其所報之意，不過閔其耕種之勞，序其饋餉之情，論其禾黍茂盛收穫之富，或為酒醴以祀祖妣，或殺犉牡以續古人，此皆田家勤勞安逸之事，而非告神之樂歌也。」信若爾，則何以入此詩於頌乎？《子貢傳》闕文。

行葦

《行葦》，美公劉也。公劉有仁厚之德，行燕射之禮，以篤同姓，詩人美之。何以知其為公劉之詩也？一徵之《吳越春秋》，曰：「公劉慈仁，

〔註70〕「祭」，劉瑾《詩傳通釋》卷十九《載芟》作「際」。

行不履生草，運車以避葭葦。」再徵之《列女傳》：「晉弓工妻謁於平公，曰：
『君聞昔者公劉之行乎，羊牛踐葭葦，惻然為痛之。恩及草木，仁著於天下。』」
三徵之漢王符《潛夫論》，特引章首四句而釋之曰：「公劉厚德，恩及艸木。牛
羊六畜，且猶感德，消息於心」；又曰：「仁不忍踐履生草，則又況〔註71〕於
民萌而有不化者乎！」四徵之《後漢書》：「桓榮曰：『昔文王葬枯骨，公劉敦
行葦，世稱其仁。』」是何其說之鑿鑿也。彼去古未甚遠，夫有所受之也。故
漢章帝敕侍御史司空曰：「方春，所過無得有所殺。伐車可以引避，引避之；
駢馬可輟解，輟解之。《詩》云：『敦彼行〔註72〕葦，牛羊勿踐履。』禮，人
君伐一草木不時，謂之不孝。俗知順人，莫知順天，其明稱朕意。」亦用此
事，所謂「公劉有仁厚之德」者也。愚故以為公劉之詩焉。又按：公劉初遷
豳，而即於同姓異姓行燕飲之禮，所謂「食之飲之，君之宗之」是也。此詩之
作，其在遷都以後乎！鄒忠胤云：「《周禮・鍾師》：『《九夏》有《族夏》。』杜
子春謂族人侍，奏《族夏》。此倘是也耶？」

敦彼行葦，牛羊勿踐履。叶薺韻，盧啟翻。**方苞方體，**薺韻。**維葉泥
泥。**叶薺韻，乃禮翻。張楫作「苨苨」。《文選注》作「柅柅」。鄭本以章首至
此為第一章。**戚戚兄弟，**叶紙韻，蕩以翻。**莫遠具爾。**紙韻。豐氏本作「邇」。
毛本以章首至此為第一章。**或肆之筵，或授之几。**紙韻。鄭本以「戚戚」
至此為第二章。今從朱《傳》改正。○興也。「敦」，通作「惇」。《說文》云：
「厚也。」言族生厚盛也，與《豳詩》「有敦瓜苦」義同。「行」，毛《傳》云：
「道也。」「葦」，《說文》云：「大葭也。」詳見《蒹葭》篇。「勿」，通作「毋」，
禁止辭。「踐」，《說文》云：「蹋也。」《釋名》云：「殘也，使殘壞也。」「履」，
亦有踐之義。以愚臆之，蹋之重者名踐，蹋之輕者名履。郝敬云：「古路在井
間，旁近溝洫多生蘆葦，牛羊往來踐踏。」孔穎達云：「葦之初生，其名為葭，
稍大為蘆，長成乃名為葦。『八月萑葦』是也。此禁『牛羊勿踐』，則是春夏時
事，而言葦者，先王愛其為人用，人之所用在於成葦，故名之葦。」季本云：
「『牛羊勿踐履』者，喻兄弟相親而不可為賤物所傷也。」「方」，且也。「苞」，
以根之叢生而盤結言。「體」，錢氏云：「成莖也。」毛云：「葉初生泥泥。」嚴
粲云：「《蓼蕭》『零露泥泥』，為沾濡貌，則此言『泥泥』是潤澤之意。蓋泥泥
是濕也。」「戚」，本鈇類，當通作「慽」。趙頤光云：「戚溷慼慽之慽，因作休

〔註71〕「況」，底本作「兄」，據四庫本改。
〔註72〕「行」，底本作「伐」，據四庫本改。

慽，轉訓親屬。」「戚戚」，毛云：「內相親也。」孔穎達云：「親親起於心內，故言內相親。」「莫」，亦通作「毋」。錢天錫云：「興意重一『勿』字，設燕重一『莫』字，慇勤篤厚之意於此已藹然可掬，下皆本此意發出。」「具」，通作「俱」。《說文》云：「偕也。」「爾」，通作「邇」。《說文》云：「近也。」鄭云：「謂進之也。」孔云：「謂揖而進之，令自近也。」按：《儀禮·燕禮》云：「公降立於阼階之東南，南鄉爾卿，卿西面北上爾大夫，大夫皆少進。」所謂「爾卿」、「爾大夫」，即此所云「具爾」也。「具爾」正以行禮之初言。凡同姓之親皆揖而進之，將與之飲燕，以浹洽其情，欲使其不疏遠於我也。舊說謂「具爾」即申上「莫遠」之意，一反言，一正言耳，殊無味。呂祖謙云：「『敦彼行葦』，『方苞方體，維葉泥泥』，其可使牛羊踐履之乎？『戚戚兄弟』，其可疏遠而不親愛之乎？忠厚之意藹然，蓋見於言語之外矣。下章之燕樂，皆所以樂乎此也。毛氏以戚戚為內相親，惟體之深者為能識之。」真德秀云：「祖謙之說善矣。使人主能深體此章之指，則雖一草一木且不敢輕於摧折也，況骨肉之戚而縱尋害乎！」此詩二章以下皆言燕樂兄弟之事。然必有此心為之本，而後燕樂不為虛文。不然，非所知也。孔云：「禮有族食族燕，是燕族人為常。臣則有功乃燕，是燕臣為非常。」嚴云：「此詩以行葦興兄弟。『泥泥』、『戚戚』之辭，體察精微，懇款親切，惻然惟恐傷之。千載之下，猶能使人興起也。」愚按：時公劉遷國方新，同姓微弱，猶《緜》詩之詠瓜瓞者，故以「方苞方體，維葉泥泥」起興，正言其當勤於保護，急於培植耳。「肆」，陳也。「筵」，《說文》云：「竹席也。」引《周禮》「度堂以筵，筵一丈。」「授」，《說文》云：「予也。」「幾」，《說文》云：「踞幾也。象形。」徐鍇云：「人所憑坐也。」阮諶云：「幾長五尺，高廣二尺。」又，馬融云：「幾長三尺。」《禮圖》云：「幾兩端赤，中央黑。」陳祥道云：「席常設於賓未至之前，幾常授於行禮之際。其將援也必拂，其授之也必拜送，其受也必拜答。」愚按：或授或設，俱以執事之人言。卑幼者為設筵而已，尊長者則加之以幾。按：《儀禮》婚、聘、公食大夫，皆有幾；冠禮、醴賓、鄉飲、鄉射及燕賓，皆無幾。此亦燕禮而有授幾者，疑古禮與周異也。○**肆筵設席**，《楚辭章句》作「機」。**授几有緝御**。叶禓韻，五駕翻。毛本以上章「或肆」至此為第二章。**或獻或酢，洗爵奠斝**。叶禓韻，居訝翻。鄭氏以「肆筵」至此為第三章。**醓醢以薦，或燔或炙**。叶禓韻，之夜翻。亦叶藥韻，即墨翻。**嘉**董氏云：「舊書作『加』，定本作『嘉』。唐改從定本。」**殽**豐本作「肴」。**脾臄**，藥韻。陸德明本作「醆」。

或歌或咢。藥韻。《說文》作「㖾」。毛本以「或獻」至此為第三章。鄭本以「醓醢」至此為第四章。今從朱《傳》改正。○賦也。「設」,《說文》云:「施陳也。從言從殳。」徐云:「殳所以驅遣使人也。」「席」與「筵」雖非一物,而文可通稱。或謂重曰筵,單曰席。或謂在下鋪陳者曰筵,加之於上,為人所蹈藉者曰席。今按:《小雅》言「賓之初筵」,是舉筵以該席也。《周禮》司几筵序天子三重之席,有莞席,乃鋪陳之在下者,是即所謂筵也;其加於上者,有蒲席,有次席,則在上之重席耳。莞席以小蒲為之,蒲席以蒲蒻為之,次席以桃枝竹為之。禮:「天子、諸侯席有黼繢純。」故字從巾。巾即純也。純者,緣也。其上從庶省。席以待賓客之禮,賓客非一人,故從庶也。又,《曲禮》:「席間函丈。」孔《疏》云:「席制三尺三寸三分寸之一,遠近間三席是一丈。」鄭云:「緝猶續也。」「御」,侍也。孔云:「緝續者連續之,故緝猶續也。凡御者皆侍其側,故御為侍也。」愚按:「肆筵」、「授幾」蒙上文言,所以待同姓之兄弟。肆筵之外,又別有「設席」;「授幾」之外,又更有繼續而趨侍者,則主待異姓之賓言。舊說但以設席為重席。按:《儀禮‧燕禮》無加席,況上章但言兄弟,下章忽言賓賓,非兄弟也。《文王世子》有云:「公與族人燕,則異姓為賓,膳宰為主人,公與父兄齒。」然則此言「設席」、「緝御」,乃所以為後章序賓立案,無可疑矣。進酒於客曰獻,客報主人曰酢。「洗」,灑。「奠」,置也。「斝」,《說文》云:「玉爵也。」或說斝受六升。按:《明堂位》云:「爵,夏后氏以琖,商以斝,周以爵。」據此,則斝為商爵,然周亦用之。《春秋傳》有瓚斝。《郊特牲》云:「舉斝角,詔妥尸。」《禮運》云:「醆斝及尸君,非禮也,是謂僭君。」《周禮》「鬱人」職云:「大祭祀,與量人受舉斝之卒爵而飲之。」「量人」職云:「凡宰祭,與鬱人受斝歷而皆飲之。」此周人用斝之證也。琖、斝、爵,疑三代皆有之,特所貴重異耳。又灌尊,夏后氏以雞彝,商以斝,周以黃目,則尊亦有名斝者。然此詩所詠是爵,非尊也。孔云:「所洗所奠,猶一物也,而云『洗爵奠斝』。爵,酒器之大名,故《儀禮》飲觶者亦云卒爵,是爵為總稱。作者因洗奠之別,更變其文耳。」愚按:孔說依文作解,未足深信。考《燕禮》、《射禮》,無用斝者,疑當作斚。鄭玄《周禮注》讀斝為受福之嘏,謂聲之誤。是則斝有嘏音。嘏、觚聲近,因訛觚為嘏〔註73〕耳。《考工記》「梓人」云:「獻以爵而酬以觚,一獻而三酬,則一豆矣。食一豆肉,飲一豆酒,中人之食也。爵受一升,觚受三升,豆受四升。」「一獻三

〔註73〕「嘏」,四庫本作「斝」。

酬」者，言獻以一升之爵，酬以三升之觚也。合之則為四升，是謂一豆。此詩言「洗爵奠斝」，乃括乎首尾之辭。「洗爵」蒙上獻酢之文。主人洗爵酌酒以獻賓，賓既受卒爵，即洗主人所獻之爵以酢答主人。主人卒飲，又獻公。公酢亦如之。主人卒飲，乃更酌觚而自飲，以酬賓。賓受之奠而不舉，以俟旅酬。此所謂「奠斝」者也。《楚茨》言獻酬以該酢，此既言獻酢而兼言奠斝，乃正以表酬耳。「醢」，本作「盬」。《說文》云：「血醢也。」鄭云：「肉汁也。」賈公彥云：「醢者，以肉為之。醢汁即是肉汁。」醢，《說文》云：「肉醬也。」《釋名》云：「海也，冥也。封塗使密，冥乃成也。」孔云：「用肉為醢，特有多汁，故以醢為名。其無汁者，自以所用之肉魚雁之屬為之名也。」鄭云：「薦之禮，韭菹則醓醢也。」按：《周禮》：「朝事之豆，其實韭菹醓醢、昌本麋臡、菁菹鹿臡、茆菹麋臡。饋食之豆，其實葵菹蠃醢、脾析蠯醢、蜃蚳醢、豚拍魚醢。加豆之實，芹菹兔醢、深蒲醓醢、箈菹雁醢、筍菹魚醢。王舉，則共醢六十甕，以五齏七醢七菹三臡實之。賓客之禮，共醢五十甕。」鄭《注》：「謂凡菹醢，皆以味相成。臡亦醢也。有骨為臡，無骨為醢。作醢及臡者，必先膊乾其肉，乃後莝之，雜以粱麴及鹽，漬以美酒，塗置瓶中，百日則成矣。」又，《儀禮·聘禮》云：「堂上八豆，設於戶西，西陳，皆二以並，東上。韭菹，其南醓醢。屈。西夾六豆，設於西墉下，北上。韭菹，其東醓醢。屈。」《注》謂屈猶錯也，言交錯陳之也。《公食大夫禮》云：「宰夫自東房薦豆六，設於醬東，西上。韭菹，以東醓醢、昌本，昌本南麋臡，以西菁菹鹿臡。」據此，言諸醢者皆以醓醢為首。可知此舉醓醢，亦以該諸醢耳，定非止此一醢也。有醢必有菹，故鄭兼言韭菹也。薦音同進，因訓為進，以音通也。《列子》「王薦而問之」是也。鄭云：「燔用肉，炙用肝。」「嘉」，美也。「殽」，通作「肴」。《國語》：「周定王云：『王公立飫則有房烝，親戚宴饗則有殽烝。』」烝者，升也。切肉為殽，升俎謂之殽烝，即《左傳》所謂「宴有折俎」也。公侯來朝，王為設享，則有體薦。薦其半體，謂之房烝。又，《鄉飲酒記》云：「賓俎：脊、脅、肩、肺。」「脾」，《說文》云：「土藏也。」「臄」，本作「𧮫」《說文》云：「口上阿也。」按：服虔《通俗文》云：「口上為臄，口下為阿。」毛《傳》訓臄為函，殊混。嘉殽之外，有脾有臄，其所用何牲，未之詳也。以上「醓醢」三句即《燕禮》所載「薦脯醢」、「設折俎」、「羞庶羞」之事。醓醢，醢也。燔炙，脯也。嘉殽，折俎也。脾臄，庶羞也。「或歌或咢」，據旅酬之後以及樂射之時而言，包下章「敦弓」兩段事於內，見詩人錯綜變化處。「或歌」者，

按《儀禮‧燕禮》載旅酬之後,「小臣納工,以瑟授。工歌《鹿鳴》、《四牡》、《皇皇者華》。及笙入,奏《南陔》、《白華》、《華黍》。乃間歌《魚麗》,笙《由庚》;歌《南有嘉魚》,笙《崇丘》;歌《南山有臺》,笙《繇儀》。遂歌鄉樂,《周南》:《關雎》、《葛覃》、《卷耳》;《召南》:《鵲巢》、《采蘩》、《采蘋》。太師告樂正曰:『正歌備』」,即其事也。此詩若作於公劉時,則所歌必別有古詩。要之,周公制禮,監於二代,其儀節當不異耳。《爾雅》云:「徒擊鼓謂之咢。」按:《儀禮‧鄉射禮》第二番射,釋獲之後,司射請以樂樂賓,適階間,堂下北面命曰:「不鼓不釋。」於是樂正奏《騶虞》以射。鼓與歌相和,射與鼓相應。以八音之中,惟獨奏鼓,別無他音,如前瑟笙之類雜之,故謂之徒擊鼓。是則此詩所謂「或咢」者也。章末綴此一句,乃是為下章張本,與獻酬時無涉。讀者詳之。〇**敦**豐本作「雕」。後同。**弓既堅**,叶真韻,古因翻。**四鍭既鈞**。真韻。神廟諱。《列女傳》引詩無此句。**舍**上聲。**矢既均**,真韻。《列女傳》作「鈞」。**序賓以賢**。叶真韻,下鎮翻。毛以「敦弓」至此為第四章,鄭以為五章。**敦弓既句**,叶宥韻,居候翻。《說文》作「彀」。**既挾四鍭**。叶宥韻,胡茂翻。**四鍭如樹**,遇韻。亦叶麌韻,上主翻。**序賓以不侮**。麌韻。亦叶遇韻,亡遇翻。毛以「敦弓既句」至此為第五章,鄭以為第六章。今從朱《傳》改正。〇 賦也。按:《燕禮》,燕末「若射,則大射正為司射,如鄉射之禮」。此章即其事也。燕射與大射不同者,燕射主於飲酒,故於大夫士俱旅之後行之,取其足以勸酒合歡而已;大射主於射,故在未為大夫舉旅之前行之,則為將祭擇士故也。《賓之初筵》篇,大射也。何以知之?以「烝衎烈祖」之語知之。此詩,燕射也。何以知之?以發首即言「戚戚兄弟,莫遠具爾」,是其意專為藉燕樂以篤親,故知其非大射也。「敦」,通作「彄」。《說文》云:「畫弓也。」毛《傳》云:「天子敦弓,亦作彫弓。」《荀子》云:「天子彫弓,諸侯彤弓,大夫黑弓。」何休《公羊注》亦云:「天子彫弓,諸侯彤弓,大夫嬰弓,士盧弓。」今按:荀、何之說雖與毛《傳》合,但彤弓乃天子所用,無賓得並用之理。愚意敦、彫異文,此敦弓當如魯大弓,《公羊傳》以為「弓繡質」者是也。繡質,陳氏《禮書》謂「繡其弣也」。《考工記》:「畫繢之事,五采備謂之繡。」弣者,把中也。然則天子彫弓蓋竟弓體畫之,非天子之弓但繡畫其弣而已,亦謂之畫弓也。「堅」,《說文》云:「剛也。」按:《考工記》「弓人」言為弓之法,「橋幹欲孰於火而無贏,橋角欲孰於火而無燂,引筋欲盡而無傷其力,鬻膠欲孰而水火相得。然則居旱亦不動,居濕亦不動」,是

所謂「既堅」也。「鏃」，鏃矢也。《爾雅》云：「金鏃剪羽謂之鍭，骨鏃不剪羽謂之志。」顏師古云：「陶家名轉者為鈞。」蓋取調均之義。此「既鈞」，亦謂調。「均」，毛《傳》訓為參亭，是也。按：《考工記》：「矢人為鏃，矢參分，一在前，二在後。」《注》謂「參訂之而平者，前有鐵重也」。孔云：「鏃者，鐵鏃之矢名。輕重鈞亭，四矢皆然，故言『四鏃既鈞』。案：《周禮》『司弓矢』：『鏃矢殺矢用諸近射田獵，恒矢痺矢用諸散射。』鄭《注》：『散射謂禮樂之射。』此是禮射，而用鏃矢者，先王用先代法，不用周禮。」愚按：「既堅」、「既鈞」二語即《鄉射禮》「初納射器」之事。鄭云：「舍之言釋也。」孔云：「謂既射放矢也。」「均」，《說文》云：「平遍也。」鄉射之禮，初比三耦，但誘射，不釋算。至第二番射，乃比眾耦。於是三耦與眾耦俱射，始釋算，較勝負。據下文言「序賓以賢」，則此「舍矢既均」指三耦與眾耦俱射而言，乃第二番事。其第一番射不言者，以其事但止於誘射，故略之也。「序」，通作「敘」。《說文》云：「次第也。」「賓」，兼賓與眾賓而言。季云：「同宗無相為賓客之道，故為之立賓也。」《儀禮注》云：「賢猶勝也。」鄭云：「序賓以賢，謂以射中多少為次第」。按：《鄉射禮》：「釋獲者設中，受八算。射若中，每一個釋一算。上射於右，下射於左。若有餘算，則反委之。繼射釋獲，皆如初。卒射，視算，釋獲者於中西坐，先數右獲，二算為純，一算為奇。興，自前適左，東面坐。斂算如右獲，遂進取賢獲，告於賓。若右勝，則曰右賢於左。若左勝，則曰左賢於右。以純數告。若有奇者，亦曰奇。若左右鈞，則左右皆執一算以告，曰左右鈞。」此所謂「序賓以賢」者也。其事大約與大射禮同，詳見《賓之初筵》篇。「句」，本鉤曲之義。但周以句弓為弊弓。此「既句」當依舊說，通作「彀」。《說文》云：「引滿也。」此序賢飲觶之後，合三耦眾耦、勝與不勝者，皆再張弓以待第三番復射。上章「或罵」，正在此時。「既」者，已事之辭。《儀禮》云：「凡挾矢，於二指之間橫之。」鄭玄《注》云：「方持弦矢曰挾。」嚴云：「弦縱而矢橫為方。凡挾矢於二指之間橫之，謂左手執弓把，見矢鏃於把外，右手大指鉤弦，二指挾持其矢，故弦縱而矢橫，弦與矢作十字，故方也。凡兩物夾一物曰挾。此矢在弦之外，二指之內，故曰挾。」鄭云：「《射禮》：『搢三挾一。』今言已挾四鏃，則已遍釋之。」孔云：「搢也，插也。射用四矢，故插三於帶間，挾一以扣弦而射也。《射禮》：『每挾一個。』今言挾四鏃，故知已遍釋之也。」「樹」，植也。孔云：「四鏃皆中於質，如手就樹之然。」按：大射、燕射之禮，司射皆命曰不貫不釋。此「如樹」，即所

謂貫也。燕射用獸侯，大射用皮侯，俱以布為之。特有畫獸棲皮之異，而皆主於貫。先儒誤解「射不主皮」，謂但主於中而不主於貫革，此說非也。《鄉射禮》文云：「禮：射不主皮。主皮之射者，勝者又射，不勝者降。」此言禮射與主皮之射之異也。大射、賓射、燕射、鄉射皆禮射也。蒐狩獲禽，天子取三十焉，其餘以陳於澤宮，卿大夫相與張獸皮而射之，其射無侯，此主皮之射也。禮射前後有三番，雖此番不勝，仍待後番復升射，蓋以禮讓相先，不欲以不能愧人也。主皮之射，但主獸皮一時之中否。苟一射不勝，即不得復升射。其所尚者，但較勝負於力而已。此其所以異也。孔子曰：「射不主皮，為力不同科，古之道也。」言古禮有射不主皮之文者，為主皮之射乃尚力，與禮射尚禮，其科條自不同，於以見古人貴德賤力之意也。舊說皆不明，附記於此。「侮」，孔云：「慢也。」愚按：此第三番之射，或前已中而今復中，則易侮其不中者；或前不中而今獲中，則易侮其前中者。故設豐飲觶之禮。雖第二番已有之，而「序賓不侮」必於此言之也。按：《鄉射禮》：「視算告算之後，司射命弟子設豐。勝者之弟子洗觶，奠於豐上。勝者執張弓，不勝者執弛弓，進立於射位，耦揖。及階，勝者先升堂，少右；不勝者進，北面坐取豐上之觶，興，少退，立卒觶，進，坐奠於豐下，興，揖。不勝者先降，與升飲者相左，交於階前，相揖出。」此所謂「不侮」者也。呂祖謙云：「『舍矢既均』，泛言射者也，故繼之曰『序賓以賢』。『四鍭如樹』，專言勝者也，故繼之曰『序賓以不侮』。」子曰：「君子無所爭，必也射乎？揖讓而升，下而飲，其爭也君子。」○**曾孫維主**，麌韻。亦叶有韻，當口翻。**酒醴維醹**。麌韻。亦叶有韻，奴口翻。**酌以大斗**，有韻。亦叶麌韻，腫脡翻。陸本作「枓」。《石經》作「區」。**以祈黃耇**。有韻。亦叶麌韻，讀如古，果五翻。毛本以「曾孫」至此為第六章，鄭本作第七章。**黃耇台**《爾雅》作「鮐」。**背，以引以翼**。職韻。**壽考維祺，以介景福**。叶職韻，筆力翻。毛本以「黃耇」至此為第七章，鄭本作第八章。今從朱《傳》改正。○賦也。按：《儀禮》，燕射畢後，有賓降洗升媵觚於公之禮。及行無算爵之時，士執膳爵，酌以進公。此章所詠，即其事也。「曾孫」，指公劉也。按：《史記》：「后稷卒，子不窋立。不窋卒，子鞠立。鞠卒，子公劉立。」是公劉者，后稷之曾孫也，故爾雅若《甫田》、《大田》皆稱之為曾孫焉。又禮，凡主祭者，皆得稱曾孫。但此詩無言祭祀之事，其為以世次稱公劉，明矣。「主」之言君也。曾孫為一國之主，故曰「維主」，非主人之謂。主人乃膳宰為之，臣莫敢與君抗禮，何曾孫為主之有

乎？「酒」字從水從酉。酉，八月也。八月黍成，以水釀之為酒。「醴」，甜酒
也。解見《吉日》篇。「醹」，《說文》云：「酒厚也。」「酌」，《說文》云：「盛
酒行觴也。」「斗」，當依陸本通作「枓」。《說文》云：「勺也。」徐鍇云：「按：
《字書》，枓木有柄，所以斟水。」毛云：「大斗長三尺。」孔云：「長三尺，
謂其柄也。」漢禮器制度注『勺五升，徑六寸長三尺』是也。此蓋從大器挹之
於樽，用此勺耳。其在樽中，不當用如此之長勺也。」陳祥道云：「勺非斗也。
勺挹於尊彝而注諸爵瓚，斗挹於大器而注諸尊彝。」「以祈黃耇」以下，舉酒
而祝之如此。「祈」，猶祝也。「黃耇」，解見《南山有臺》篇。「台」，通作「鮐」。
《說文》云：「海魚名台背。」毛云：「大老也。」鄭云：「大老則背有鮐文。」
按：劉熙《釋名》云：「七十曰耄，頭髮白，耄耄然也。八十曰耋，耋，鐵也，
皮膚變黑色如鐵也。九十曰台背。」今言黃者，謂髮白復黃，則已過於耄。言
耇者，謂皮有班黑如凍梨色，則已過於耋然，不但黃耇而已。又且進而至於
台背，則老之極也。鄭云：「在前曰引，在旁曰翼。」《說文》云：「考，老。」
「祺」，吉也。「介」，鄭云：「助也。」「景福」，謂彰明可見之福。凡人老則志
昏氣衰，往往昧於所適，怠於所行，故願冥冥之中若或引之，謂引其志使不
昏也；若或翼之，謂翼其氣使不衰也。蓋不特享永年之壽，而且有惠迪之吉，
所謂助之以景福也。公劉既能篤同姓之愛，又能推之以及於異姓，極其恩義
於燕飲之際，故一時與燕者，咸相與祝願之如此。《左傳》云：「《雅》有《行
葦》，昭忠信也。」其亦為上下交相愛而言與？

《行葦》四章，章八句。朱子云：「毛七章，二章章六句，五章章四
句。鄭八章，章四句。毛首章以四句興二句，不成文理，二章又不疊韻。鄭首
章有起興而無所興。皆誤。今正之如此。」○《序》云：「《行葦》，忠厚也。
周家忠厚，仁及艸木，故能內睦九族，外尊事黃耇，養老乞言，以成其福祿
焉。」按：「養老乞言」無射禮，鄭玄引《鄉射禮》文「告於鄉先生、君子」
者當之，此乃鄉射次日勞司正之禮，賓不與，徵惟所欲，故有鄉先生、君子與
焉。燕射禮同鄉射，特謂射禮如之，非謂所行之禮皆如之也，可比而一之耶？
朱子詆《序》，謂「隨文生意，無復倫理」，是矣。然疑此詩為「祭畢而燕父兄
耆老之詩」，則又未免為末章「曾孫」二字所誤。燕毛之禮，在祭畢賓興之後，
如《楚茨》之燕不及異姓，而況篇中又有舍矢序賓之事，其非燕毛之禮甚明。
申培偽說剿襲朱《傳》，而《子貢傳》又並以為訓成王之詩，亦未有以見其誠
然。《序》較近古，但言周家而不斥言其世，豈亦知其為周先世之詩耶？

詩經世本古義卷之二

閩儒何楷玄子氏學

殷盤庚之世詩一篇

何氏小引

《長發》，大禘也。

長發

《長發》，大禘也。出《序》，及《子貢傳》、《申培說》俱同。**盤庚時之詩。**蘇轍云：「大禘之祭，所及者遠，故其詩歷言商之先後。又及其卿士伊尹，蓋與祭於禘者也。」今按：禘之名義有三。一曰時禘。《祭義》言：「春祭曰礿，夏祭曰禘，秋祭曰嘗，冬祭曰烝。」舊說以為此夏殷之禮也，故《王制》曰：「天子犆礿、祫禘、祫嘗、祫烝。諸侯礿，犆；禘，一犆一祫；嘗，祫；烝，祫。」其所謂禘，即夏禘也。及周祭改春曰祠，夏曰礿，惟烝嘗如舊，而以禘為殷祭，則時禘之名至周而廢。一曰吉禘。謂喪畢即吉，而致新死者之主於太廟，若《竹書》之「吉禘於先王」、《左·襄十六年》「晉人言寡君之未禘祀」是也。一曰大禘。《爾雅》以為大祭。《禮·大傳》篇謂「不王不禘，王者禘其祖之所自出，以其祖配之」，所謂「祖之所自出」者，如商周以稷契為始祖，而稷契之所自出則嚳也。鄭康成見《祭法》禘文皆在郊上，遂以大祭圜丘謂之禘。而不知《祭法》所以先禘於郊者，謂郊只及其始祖，而禘則上及其始祖之所自出，以其所祀之祖最遠故耳，於祀天無預也。及其解「祖之所自

-119-

出」，則謂王者之先祖皆感太微五帝之精以生，蒼則威靈仰，赤則赤熛怒，黃則含樞紐，白則白招拒，黑則汁光紀，皆用正歲之正月郊祭之。堯赤精，舜黃，禹白，湯黑，文王蒼，皆本於讖緯之說，尤為支離妖妄，先儒多攻之。自趙伯循及楊氏伸《大傳》之旨，而大禘之義始明。惟漢儒皆以大禘為合祭群廟，程子、胡致堂皆從其說，而趙、楊泥《大傳》中「以其祖配之」一語，謂禘祭推始祖之所自出，其配之者惟始祖一人而已。朱子亦以為然，故疑《長發》之詩廣及群廟，宜為祫祭之詩。今即據《大傳》本文觀之，其首曰：「禮，不王不禘，王者禘其祖之所自出，以其祖配之」，而即繼之曰：「諸侯及其太祖。大夫、士有大事，省於其君，干〔註1〕祫，及其高祖。」馬端臨謂：「玩其文意，亦似共只說一祭。天子則謂之禘，所謂『不王不禘』，而禘則及『其祖之所自出』，諸侯則不可以言禘，而所祭止太祖。大夫、士又不可以言祫，必有功勞，見知於君，許之祫則干〔註2〕祫可及高祖。蓋共是合祭祖宗，而以君臣之故，所及有遠近，故異其名也。」此可謂深得書意者矣。蓋禘之為言諦也，諦者，審也。所以取名為禘者，一則如宋神宗謂「審諦其祖之所自出。自秦、漢以來，譜牒不明，其禘禮固可廢」者是也；一則如許慎《說文》謂「審諦昭穆」，張純謂「諦諟昭穆尊卑之義」是也。然則夏祭之名禘者，以禘乃祫禘，為祫嘗、祫烝之始，有三昭三穆在焉。而吉禘之名禘者，亦為新入廟之主將以其班祔。二者之義，皆取辨其昭穆，斯則大禘之禮，祭其祖之所自出於始祖之廟，而七廟之主皆在，亦以明矣。可無疑於《長發》之為大禘矣。然則大禘配食，固兼及毀廟歟？曰：以《大傳》文觀之，則不及毀廟也。彼謂「諸侯及其太祖。大夫、士干〔註3〕祫及其高祖」，則是但據見在五廟三廟而言，以此例天子「禘其祖之所自出」，亦惟以見在七廟之主配耳，何得及毀廟乎？若夫合毀廟、未毀廟之主而皆祭於太廟，則謂之大祫，然大祫雖大，而不及於太祖之所自出，則其禮差小於大禘。大禘與郊並重，《國語》謂「禘郊之事，則有全烝」，又謂「禘郊不過繭栗」是也。大祫雖及於毀廟之主，而不過始於太祖，則其所始者亦與諸侯同而已。故曰禘大而祫小也。祫又有小祫，謂之

〔註1〕「干」，四庫本誤作「于」。按：《禮記·大傳》作「干」。鄭玄《注》：「干，猶空也。空祫，謂無廟祫，祭之於壇墠。」孔穎達《疏》：「干，空也。空祫，謂無廟也。」

〔註2〕「干」，四庫本誤作「于」。按：《文獻通考》卷一百一《宗廟考十一·祫禘》作「干」。

〔註3〕「干」，四庫本誤作「于」。

時祫。其所合祭者，惟及未毀廟之主，則時禘亦在其內，即《王制》所謂「祫禘、祫嘗、祫烝」是也。從來諸儒論禘祫者紛紛，愚推究其實，不過禘二祫二而已。大禘之禮重於大祫，追遠祖也。大祫之禮別於吉禘，隆合祀也。吉禘之禮廣於小祫，敘新主也。小祫之禮異於犆礿，嫌黷祭也。吉禘獨新主為然。小祫則每歲皆有。其大禘、大祫行禮之歲數，則經傳無文，惟《春秋·文二年》「大事於太廟」。《公羊傳》曰：「大事者何？大祫也。大祫者何？合祭也。其合祭奈何？毀廟之主，陳於太祖。未毀廟之主，皆升，合食於太祖，五年而再殷祭。」何休、張純、鄭玄皆謂「『五年而再殷祭』者，三年而祫，五年而禘也」。此蓋本緯書之說，所以取三年、五年者，謂三年一閏，天氣小備；五年再閏，天氣大備耳。而楊氏闢之，以為《公羊》所言「殷祭」指大祫也，五年再舉謂三年一祫，五年再祫也，於禘祭乎何與？今據《公羊》本文，則楊說為正。然則當以何時禘也？愚獨有取於劉歆之說也，謂：「禮，去事有殺，故《春秋外傳》曰：『日祭，月祀，時享，歲貢，終王。』祖禰則日祭，曾高則月祀，二祧則時享，壇墠則歲貢，大禘則終王。德盛而遊廣，親親之殺也；彌遠則彌尊，故禘為重矣。」歆所謂「大禘則終王」者，謂每一王終，新王即位，則行大禘之禮，蠻夷各以其珍貢來助祭也。如此則不失之忘，亦不失之黷。欲行大禘者，惟此為允矣。若大祫之月，崔靈恩謂祭以秋，張純謂祭以冬。愚未知孰是，乃純議大禘，以夏四月，陽氣在上，陰氣在下，為正尊卑之義，則愚亦有取焉。凡禮之行也，必追其本。禘，夏祭也。然則大禘之當用夏月，亦斷斷無疑也。蓋古禮之無徵久矣，雖孔子且苦文獻之不足，而吾烏從正之？要以殷實因夏，周實因殷，其大致所在，固有可類推而得者。又按：此詩末章舉及「阿衡」，正配享太廟之事，則固大禘之一證也。何以明之？《書·盤庚》篇告有位之辭云：「古我先王，暨乃祖乃父，胥及逸勤，茲予大享於先王，爾祖其從與享之。」孔安國謂「大享者，烝嘗也」，於禮無據。《周禮》「司尊彝」職云：「凡四時之間祀，追享、朝享。」先儒謂禘追祭其所自出，故為追享；祫，群主皆朝於太祖而合食，故為朝享。皆在四時之間，故曰間祀。此其說與盤庚之言「大享」者合。禘、祫皆以享名，而禘尤大於祫，故以大享名也。「享」，亦通作「饗」。《禮器》言：「大饗其王事與。」《樂記》言：「大饗之禮，尚玄酒而俎腥魚，大羹不和，有遺味者矣。」《大戴禮》亦云：「大饗，尚玄尊俎生魚，先大羹，貴飲食之本也。大饗，尚玄尊而用酒，食先黍稷而飯稻粱。祭，嚌大羹而飽乎庶羞，貴本而親用。貴本之謂文，親用之謂理，兩者合

而成文，以歸太一。夫是謂大隆。」蓋大禘追及遠祖，有冥漠之思焉，故其禮意與郊同如此。今盤庚言功臣配享，正在大享之時，則《序》以《長發》為大禘，信非妄矣。何休亦云：「禘所以異於祫者，功臣皆祭也。」是詩也，當作於盤庚之世。觀其以「茲予大享」為言，則知功臣配祭，其禮自盤庚始矣。先是《竹書》載沃丁八年祠保衡。如使早有配祭之禮，則亦安用專祀為哉？

濬哲陸德明本作「恐」。**維商，**陽韻。**長發其祥。**陽韻。洪豐氏本作「浲」。**水芒芒，**陽韻。豐本作「茫茫」。**禹敷下土方。**陽韻。**外大國是疆，**陽韻。**幅隕**華氏本、豐本俱作「員」**既長。**陽韻。**有娀方將，**叶陽韻，資良翻。**帝**《列女傳》無「帝」字。**立子生商。**見前。○賦也。「濬」，本深通川之義。《爾雅》以為幽深也。「哲」，《說文》云：「知也。」「濬哲維商」，贊商家能推其祖之所自出，以制大禘之禮也。《樂記》曰：「作者之謂聖，述者之謂明。」孔子曰：「明乎郊社之禮，禘嘗之義，治國其如示諸掌乎？」即此詩讚「濬哲」之意。《論語》云：「或問禘之說。子曰：『不知也。知其說者之於天下也，其如示諸斯乎？』指其掌。」朱子云：「禘之意最深長。如祖考與自家身未相遼絕，祭祀之理亦自易理會。即如郊天祀地，猶有天地之顯然者，不敢不盡其心。至祭其始祖，已自大段闊遠，難盡其感格之道。今又推其始祖之所自出而祀之，苟非察理之精微、誠意之極至，安能與於此哉？故知此則治天下不難也。」愚按：諸侯不得祖天子，大夫不得祖諸侯，分有所限也。稷、契皆旁支，宜不得祖帝嚳。然其子孫既有天下而為天子矣，彼為嚳嫡傳而主嚳祀者，則皆其臣也。即越常格以祭之，其誰曰不宜？故《大傳》曰：「禮，不王不禘」，而孔子謂知禘說則明於天下，皆謂惟天子始足以為此，非諸侯大夫所可例也。推此意也，人所生有本焉，有本之本焉，極其本之本而不以本支之分為限，則人物可以同原而至於天矣，故大禘之禮與郊同意者也。烝皆以全牲，皆以繭栗，則以所自出之帝尊而且遠，故亦以天道事之也。雖然，周人立廟，惟及姜嫄，不敢及嚳，僅於大禘一祀之而已。聖人制禮之嚴固如此。「長發其祥」，溯開商興王之祥，繇於帝嚳也。「祥」者，吉之先見者也。商家之發見其禎祥者已久，實自帝嚳之世矣。微帝嚳，則契安從生？故今日於大禘祀之也。「洪水」，《孟子》、《說文》皆以為浲水也。浲者水，不遵道也。「芒」，通作「荒」。《說文》以草淹地為荒，故借為水淹地之義。「敷」，《說文》云：「布也。」猶分也。《書》曰：「禹敷土。」蔡沈謂「分別土地，以為九州」，是也。「方」，四方也。《尚書序》曰：「帝釐下土方。」《楚辭·天問》

曰：「禹之力獻功，降省下土方。」語法同此。毛《傳》云：「諸夏為外。」孔
穎達云：「對京師為內也。」「疆」，《說文》云：「界也。」當洚水淹地芒芒之
時，下土之方幾莫得而辨，禹治水之後，乃始分別土地，定其方域，自京師之
外，凡可以建為大國者則從而區畫其疆界，以待新封之用。此大禹弼成五服，
至於五千之事。言此所以為封契發端也。今按：《禹貢》紀錫土正在治水成功
之後。「幅」，《說文》云：「布帛廣也。」「隕」，通作「圓」。《說文》云：「圓
全也。」統計舜時五服之廣，如布帛之幅然，四面圓全而無欠缺，又長遠而無
涯際也。「有娀」，契母家所封國也。契母為嚳次妃。《史記》言「桀敗於有娀
之墟」。《國名記》謂其地在陝虢間。蓋湯先敗桀師於此也。「將」，通作「壯」。
《說文》云：「大也。」有娀以契之故，當時方且昌大其國也。「帝」者，天之
主宰。篇中三舉「帝」，皆指天言。「子」，謂有娀氏之女子，即契母也。「子
生」二字連讀，不與下「商」字相連，謂其女子之所生者正指契也。金履祥
云：「生猶甥也。謂帝立有娀氏女，所生者為商也。」《史記》云：「契長而佐
禹治水有功，帝舜乃命契為司徒，封於商，賜姓子氏。」愚按：契之封商，雖
帝舜命之，而皆本於天意。以契能敬敷五教，有可封之功，故歸之於帝立焉。
此章言商之受命基於契，而契則帝嚳之所生，所以著禘祭之緣也。○**玄王桓
撥**，曷韻。亦叶屑韻，筆別翻。《韓詩》作「發」。**受小國是達**，曷韻。亦
叶屑韻，陀悅翻。**受大國是達**。同上。**率**《漢書》作「帥」。**履**《外傳》、
《說苑》、《漢書》俱作「禮」。**不越**，月韻。亦叶曷韻，戶括翻。**遂視**豐本
作「眎」。**既發**。月韻。亦叶曷韻，北末翻。**相**去聲。**土烈烈**，屑韻。**海
外有截**。屑韻。豐本此下又有一章，云：「冥勤於官，水國載安。有易凶頑，
僕牛是殘〔註4〕。帝命式甄，上甲桓桓，孝思孔宣。」注引《路史》，謂僕牛
者，河伯名也。蓋因《禮記》有「冥勤其官」，《國語》有「報上甲微」之文詩，
不應捨此二君而不之及，故依附而益之。○賦也。「玄王」，毛《傳》云：「契
也。」按：玄者，幽遠之義。稱契為玄王，亦猶曾孫之下為玄孫，蓋以其為遠
祖而名之。或謂其生因玄鳥降得名，而鄭又謂「黑帝所感生，故以玄稱」，皆
不可信。孔云：「《國語》曰：『玄王勤商，十四世而興。』玄王為契明矣。又
云：『昔我先王后稷』、『我先王不窋』，韋昭謂：『周之禘祫文、武，不先不窋，
故通謂之王。《商頌》亦以契為玄王。』是其為王之祖，故呼王，非追號為王

〔註4〕「殘」，四庫本作「踐」。按：豐坊《魯詩世學》卷三十一《長發》作「殘」。
（《四庫全書存目叢書》經部第61冊，第186頁。）

也。」「桓」，通作「和」。酈道元讀《尚書》「桓夷底績」，「桓」作「和」。《漢書注》云：「陳、宋之間言桓聲如和。今猶謂桓表為和表。」「撥」，《說文》云：「治也。」錢天錫云：「當時混沌之竅未鑿，而顓蒙之性亦未開，非撥之不可。撥昏而使之明，撥亂而使之治，皆撥也。」愚按：「桓撥」謂和以撥之，即舜所云「敷教在寬」也。《孟子》載放勳命契之辭，曰：「勞之來之，匡之直之，輔之翼之，使自得之，又從而振德之。」此可謂之桓撥矣。「受小國是達，受大國是達」者，鄭玄云：「始堯封之商為小國。舜之末年，乃益其土地為大國，言能達其教令。」孔云：「《中候握河紀》說堯云：『封稷、契、皋陶，賜姓號。』是堯封之也。《考河命》說舜之事云：『褒賜群臣，賞爵有功，稷、契、皋陶、益土地。』是舜益地為大國也。」陸化熙云：「達即百姓親、五品遜、教化無所〔註5〕窒礙之意。」「率」，通作「衛」，循也。「履」，《說文》云：「足所依也。」「越」，《說文》云：「度也。」猶言踰也。契能以身教，故其國中之民皆衛循契身之所踐履，如親義序別信之類，無踰越者。「視」，《說文》云：「瞻也。」「發」者，奮起之意。金履祥云：「『遂視既發』，其觀瞻之者皆感發也。」愚按：此汎指天下人而言，不在契本國之內者。曰遂曰既，皆速化之辭。「相土」，契之孫，昭明之子。鄭玄謂「相土承契之業，入為王官之伯，出長諸侯」。王肅謂「相土在夏為司馬之職，掌征伐」。要皆以詩辭想像之，殊無明據。《竹書》載「帝相十五年，商侯相土作乘馬，遂遷於商丘」，與《左傳》言「陶唐氏火正閼伯居商丘，相土因之」者合。其曰「作乘馬」，則此詩所詠也。乘馬即甸賦也。班固《漢志》謂「殷周以兵定天下，立司馬之官，設六軍之眾，因井田而制軍賦。四井為邑，四邑為丘。丘，十六井也，有戎馬一匹、牛三頭。四丘為甸。甸，六十四井也，有戎馬四匹、兵車一乘、牛十二頭，甲士三人，卒七十二人。干戈備具，是為乘馬之法」。今據《竹書》所載，則乘馬之法，夏后之世相土固先為之矣。「烈」，《說文》云：「火猛也。」「烈烈」，狀其威也。海外之與海內，華夷之界也。「截」，《說文》云：「斷也。」乘馬之法行，則兵威大振，方行天下，至於海表，罔有不服。彼海外蠻夷之國，截然守其界限，毋敢窺伺內地，實偪處此者，故曰「有截」也。劉敞云：「夷狄於中國無事焉，其於天子世一見，則諸侯雖善其交際，不得而通也。是以《春秋》亦不與其朝。不與其朝者，懲淫慝，一內外也。周公致太平，越裳氏重九譯而獻其白雉。公曰：『君子德不及焉，不享其贄。』」愚按：觀此可

〔註5〕「所」，四庫本無。

以得「海外有截」之義。契始封商，至相土遷於閼伯之墟，以主大火。厥後，湯以亳興。其地即在商丘東南，是開商基者契，而開興王之基者相土，故商人祀契為始祖，而其次即祀相土為不遷之宗焉。○**帝命不違，至於湯齊**。韻。《韓詩外傳》作「躋」。**湯降不遲，聖敬日躋**。齊韻。《禮記》作「齊」。**昭假**豐本作「格」。**遲遲**，支韻。**上帝是祗**。支韻。**帝命式於九圍**。叶支韻，盈之翻。○賦也。此下四章皆述成湯之事。「帝命不違」，言契與相土能順承天之命令，不敢違背，凡其兢業小心，盡職於侯國者皆是也。「齊」，等也。按：《說文》訓齊為「禾麥吐穗上平也」，故有平等之義。至於「湯齊」者，言湯之不違帝命，亦能與契、相土等埒也。《韓詩外傳》云：「孔子曰：『先聖後聖，其揆一也。』」因引此詩。又云：「聖人以己度人者也，以心度心，以情度情，以類度類，古今一也。類不悖，雖久同理，故性緣理而不迷也。《詩》曰：『帝命不違，至於湯齊。』言古今一也。」「降」，《說文》云：「下也。」「不遲」，毛云：「言疾也。」愚按：「湯降不遲」即《書》所謂「疾敬德」也。此但以敬畏天命言。《晉語》，宋公孫固欲襄公禮晉公子重耳，而引此詩，謂「湯降不遲」者，降有禮之謂，特斷章取義耳。「聖」者，造極之名。輔廣云：「『聖敬』云者，言湯之敬乃聖人之敬也，無一毫虧缺，無一息間斷。」朱子云：「湯工夫全在敬字上看來，大段是一個修飭底人。」「躋」，《爾雅》、《公羊傳》皆以為升也。「日躋」者，《文選注》云：「言湯聖敬之道上聞於天也。」愚按：躋而曰日，有至誠無息之意。《韓詩外傳》云：「孔子曰：『德行寬裕者，守之以恭。土地廣大者，守之以儉。祿位尊盛者，守之以卑。人眾兵強者，守之以畏。聰明睿知者，守之以愚。博聞強記者，守之以淺。夫是之謂抑而損之。《詩》曰：湯降不遲，聖敬日躋。』」又云：「周公曰：『《易》有一道，大足以守天下，中足以守其國家，近足以守其身，謙之謂也。夫『天道虧盈而益謙，地道變盈而流謙，鬼神害盈而福謙，人道惡盈而好謙』，是以衣成則必缺衽，宮成則必缺隅，屋成則必加拙，示不成者，天道然也。《易》曰：謙亨，君子有終吉。《詩》曰：湯降不遲，聖敬日躋。』」「昭」，明也。「假」，通作「徦」，至也。「昭假」者，明其敬之所至，欲使天知之也。「遲遲」，不屑屑繫念也。「祗」，敬。「式」，法也。俱見《說文》。「九圍」，毛云：「九州也。」孔云：「九分天下，各為九處，若規圍然，故謂之九圍也。」嚴粲云：「敬為聖人之敬，言至誠也。日躋，言至誠無息也。其昭假於天，遲遲甚緩，言湯無心於得，天付之悠悠也。湯無所覬倖，故惟上帝是敬，其誠專一，然天自命之以為法於天下也。」

錢云：「式九圍，有表正萬邦之意，未便是為天子。」下二章正「式於九圍」之事。《禮·孔子閒居》篇：「子夏曰：『三王之德參於天地，敢問何如斯可謂參天地矣？』孔子曰：『奉三無私，以勞天下。天無私覆，地無私載，日月無私燭，此之謂三無私。其在詩曰：帝命不違，至於湯齊。湯降不遲，聖敬日齊。昭假遲遲，上帝是祗，帝命式於九圍。是湯之德也。』」引《詩》之意，但取成湯能敬天命。蓋能敬天命，則自能奉三無私矣。○**受小球大球**，尤韻。**為下國綴**《齊》、《魯》、《韓詩》、《禮記注》俱作「畷」。**旒**，尤韻。《齊》、《魯》、《韓詩》、《禮記注》俱作「郵」。**何豐本作「荷」。後同。天之休。**尤韻。**不競不絿**，尤韻。**不剛不柔。**尤韻。**敷**《左傳》、《後漢書》俱作「布」。**政優優**，尤韻。《說文》作「憂憂」。**百祿是遒。**尤韻。《說文》作「摯」。○賦也。「球」，孔安國云：「玉名。」《禹貢》：「雍州厥貢球琳。」《虞書》曰：「戛擊鳴球。」球者，玉磬之名。而《禮·玉藻》篇云：「笏，天子以球玉。」則球可以為磬，亦可為笏。《說文》專以玉磬解球，誤矣。「小球大球」，朱子、金氏皆謂「小國大國所贄之玉也」。按：《聘義》云：「天子制諸侯，比年小聘，三年大聘，相厲以禮。此天子之所以養諸侯，兵不用而諸侯自為正之具也。以圭璋聘，重禮也。已聘而還圭璋，此輕財而重禮之義也。」《周禮》：「小行人合六幣：圭以馬，璋以皮，璧以帛，琮以錦，琥以繡，璜以黼。此六物者，以和諸侯之好故。」夏殷之世，聘禮所用。經無明文。據此，言受球則亦圭、璋、璧、琮、琥、璜之類矣。《左傳》：「孟獻子曰：『小國之免於大國也，聘而獻物，於是有庭實旅百。』」事亦同此。劉向《新序》載：「湯出田，見人張網四面，而祝之曰：『從天墜者，從地出者，從四方來者，皆罹吾網。』湯曰：『嘻！盡之矣。』乃解其三面，止置一面。改祝曰：『欲左者左，欲右者右，欲高者高，欲下者下。不用命者，乃入吾網。』漢南諸侯聞之，曰：『湯德至矣，及禽獸。』歸之者四十餘國。」《竹書》亦載夏桀二十三年釋商侯，履於夏臺，諸侯遂賓於商。此詩言受球、受共，大抵皆此後事也。「下國」，鄭云：「諸侯也。」「綴」，《說文》云：「合箸也。」鄭云：「猶結也。」孔云：「《內則》言『衣裳綻裂，紉箴請補綴』，是綴為連結之義也。」「旒」，毛云：「章也。」按：《說文》無「旒」字，本作「瑬」，云：「垂玉也，冕飾。」《周禮》「弁師」職云：「王冕，五彩繅十有二就，皆五彩玉十有二。」徐鍇云：「瑬之言流也，自上而下，動則逶迤若流水也。」陳氏云：「或謂之繁露，其勢〔註6〕然也。」若旌旗之流，

〔註6〕「勢」，陳祥道《禮書》卷四作「象」。

則名為遊，其後字改作旒，而以為冕之所垂及旌旗之飾之通稱，故《秋官・大行人》及《考工記》說旌旗之事，皆云九旒七旒，《爾雅》說旌旗之練旒九。鄭箋解此詩，亦以旒為旌旗之垂者也。夫以旒從㐱，則是旌旗之屬，固不可通於冕飾。然㐱下施充，殆不成字，故知非古文也。毛《傳》解旒為章，與《說文》合，當從之。襄十六年《公羊》曰：「君若贅旒然」，言諸侯反繫屬於大夫也。此言「綴旒」，與彼意相似，而詞有正反之異。湯為冕，下國諸侯為綴綴之，取其相繫屬之義也。又《荀子》云：「奪然後義，殺然後仁，上下易位然後貞，功參天地，澤被生民，夫是之謂權險之平，湯武是也。《傳》曰：『斬而齊，枉而順，不同而一。』《詩》曰：『受小球大球，為下國綴旒。』此之謂也。」按：《荀子》引《詩》之意，政從伐桀後贊之，非本義也。又按：《禮》八蠟之一曰郵表畷，鄭注《禮記》，引此《詩》作為下國畷郵，以古者井畔相連處謂之畷郵，若郵亭乃田畯處。此以督約百姓者，成湯施布仁政，為下國諸侯所會集，亦如畷郵然。其義似有據。疑古文或如此。並存之。「何」，《說文》云：「儋也」，猶言承任也。「休」，鄭云：「美也。」言承任天之嘉美於我，故為眾諸侯所歸鄉也。「競」，《說文》云：「彊語也。」一曰逐也。鄭亦云：「不逐者，不與人爭前後也。」「絿」，《說文》、毛《傳》皆云：「急也。」「不兢不絿」，以交鄰國言。今即湯事葛一節觀之，以大事小，是不競也；葛伯放而不祀，湯使遺之牛羊，又使亳眾往為之耕，是不絿也。「不剛不柔」二句，以布政於本國言。剛則易失之猛，柔則易失之縱。不剛不柔，寬嚴相濟，仁義不偏，以此布政，則可謂至和矣。「優」，通作「憂」。按：《說文》惡、憂、優三字義各不同。惡，從心從頁，愁也。心惡則形於顏面，故從心又從頁。頁者，首也。憂，從惡從夊，行之和也。人有惡，行國則可以解之，故從惡，又從夊，夊所以行也。優，從人定意，從憂得聲，其義則饒裕也。後人混惡愁之惡作憂，變憂和之憂作優，又通作優饒之優，皆失本義。又朱《傳》解此「優優」如字，以為「寬裕之意」。亦通。但據《左傳》孔子引此詩有「政是以和」之言，故宜通作「優」耳。「百祿」，猶云多福。「遒」，《說文》云：「迫也。」言多福來迫近之，如富貴逼人之意。毛《傳》訓遒為聚，則當通作「揫」，其義則收束也。承上文言湯所以何天之休而受小大聘問之贄者，何修得此哉？湯之待小大諸侯，未嘗競而欲駕其上也，未嘗絿而急須其來也。其日所布政於本國者，不一於剛，不一於柔，迭運並行，而有優優和調之美，故天下諸侯聞風心服，而自不能已，於玉帛之將直以綴旒奉之，所謂「百祿是

道」者，此也。伊尹告太甲曰：「先王子惠困窮，民服厥命，罔有不悅，並其有邦厥鄰，乃曰徯我後，後來無罰。」當日諸侯咸賓於商，其故實繇於此。《左・成二年》：「齊國佐對晉人曰：『四王之王也，樹德而濟同欲焉。五伯之霸也，勤而撫之，以役王命。今吾子求合諸侯，以逞無疆之欲。《詩》曰：『布政優優，百祿是遒。』子實不優，而棄百祿，諸侯何害焉？』」《韓詩外傳》云：「王者之等賦正事，田野什一，關市譏而不徵，山林澤梁以時入而不禁，相地而正壤，理道而致貢，萬物群來，無有流滯，以相通移，近者不隱其能，遠者不疾其勞，雖幽閒僻陋之國，莫不趨使而安樂之，夫是之謂王者之等賦正事。」皆可與此詩互看。又《左傳》載仲尼曰：「政寬則民慢，慢則糾之以猛。猛則民殘，殘則施之以寬。寬以濟猛，猛以濟寬，政是以和。《詩》曰：『不競不絿，不剛不柔。布政優優，百祿是遒。』和之至也。」《韓詩外傳》亦云：「《詩》曰：『不競不絿，不剛不柔。』中庸和通之謂也。」又云：「言當之為貴也。」又云：「聖人養一性而御大氣，持一命而節滋味，奄治天下，不遺其小，存其精神，以補其中，謂之志。《詩》曰：『不競不絿，不剛不柔。』言得中也。」皆見競絿、剛柔二句文法相類，故並引之，不必與詩旨合也。○**受小共**豐本作「貢」。下同。**大共**，叶冬韻，居容翻。亦叶腫韻，居勇翻。**為下國駿**《大戴禮》作「恂」。**厖**，叶董韻，莫孔翻。《齊詩》、豐本俱作「駹」。《荀子》、《大戴禮》俱作「蒙」。**何天之龍**。冬韻。亦叶腫韻，醜勇翻。《大戴禮》、豐本俱作「寵」。**敷**《大戴禮》、陸德明本俱作「傅」。**奏其勇**，腫韻。**不震不動**，董韻。**不戁不竦**，腫韻。**百祿是總**。董韻。陸本作「㮇」。豐本作「緫」。按：此章以董、腫﹝註7﹞二韻互叶，蓋音相近。○賦也。上章言諸侯通聘問，此章言諸侯從征伐，皆所謂「帝命式於九圍」者也。《史記》云：「湯征諸侯曰：『汝不能敬命，予大罰殛之，無有攸赦。』」《孟子》云：「湯十一徵而無敵於天下。」孔安國云：「湯為夏方伯，得專征伐。」「共」，通作「供」。《說文》云：「設也。」謂陳設以給用也。《左傳》：「君謂許不供。」義正同此。「受小共大共」者，湯將征伐四方，受小大諸侯供給，如卒乘、器具、糗糒、芻秣之類也。以下文「敷奏」等語推之可見。「駿」，通作「峻」。《說文》云：「高也。」「厖」，《說文》云：「石大貌。」「為下國駿厖」者，下國諸侯恃湯以安，如倚賴於磐石然也。《齊詩》以「駿厖」作「駿駹」，謂馬也。然馬豈所以比先祖？亦不倫甚矣。陶逸則云：「古人取喻恰當。上言政事，文也，

﹝註7﹞「董腫」，四庫本作「腫董」。

故以綴旒喻。下言武功，武也，故以駿厖喻。」又《荀子》云：「從人之欲，則勢不能容，物不能贍也。故先王為之制禮義以分之，使有貴賤之等、長幼之差，知賢愚能不能之分，皆使人載其事而各得其宜。故仁人在上則農以力盡田，賈以察盡財，百工以察盡器械，士大夫以上至於公侯莫不以仁厚知能盡官職。夫是之謂至平。故或祿天下而不自以為多，或監門御旅抱關擊柝而不自以為寡。故曰斬而齊，枉而順，不同而一。夫是之謂人倫。《詩》曰：『受小共大共，為下國駿蒙。』此之謂也。」引《詩》之意，謂下之奉上，名分當然，於《詩》指亦近。但以「駿厖」作「駿蒙」，則殊不可解。「龍」，通作「寵」。《說文》云：「尊居也。」因以為寵異之義。言承任天之寵異乎我，故小大諸侯皆奔命恐後如此也。郝敬云：「人心所屬即是天休，人心所奉即是天寵。」「敷奏」與「敷政」之「敷」義同。「奏」，《說文》云：「進也。」「敷奏其勇」者，布散而日進其勇，言其武功之廣也。《大戴禮》云：「孔子曰：『不畏彊御，不侮矜寡，是仲由之行也。《詩》云：受小共大共，為下國恂蒙。何天之龍，傅奏其勇。夫強乎武哉！文不勝其質。』」「震」，如《易》「震不於其躬，於其鄰」之「震」。「動」，《說文》云：「作也。」「不震不動」者，言師出於不得已，非人心憂懼之深，國勢搖動之極，則兵不輕動也。「戁」、「竦」，據《說文》皆訓敬，於義難通。「戁」，當通作「赧」，面慚而赤也。《爾雅疏》謂「面慚曰戁」是也。「竦」，當通作「悚」，《說文》云：「懼也。」「總」，《說文》云：「聚束也。」成湯師出有名，故無愧怍，亦無恐懼，於是小大諸侯皆倚之以為安，各出所有以供其用，而為百祿之所總聚也。《書·仲虺之誥》曰：「初征自葛，東征西夷怨，南征北狄怨，曰：『奚獨後予？』攸徂之民，室家是慶，曰：『徯予後？後來其蘇。』」湯之行師如是，亦何戁懼之有？「百祿是遒」與「何天之休」應，「百祿是總」與「何天之龍」應，「天休」、「天龍」與第三章「帝命」應。○**武王載斾**，叶曷韻，蒲撥翻。《韓詩外傳》、《荀子》俱作「發」。《說文》作「坺」。**有虔秉鉞。如火烈烈**，屑韻。**則莫我敢曷**。韻。亦叶屑韻，阿竭翻。《漢書》、豐本俱作「遏」。**苞**《漢書注》作「包」。**有三蘖**，屑韻。亦叶曷韻，牙葛翻。《漢書注》作「蘗」。**莫遂莫達**。曷韻。亦叶屑韻，陀悅翻。**九有九截**，屑韻。**韋顧**《漢書》作「鼓」。**既伐**，月韻。亦叶屑韻，讀如穴，胡決翻。**昆吾夏桀**。屑韻。亦叶月韻，居竭翻。○賦也。此章述成湯伐桀之事，蓋至是始為天子也。武王，湯也，解見《玄鳥》篇。「斾」，《說文》云：「繼旐之旗，沛然而垂。」解見《出車》篇。所謂「繼旐末為燕

尾」者也。「載旆」者，載之於車上也。《禮》曰：「德車結旌，武車綏旌。」綏謂垂舒之也。垂旌所以為戰。昔晉治兵，建而不旆。已而旆之，諸侯畏之。此詩言湯之載旆，尚未及戰也，第載之於車，以待將戰而建耳。「虔」，《說文》云：「虎行貌。」或以為敬也。徐鍇云：「虎之行，兢兢然有威，故謂敬為虔。」「秉」，持也。「鉞」，本作「戉」，《說文》云：「大斧也。」《周禮注》云：「秉鉞所以為將威也。」「有虔秉鉞」，朱子云：「言恭行天罰也。」顏師古云：「湯雖秉鉞，以敬為先。」輔廣云：「載旆秉鉞，不敢不虔，即所謂臨事而懼也。」愚按：此亦與第三章「聖敬」相應。《史記》稱夏桀為虐政淫荒，而諸侯昆吾氏為亂，湯乃興師，率諸侯。伊尹從湯，湯自把鉞，以伐昆吾，遂伐桀。然則此章言「載旆」、「秉鉞」，專為伐昆吾、夏桀紀事。「韋顧既伐」，特追數之耳。上章言「敷奏其勇」，則皆伐韋顧之類也。「如火烈烈」者，鄭云：「興師出伐，志在誅有罪，其威勢如猛火之炎熾也。」「莫」之為無音之轉也。「曷」，《說文》云：「何也。」朱子云：「誰何也。」按：誰何者，詰問譙訶之辭。然此亦謂昆吾、夏桀不敢訶成湯耳。錢天錫云：「『如火』二句，以戒懼為奮揚，理直氣壯，故威靈如此。」一說：「曷」通作「遏」，《說文》云：「微止也。」謂繳繞使止也。亦通。《荀子》云：「仁人之兵，聚則成卒，散則成列。延則若莫邪之長刃，嬰之者斷；兌則若莫邪之利鋒，當之者潰。圜居而方正，則若磐石然，觸之者角摧。且夫暴國之君，將誰與至哉？彼其所與至者，必其民也。而其民之親我歡若父母，其好我芬若椒蘭。彼反顧其上，則若灼黥，若仇讎。人之情雖桀、跖豈又肯為其所惡、賊其所好者哉？是猶使人之子孫自賊其父母也，彼必將來告之，夫又何可詐也？《詩》曰：『武王載發，有虔秉鉞。如火烈烈，則莫我敢遏。』此之謂也。」以草包裹物曰苞，即「苞苴」之「苞」也。「蘖」，《說文》云：「伐木餘也。」歐陽修云：「韋也，顧也，昆吾也，所謂三蘖也。」按：湯十一徵，其見於《尚書》及《竹書》者，如葛，如有雒，如荊，如溫，皆次第夷滅。獨韋、顧、昆吾三國後亡，故以蘖稱。桀樹此三國為私黨，如以草苞裹餘蘖，故曰「苞有三蘖」也。「遂」，即「遂生復性」之「遂」。「達」，即「驛驛其達」之「達」。遂、達皆從蘖字生出，勾則能遂，萌則能達，非三蘖所可望也。「九有」，九州也。解見《玄鳥》篇。「有截」與「海外有截」義同。九州諸侯，截然判斷，不與三蘖相通，故桀雖有意包畜之，而終至於局促，莫能申遂，窮窘莫能通達也。劉向《說苑》載：「湯欲伐桀，伊尹曰：『請阻之貢職，以觀其動。』桀怒，起九夷之師以伐之。伊尹曰：『未可。

彼尚能起九夷之師，是罪在我也。』湯乃謝罪請服。明年，又不供貢職。桀
怒，起九夷之師，不起。伊尹曰：『可矣。』湯乃興師。」此所謂「九有有截」
者也。又，《書》：「伊尹曰：『惟尹躬暨湯，咸有一德。克享天心，受天明命，
以有九有之師，爰革夏正。』」夫九有既聯屬於湯，則其判斷於夏可知已。「既」
者，已事之辭。朱子云：「韋、顧既伐，而昆吾、夏桀次之，此紀當時用師之
序也。」鄭云：「三國黨於桀惡，湯先伐韋、顧，克之。昆吾、夏桀則同時誅
也。」按：《竹書》：「桀二十八年，昆吾氏伐商，商會諸侯於景亳，遂征韋，
商師取韋，遂征顧。二十九年，商師取顧。三十年，商師取昆吾。三十一年，
商自陑征夏邑，克昆吾。大雷雨，戰於鳴條，夏師敗績。桀出奔三朡，戰於
郕，獲桀於焦門，放之於南巢。」而王應麟引《郡國志》云：「湯伐桀，桀與
韋、顧之君拒湯於莘之墟，遂戰於鳴條之野。」此與詩辭不合，殆不足信。又
《鄭語》：「史伯云：『祝融其後八姓。己姓昆吾、顧，則夏滅之。彭姓豕韋，
則商滅之。』」昆吾、顧既滅於夏，而此有昆吾、顧者，蓋既滅而復立之，亦
猶豕韋為商所滅，而其後世仍為商伯，古五伯數中所謂商豕韋是也。《一統志》
云：「直隸大名府滑縣，古豕韋氏之國，顧城在山東東昌府濮州范縣東南五十
三里。濮州，古顓頊之墟，曰帝丘，夏為昆吾氏所居。桀都安邑，即今山西平
陽府解州安邑縣。縣北二十里有鳴條岡。」《郡國志》云：「安邑有昆吾亭，湯
伐桀戰處。」《寰宇記》云：「昆吾亭，蓋湯伐桀之時，昆吾以兵助桀，同時而
滅，故有亭，非國於此也。」《左·昭十八年》：「二月乙卯，周毛得殺毛伯過
而代之。萇弘曰：『毛得必亡。是昆吾稔之日也。』」孔云：「昆吾以乙卯日亡
也，桀亦以乙卯日亡，故《檀弓注》云：『桀以乙卯亡，未知何月也。』」黃佐
云：「初伐韋，次伐顧，庶幾夏桀知所改圖也。及其終不悛也，然後興南巢之
師，以快人神之憤。苟徒以為治亂者，必先其黨，剪其枝葉，而後除其本根。
則是後世以計取天下之為，而非聖人恭行天討之意矣。」陳際泰云：「三蘗不
數葛，何也？葛非桀黨也。葛非桀黨而隨以兵，何也？肘腋之禍，不先剪之，
而虞後顧也。韋、顧、昆吾、夏桀，平敘之而不殊，何也？不正其為天子也。
不正其為天子，而湯之師始不負於天下矣。」〔註8〕自「帝命不違」至此皆紀
湯事。湯繇七十里諸侯起而為天子，故敘述特詳。或問先君：「商先如冥如微
皆有功德可稱，而《詩》自契外，獨舉相土以及於湯，其他皆不之及，何也？」

〔註8〕陳際泰《五經讀·詩經·讀長發》。(《四庫全書存目叢書》經部第151冊，第
411頁)

曰：「此《祭法》所謂二祧者也。《祭法》云：『王立七廟，一壇一墠。曰考廟，曰王考廟，曰皇考廟，曰顯考廟，曰祖考廟，皆月祭之。遠廟為祧，有二祧，享嘗乃止。去祧為壇，去壇為墠。壇墠，有禱焉祭之，無禱乃止。去墠為鬼。』」按：考廟者，父廟也。王考廟者，祖廟也。皇考廟為曾祖，顯考廟為高祖。其曰祖廟，則始祖也。始祖而下，四親而上，於廟當毀，而擇其中之有功德者以為二祧。舊說謂祧之言超也，超然上去也，特為有功德而留，故謂之祧也。外此若高祖之父則去祧為壇，高祖之祖則去壇為墠。此後又有從壇遷來墠者，則此前在墠者遷入石函為鬼，皆以其無功德故也。合始祖二祧與四親共為七廟，故伊尹告太甲曰：「七世之廟可以觀德。」所謂觀德，則專指二祧而言也。先儒皆疑此禮與《王制》三昭三穆並太祖廟為七之說不合。今以此詩觀之，《祭法》所傳不為無據，大抵前代禮耳。自湯而下，至於盤庚，凡傳十八君。即以父子相傳為一世推之，亦有十世。除盤庚四親廟外，自第六世太戊而上，已皆在應毀之列，而湯身創王業，及上世相土肇基，王跡俱無毀理，故特立為二祧。後世如周文、武立二世室，亦以其應毀，故為之。則猶之二祧之意。但殷合二祧為七廟，而周則除二世室為七廟耳。若太甲為太宗，太戊為中宗，則其廟又在七廟之外，是詩前惟頌相土，後惟頌湯而已。此又可證為二祧之最確者。自二祧而外，溯及玄王，則以其為始祖。又溯及「長發其祥」，則以嚳為始祖之所自出。故愚謂大禘之禮、七廟之主皆在，既非廣及毀廟，亦非專以始祖配，蓋竊有窺於此也。○**昔在中葉**，韻。豐本作「葉」。**有震且業**。叶韻。**允也天子**，紙韻。**降于卿士**。紙韻。**實維阿**豐本作「伊」。**衡**，叶陽韻，戶郎翻。**實左右商王**。陽韻。○賦也。禘於太廟，則功臣與祭，與祭必非一臣。而此章獨言伊尹者，以伊尹為開國元勳，故特舉之也。朱子云：「承上文而言昔在，則前乎此矣。」「葉」，毛云：「世也。」按：「葉」文從「世」而來，故訓葉為世。此詩前言相土，後言成湯，則所謂「中葉」者，其世數居於相土、成湯之中者也。「震」，孔云：「懼也。以國勢不定言。」「業」，毛云：「危也。」以人心不安言。如振之之有易所殺，微之恢復居殷，未久而復返商丘，皆『震且業』象也。不然，何至湯而僅僅有七十里乎？「允」，信也。「天子」，指湯也。「允也天子」，贊湯有聖德，信乎其為真主也。「降」，下也。「卿士」，指伊尹也。稱其位曰卿，稱其德曰士。《周官》稱六卿，亦曰「戒爾卿士」。「降於卿士」，言湯屈己以下伊尹，不敢自高也。《孟子》曰：「故將大有為之君，必有所不召之臣。欲有謀焉，則就之。其尊德樂道，不如

是不足以有為也。故湯之於伊尹，學焉而後臣之，故不勞而王。」此即「降於卿士」之說也。亦與第三章「湯降不遲」相應。一說：蘇轍云：「信矣，天之子商也。降之卿士，而後商室以興。」亦通。「阿衡」，官名。鄭云：「阿，倚也。衡，平也。伊尹，湯所依倚而取平，故以為官名。」郝敬云：「如太公之號尚父也。」愚按：此宰相之位，上卿之職，至太甲，改官名為保衡。故《書‧君奭》篇云：「成湯既受命，時則有若伊尹，格於皇天。在太甲時，則有若保衡。」以伊尹、保衡止是一人，故一稱其名，一稱其官也。上「實維」指其人，下「實維」指其功。「左右」者，謂佐佑之以敷政奏勇，伐夏救民也。湯受命，仍舊國號曰商王。《孟子》云：「伊尹耕於有莘之野，而樂堯、舜之道焉。非其義也，非其道也，祿之以天下弗顧也，繫馬千駟弗視也。非其義也，非其道也，一介不以與人，一介不以取諸人。湯使人以幣聘之，囂囂然曰：『我何以湯之聘幣為哉？吾豈若處畎畝之中，繇是以樂堯、舜之道哉？』湯三使往聘之，既而幡然改曰：『與我處畎畝之中，繇是以樂堯、舜之道，吾豈若使是君為堯、舜之君哉？吾豈若使是民為堯、舜之民哉？吾豈若於吾身親見之哉？天之生此民也，使先知覺後知，使先覺覺後覺也。予，天民之先覺者也，予將以斯道覺斯民也，非予覺之而誰也？』思天下之民，匹夫匹婦有不與被堯、舜之澤者，若己推而內之溝中，其自任以天下之重如此，故就湯，而說之以伐夏救民。」沈約云：「湯在亳，能修其德，伊摯將應湯命，夢乘船過日月之旁。」《呂氏春秋》云：「桀為無道，暴戾頑貪，天下顫恐而患之，言者不同，紛紛分分，其情難得。干辛任威，凌轢諸侯，以及兆民，賢良鬱怨，殺彼龍逢〔註9〕，以服群凶。眾庶泯泯，皆有遠志，莫敢直言，其生若驚。大臣同患，弗周而畔。桀愈自賢，矜過善非，生道重塞，國人大崩。湯乃惕懼，憂天下之不寧，欲令伊尹往視曠夏，恐其不信，湯繇親自射伊尹。伊尹奔夏三年，反報於亳，曰：『桀迷惑於末嬉，好彼琬琰，不恤其眾，眾志不堪，上下相疾，民心積怨，皆曰上天弗恤，夏命其卒。』湯謂伊尹曰：『若告我曠夏盡如詩。』湯與伊尹盟，以示必滅夏。伊尹又復往視曠夏，聽於末嬉。末嬉言曰：『今昔天子夢西方有日，東方有日，兩日相與鬥，西方日勝，東方日不勝。』伊尹以告湯。商涸旱，湯猶發師，以信伊尹之盟，故令師從東方出，於國西以進，未接刃而桀走，逐之，至太沙，身體離散，為天下戮。不可正諫，雖後悔之，將可奈何？湯立為天子，夏民大悅，如得慈親，朝不易位，農不去疇，商

〔註9〕「逢」，四庫本作「逢」。

不變肆，親郜如夏。此之謂至公，此之謂至安，此之謂至信。盡行伊尹之盟，不避旱殃，祖伊尹世世享商。」今按：伊尹身為元功，世享盛祭，專美有商。及周公時，命成王記功宗，以功作元祀，其典實彷〔註10〕於此。

《長發》七章。一章八句，四章章七句，一章九句，一章六句。

楊氏云：「詩頌《長發》，大禘但述玄王以下，而不及於所自出之帝，則安得謂之禘詩乎？」朱子亦疑「大禘不及群廟之主，此宜為祫祭之篇〔註11〕」。今按：篇首即以「長發其祥」一語開端，明是指帝嚳而言，未嘗不及於所自出之帝也。豈必舉嚳之名而後謂之及嚳耶？昔朱子疑為祫祭，則天子夏秋冬三時之祭皆祫，其以功臣配享，惟當在祫烝耳。《月令》十月有大飲烝之文，指祫烝也。《周禮・夏官》「司勳」職云：「王功曰勳，國功曰功，民功曰庸，事功曰勞，治功曰力，戰功曰多。凡有功者，銘書於王之太常，祭於大烝，司勳詔之。」烝，冬祭也。謂之大者，物成眾多之時，其祭比三時為大也。方是時，百物皆報焉。祭有功，宜矣。《禮記・祭統》：「衛孔悝之鼎銘曰：『勤大命，施於烝。』」彝鼎亦謂配享於烝祭也。此詩如以為祫烝，亦無不可，但彼乃周禮，而殷禮別無所考，愚但以《盤庚》「大享」之言與《詩序》「大禘」之說合，故從之。

〔註10〕「彷」，四庫本作「昉」。
〔註11〕「篇」，《詩集傳》作「詩」。

詩經世本古義卷之三

閩儒何楷玄子氏學

殷高宗之世詩三篇

何氏小引

《那》，祀成湯也。

《烈祖》，肜祭成湯也。

《玄鳥》，〔註1〕報上甲微也。

那

《那》，祀成湯也。出《序》，《子貢傳》、《申培說》、朱《傳》俱同。○《序》
云：「微子至於戴公，其間禮樂廢壞，有正考甫者，得《商頌》十二篇於周太
師，以《那》為首。」《魯語》，閔馬父亦云：「昔正考父較商名頌十二篇於周
大〔註2〕師，以《那》為首。」按：正考父，孔子之先也。《世本》云：「宋愍
公生弗甫何，弗甫何生宋父，宋父生正考甫，正考甫生孔父嘉，為宋司馬華
督殺之而絕其世，其子木金父降為士。木金父生祁父，祁父生防叔，為華氏
所偪，奔魯，為防大夫，故曰防叔。防叔生伯夏，伯夏生叔梁紇，叔梁紇生仲
尼。」則正考甫是孔子七世祖也。自微子至戴公，據《宋世家》，凡十君七世。
周宣王以戴公十八年崩，幽王於戴公二十九年為犬戎所殺，則戴公及正考甫

〔註1〕詩正文此處有「高宗」。
〔註2〕「大」，四庫本作「太」。

皆當宣、幽時也。「名頌」，韋昭以為頌之美者也。《序》謂得之於周太師，而
《魯語》但謂較之於周太師者。孔穎達謂宋之禮樂雖則亡散，猶有此詩之本，
考甫恐其舛謬，故就大〔註3〕師較之。然則較之而得其初本，故亦謂之得也。
及孔子錄詩之時，又已亡其七篇，惟存五篇而已。其以《那》為首者，從太師
之初本。商自成湯始有天下，以《那》為祀成湯之詩故也。愚所以定此詩作於
高宗武丁之世者，遍考經傳，惟高宗武丁祭成湯，見於《尚書序》及《史記》。
即謂祀乃常事，不能遍書，然觀高宗免喪弗言，作書誥群臣，自謂「恭默思
道，夢帝賚予良弼」。此詩及《烈祖》二篇，皆祀成湯之詩，而一則曰「綏我
思成」，一則曰「賚我思成」，頗與「思道」、「賚予」之言相合，蓋高宗深於思
者也。《禮記》亦云：「武丁者，殷之賢王。當此之時，殷衰而復興，禮廢而復
起，故高而宗之，謂之高宗。」武丁勤於祭祀，固亦起廢中之一事。又按：高
宗祭成湯於肜日，有雊雉之異，《書序》及《史記》皆言「飛雉升鼎耳而雊」，
先儒謂雉乃野鳥，不應入室，故為妖異。然鮮有能測其事應者。孔安國以雉
鳴在鼎耳為耳不聰之異。劉歆以為鼎三足，三公象也，而以耳行，野鳥居鼎
耳，是小人將居公位，敗宗廟之祀也。今觀高宗恐德弗類，恭默思道，固非耳
不聰者。且其先後輔之者，甘盤、傅說皆賢臣也，則又烏有小人居公位之事
而至於將敗宗廟之祀乎？展轉推尋，始悟災異之所自來，政就此詩可見。《禮‧
郊特牲》篇云：「饗、禘有樂，而食、嘗無樂，陰陽之義也。凡飲，養陽氣也。
凡食，養陰氣也。故春禘而秋嘗，春饗孤子，秋食耆老，其義一也。而食、嘗
無樂。飲，養陽氣也，故有樂。食，養陰氣也，故無聲。凡祭，陽也。」《祭
義篇》云：「君子合諸天道，春禘秋嘗。霜露既降，君子履之，必有悽愴之心，
非其寒之謂也。春雨露既濡，君子履之，必有怵惕之心，如將見之。樂以迎
來，哀以送往，故禘有樂而嘗無樂。」此詩明言「顧予烝嘗」矣，而樂音甚
備，此則高宗失禮之大者也。言雊雉，所以別於雉鳴也。《月令》：「季冬，雉
雊。」《說文》解雊，謂「雄雉鳴也。雷始動，雉鳴而雊其頸」。羅願謂：「雉
鴝以足相勾，雉以頸相勾，故雉鴝從句，雉雊亦從句，非特鳴而已。」然《易
通卦驗》又云：「雉雊雞乳，在立春節。」立春者，或在冬，或在春，總之為
春之首，故《夏小正》紀「雉震呴」在正月也。呴、雊同字。戴德解「雉震
呴」，云：「震也者，鳴也。呴也者，鼓其翼也。正月必雷，雷不必聞，惟雉為
必聞之。何以謂之雷，則雉震呴相識以雷。」今高宗於秋烝冬嘗之時而奏大

〔註3〕「大」，四庫本作「太」。

樂，此時雉未應雊，雉聞樂聲而以為雷鳴，故雊也。樂之為雷者，何也？《易》曰：「雷出地奮，豫。先王以作樂崇德，殷薦之上帝，以配祖考。」是樂本象雷。又雉聞聲似雷者，亦從而應。齊景公作為路寢之臺，族鑄大鐘，撞之庭下，郊雉皆响。許氏曰：「大鐘聲似雷震，雉應而响鳴也。」天水冀南山有石鼓，長丈三尺，廣厚略等。漢成帝時，有聲如雷，聞二百四十里，野雞皆鳴，蓋以為雷也。然則此詩政當與《書·高宗肜日》篇合看，以樂不當作而作，故雉不當雊而雊耳。陞於鼎耳，則高宗行禮之處，蓋直指其事以變異告也。先儒不達此義，而欲和合《詩》與《禮記》之說，則但曰：《禮》謂『食、嘗無樂』者，恐殷禮不如是而已」，亦鹵莽甚矣。金燦作《諸史會編》，繫《那》及《烈祖》二詩於武丁之四祀，愚以為可信。

猗與音余。下同。**那**與，**置我鞉**豐氏本作「韶」。後同。**鼓**。廔韻。**奏鼓簡簡，衍我烈祖**。廔韻。○賦也。「猗」之為「咦」，「與」之為「歟」，「那」之為「儺」，皆音近也。《說文》云：「南陽謂太呼曰咦。」「歟」，安氣也。「儺」，行有節也。按：「安氣」者，即助語之謂。「行有節」，則讚美廟中執事之人也。「置」，通作「植」。鄭玄云：「置讀曰植。」按：植本戶植之名，故以為樹立之義。韶鼓曰植者，以皆植木楹於其中，故謂之植也。「鞉」，解見《有瞽》篇。「鼓」，楹鼓也。《禮·明堂位》篇云：「夏后氏，足鼓。殷，楹鼓。周，縣鼓。」足鼓者，加四足。楹鼓者，貫之以柱。縣鼓，則縣而擊之也。於八音中，惟舉鞉鼓者，以楹鼓為殷之新制，而鞉乃兆奏鼓者，故首舉之，以該其餘也。「奏」者，動作之義，謂動作以出其聲也。「簡」，通作「柬」，《說文》云：「分別之也。」荀卿謂：「鼓，其樂之君耶？」《學記》謂：「鼓無當於五聲，五聲弗得不和。」蓋鼓於宮商角徵羽之五聲雖無所屬，然五聲必得之而後和，以此見奏鼓之人為最重，故必先分別其能者而後使之奏也。「衍」，《說文》云：「行喜貌。」《爾雅》、毛《傳》皆以為樂也。「烈祖」，孔云：「正謂成湯是殷家有功烈之祖也。」具樂器，選樂工，將以樂我有功烈之祖。此皆未作樂以前事，至下章乃言作樂。○**湯孫奏假**，《爾雅》作「嘏」。鄭玄本作「格」。**綏我思成**。庚韻。**鞉**《說文》作「韶」。**鼓淵淵**，先韻。《說文》、《豐本》俱作「鼘鼘」。**嘒嘒管聲**。庚韻。**既和且平**，庚韻。亦叶先韻，毗連翻。**依我磬聲**。見上。於音烏。**赫湯孫**，叶先韻，苟緣翻。**穆穆厥聲**。見上。劉公瑾云：「連叶三『聲』字，見商人之質也。」愚按：三「聲」雖連用，而本句上各用先韻，一句間之，亦似後人所謂轆轤體。庸本作「鏞」。**鼓有斁，**

陌韻。**萬舞有奕**。陌韻。**我有嘉客**，陌韻。**亦不夷**《爾雅注》作「怡」
懌。陌韻。陸德明本作「繹」。○賦也。「湯孫」，歐陽修云：「斥主祀之時王
爾，自太甲以下皆可稱湯孫。」愚按：此指高宗也。「奏」，即奏鼓之奏。然此
則兼諸樂器而言，下文鞉鼓、管、磬之屬是也。「假」，通作「徦」。《說文》
云：「至也。」謂奏樂以通之於烈祖也。《禮‧郊特牲》篇云：「殷人尚聲，臭
味未成，滌蕩其聲，樂三闋，然後出迎牲。聲音之號，所以詔告於天地之間。」
陳暘云：「凡聲，陽也。商人之祭，先求諸陽而已，日三成眺，月三成時，歲
三成閏。然則樂不三闋，何以成樂哉？今夫禮減而退，以進為文；樂盈而反，
以退為文。滌蕩其聲，則盈矣。必繼以三闋者，以反為文也。樂三闋則減矣。
然後出迎牲者，以進為文也。然明則有禮樂，幽則有鬼神。鬼者，歸也，歸之
以從地。神者，申也，申之以從天。詔告鬼神於天地之間，捨聲音之號，何以
哉？凡樂皆文之以五聲，播之以八音，禽獸知聲而不知音，眾庶知音而不知
樂，通聲音之號而知樂者，其惟鬼神之靈乎！如之何不詔告以此？」陳澔云：
「鬼神在天地間，與陰陽合散同一理，而聲音之感無間顯幽。故殷人之祭，
必先作樂三終，然後出而迎牲於廟門之外，欲以此樂之聲音號呼而詔告於兩
間，庶幾其聞之而來格來享也。」黃佐云：「商人未祭之先而作樂，如周人取
蕭祭脂，亦於未祭之先，以此求神於陽也。」「綏」，鄭云：「安也。安我心所
思而成之，謂神明來格也。」《禮記》云：「齊之日，思其居處，思其笑語，思
其志意，思其所樂，思其所嗜。齊三日，乃見其所為齊者。祭之日，入室，僾
然必有見乎其位；周旋出戶，肅然必有聞乎其容聲；出戶而聽，愾然必有聞
乎其歎息之聲。此之謂思成。」蘇轍云：「凡此皆非有也，而生於其思，故謂
之思成。」朱子云：「蓋齊而思之，祭而如有見聞則成此人矣。」周昌年云：
「我所思者，成而心安，是以思成而綏我也。」徐光啟云：「古人之祭，非是
具文，直是祖孫一氣，如將見之。」陳際泰云：「商人尊鬼而尚聲，聲召風，
風召氣，氣召神。然神懼其雜而集焉，則有湯孫之思矣。思者，氣之精者也。
鬼神非其類也不至。心有精氣，而借聲以召之，神無不格。格者，又烈祖已
焉。綏我思成，信哉其綏也與？」〔註4〕黃佐云：「觀思成之說，可以見祭祀
之理。」「鞉鼓」以下七句，皆言湯孫當日所奏者。陳暘云：「鼓，所以作樂者
也。鞉，所以兆奏鼓者也。」言奏鼓，則鞉從之矣。《書》曰：「下管鞀鼓，合

<hr/>

〔註4〕陳際泰《五經讀‧詩經‧讀那》。（《四庫全書存目叢書》經部第151冊，第410
頁）

止枳敔。」《記》曰：「賜諸侯樂，以枳將之；賜子男，以鞀將之。」蓋枳以合樂，鞀則兆鼓而已，故其賜所以不同也。孔穎達云：「枳所以節一曲之始，其事寬，故以將諸侯之命。鞀所以節一唱之終，其事狹，故以將伯子男之命。」黃佐云：「《樂記》曰：『聖人作為鞀、鼓、椌、楬、塤、篪。此六者，德音之音也。然後鍾、磬、竽、瑟以和之，干、戚、旄、狄以舞之，此所以祭於先王之廟也。』據此，可證此詩首言鞀鼓之意，而鞀與鼓為二物也。」「淵」，通作「䵺」，《說文》云：「鼓聲也。」「嘒」，《說文》云：「小聲也。」「管」，竹音也。《爾雅》謂「大管名簥，其中名篞，小者名篎」。郭璞謂「管長尺，圍寸，並漆之，有底」。鄭司農謂「管如篪，六孔，其大中小之制無傳」。鄭康成謂「如笛而小，並兩而吹之，乃漢大予樂所用」。《廣雅》則云：「管象簫，長尺，圍寸，八孔，無底。」蓋亦後世之制，未必與古制合，不足信也。歐陽修云：「《書》曰：『下管鞀鼓。』蓋自虞、夏以來，舊物常用者。」陳暘云：「《郊特牲》曰：『歌者在上，匏竹在下，貴人聲也。』《仲尼燕居》曰：『升歌《清廟》，示德也。下而管《象》，示事也。』德成而上，歌以詠之於堂上。事成而下，管以吹之於堂下。豈非以無所因者為上，有所待者為下耶？」又云：「言『鞀鼓』繼之以『淵淵』，言『管聲』先之以『嘒嘒』，何也？蓋鞀鼓必待奏之，然後聞其聲。管聲與鞀鼓合奏，聞其嘒嘒之聲，知為管聲而已。此細大不踰，無相奪倫之意也。」《疏義》云：「鼓為眾音之主，管則樂之小者。舉此二者，則餘樂在其中矣。」「既和且平」，兼堂上堂下八音諸器言。《周語》：「單穆公云：『聲應相保曰和，細大不踰曰平。』」依《說文》云：「倚也。」猶言相附也。「磬」，鄭云：「玉磬也。」朱子云：「堂上升歌之樂，非石磬也。」孔云：「知是玉磬者，以鍾鼓磬管同為樂器。磬非樂之主而云和平來依磬聲，明此異於常磬，非石磬也。」陳暘云：「春秋之時，齊侯以玉磬賂晉師止兵，臧文仲以玉磬如齊告糴。《郊特牲》言『諸侯宮架而擊玉磬』，《明堂位》言『四代樂器而柎搏玉磬』，玉之於石類也，玉磬則出乎其類矣。《書》言『天球在東序』，《詩》言『受小球大球』，蓋物之美者莫如玉，而球又玉之美出於自然者也。先王因天球以為磬，以其為堂上首樂之器，其聲清徹，有隆而無殺，眾聲所求而依之者也。《商頌》曰：『依我磬聲』，本諸此歟？」又云：「商樂以磬為主，故言『依我磬聲』。舜樂以簫為主，故言『簫韶九成』。」張子厚云：「玉磬，聲之最和平者，可以養心。其聲一定，始終如一。」鄒忠胤云：「磬聲非如諸聲可以人力高下，故依之則為和平。」又，《韓詩外傳》云：「居處齊則色

姝，食飲齊則氣珍，言語齊則信聽，思齊則成，志齊則盈。五者齊，斯神居之。《詩》曰：『既和且平，依我磬聲。』」按：此《傳》雖於《詩》義無涉，然寓意閎眇矣。「於」，歎美辭。「赫」，熾盛之意。歌者贊湯孫所奏穆穆之聲，非贊湯孫也。「赫」，義本火赤貌。五事，言屬火。聲音之盛亦如火性之上騰然，故以赫象之。歐陽云：「『於赫』者，盛美之辭也。不應自稱盛美之孫，以誇其先祖。」黃震云：「樂以悅神，故曰『於赫湯孫，穆穆厥聲』，以侈言其樂之美。如飲食云『苾苾芬芬』，以侈言其飲食之美。凡以悅神，非自誇也。」「穆」，通作「廖」，《說文》云：「細文也。」聲何得以細文稱？《樂記》曰：「聲成文謂之音。」《通志》載：「湯命伊尹作樂曰《大濩》，修九韶六律，聞宮聲，使人溫良而寬大；聞商聲，使人方廉而好義；聞角聲，使人惻隱而仁愛；聞徵聲，使人樂養而好施；聞羽聲，使人恭謹而好禮。」此非穆穆而何？「庸」，通作「鏞」。陳暘云：「大鐘謂之鏞，以能考大功也。」解見《靈臺》篇。前言鼓，至此始言鏞，則鏞之奏似在鼓之後。然既言鏞，即繼之以鼓，則鼓之奏又在鏞之後。一篇之樂，以鼓始終，倘亦所謂鼓為樂之君而五聲不得之則不和者歟？陳暘云：「《那》，祀成湯之樂。堂上言『依我磬聲』，則戛擊鳴球、搏拊琴瑟之類舉矣。堂下言『鞉鼓管鏞』，則柷、敔、笙、簫之類舉矣。詳於樂而略於禮者，以其祖有功，而樂象功故也。」「斁」，《說文》云：「解也。」「鍾鼓有斁」，謂樂闋時也。「萬」，舞名。三代之舞皆名萬。《夏小正》曰：「丁亥，萬用入學。」《商頌》曰：「萬舞有斁。」《逸周書》曰：「萬獻明明三終。」孔謂「禹以萬人以上治水，湯以萬人得天下」。何休亦謂「武王以萬人服天下，故其樂舞皆稱萬也」。按：《書傳》及《春秋傳疏》皆言湯因大旱，禱於桑林之社而雨，遂作桑林之樂，名曰《大濩》。《左·襄十年》：「宋公享晉侯於楚丘，請以《桑林》舞師，題以旌夏。」而《莊子》亦言「合於《桑林》之舞」。或即此萬舞也。「奕」，《說文》云：「大也。」陳暘云：「美其綴兆之眾大也。在商為《大濩》，在周為《大武》。《周官》皆以大司樂掌之，其為眾大可知。」愚按：此時樂已闋而將迎牲矣，故舞者皆立其行列，以待行禮而舞也。「嘉」，《說文》云：「美也。」鄭云：「嘉客謂二王后及諸侯來助祭者。」蔡汝楠云：「於虞曰『虞賓在位』，於商曰『我有嘉客』，於周曰『我客戾止』。聖人御世，皆考賓國之化。」「夷」，《說文》云：「平也。」「懌」，《說文》云：「悅也。」「亦不夷懌」者，言不敢視祭祀為平常之事，徒取悅耳悅目以為娛樂，而忘敬謹之意也。下章言「溫恭有恪」，正與此互相發。又按：《易》有

「匪夷所思」之文。疑此「不夷」與彼「匪夷」相類，謂嘉客聞樂而悅，其悅至甚，非比平常之悅也。人悅如此，神悅可知，隱然含有先祖是聽之意，此烈祖之所以來假而能綏我思成也。是義亦通，學者詳之。○自古在昔，陌韻。亦叶藥韻，息約翻。**先民有作**。藥韻。**溫恭朝**豐本作「晁」。**夕**，陌韻。亦叶藥韻，祥龠翻。**執事有恪**。藥韻。**顧予烝嘗**，陽韻。**湯孫之將**。叶陽韻，資良翻。○賦也。「自」，從也。對今皆謂古。「在」，《說文》：「存也。」進古言昔，則昔又在古之前。《禮運》篇：「孔子言後聖有作，然後陳其犧牲，備其鼎俎，列其琴瑟管磬鍾鼓，修其祝嘏，以降上神與其先祖。」然在在昔之時，已是中古之世，未為上古，而自古之古則不過下古而已。「先民」，先輩之人，謂聖人也。「有作」，陸化熙云：「作為祭禮也。」是述作之作。「溫恭」者，溫溫其恭，蓋安行而有常，非勉強也。「朝夕」，自朝至夕也。「執事」，執廟中之事也。「恪」，本作「愙」，《說文》云：「敬也。」恭敬之至，如見大賓，故字於心上施客也。言尊祖敬宗，萬世通誼，從我以前之古人，存留往昔先聖人所創造祭祀之禮。其於將祭之前期，慮事必豫，具物必備，自朝至夕，常存其恭，但見其溫溫然和柔。及祭而行禮，則一人各執一事，致其恪慎，不敢懈怠忽略。凡以禮當如是。今日湯孫之祭，亦猶行古之道耳。黃佐云：「商人尚聲，牲猶未入，樂三闋，然後備禮物。蓋時制也。故此詩以樂舞悉數於前，而溫恭有恪之言始見焉。」蓋亦因其所尚而然耳，是豈後於禮哉？《魯語》云：「齊閭丘來盟，子服景伯戒宰人曰：『陷而入於恭。』閔馬父笑，景伯問之，對曰：『笑吾子之太滿也。昔正考甫較商之名頌十二篇於周大師，以《那》為首，其輯之亂曰：自古在昔，先民有作。溫恭朝夕，執事有恪。先聖王之傳，恭猶不敢專，稱曰自古，古曰在昔，昔曰先民。今吾子之戒吏人曰陷而入於恭，其滿之甚也。陷而後恭，道將何為？』」按：馬父之意，謂以恭立教者，猶將令其學古先民之恭而為之。今乃以恭為陷於非道，然則將以何者為得道乎？「顧」，《說文》云：「還視也。」季本云：「嘗，秋祭。烝，冬祭。祭以秋冬為備，故言祭者必舉烝嘗，以見其餘焉。」愚按：曰「烝嘗」者，謂烝繼嘗而舉，知此乃冬祭也。既言「予」，又變稱「湯孫」者，意重在一孫字，見一氣流通，不為非類之祀也。「將」，朱子云：「奉也。」蘇云：「言湯其尚顧予烝嘗哉？此湯孫之所奉者，庶幾其顧之也。」錢天錫云：「音樂雖盛，傳恭雖遠，先祖雖格，而孝子之心猶若有不敢必者，至以祖孫一體望之。商人之『綏我思成』，即此可想見。」

《那》三章。一章四句，一章十二句，一章六句。舊作一章二十二句。今按：閔馬父引「自古」四句為輯之亂，則非止作一章，明矣。故正之。韋昭云：「輯，成也。凡作篇章，義既成，撮其大要，以為亂辭。詩者，歌也，所以節舞者也。曲終乃更，變章亂節，故謂之亂也。」○鄭《箋》以湯孫為太甲。孔云：「《殷本紀》：『湯生太丁，太丁生太甲。太甲，成湯適長孫也。孫之為言，雖可以關之後世，以其追述成湯，當在初崩之後。太甲是殷之賢主，湯之親孫，故知為指太甲也。《那》祀成湯，經稱湯孫，則《那》之作當太甲時也。」按：此義亦通，並存之。又，《韓詩序》以此詩為美宋襄公也。其說與《史記‧宋世家》謂宋大夫正考甫作商頌以美宋襄公者合，即云宋得用天子禮樂以祀成湯，然我有嘉客，果宋所宜有乎？

烈祖

《烈祖》，肜祭成湯也。《書‧高宗肜日》篇之所為作。朱《傳》以為「亦祀成湯之樂」，與《子貢傳》、《申培說》俱同。愚所以定為肜祭者，以《那》已為祀成湯之詩，一祭固不容有二詩耳。肜者，祭明日又祭之名。《爾雅》云：「周曰繹，商曰肜，夏曰復胙。」孫炎謂：「繹者，祭之明日尋繹復祭也。肜者，相尋不絕之意。」邢昺謂：「復胙者，胙是祭日〔註5〕，以祭之旦日復陳其祭肉以賓尸也。」按：《說文》「肜」字從舟〔註6〕，其義則舟行也，與祭事無涉。古讀肜有融音，故或通作「融」。《左傳》：「其樂也融融」、「其樂也泄泄」而張衡《思玄賦則》曰：「展泄泄以肜肜」是也。又，馬融《廣成頌》云：「豐肜對蔚。」「肜」亦通作「融」。《說文》訓融云「炊氣上出也」。炊氣上出，縷縷不絕之義也。但肜本音琛，《韻書》收入侵韻，不知何因改讀曰融，殊不可曉。知此詩為高宗詩者，以《那》詩例之，其稱「烈祖」同，其末章言「顧予烝嘗，湯孫之將」同，則其為一時之作明矣。又知為肜祭事者，以「申錫無疆」一語知之。篇中娓娓，但以降福為言，則高宗勤祀之本意殆可想見。當其亮陰三年之後，雖既免喪，而猶恐德不類，不敢發言，誠未知致治之方將安所出，因而致孝於鬼神，以祈福耳。此亦商人尚鬼之習則然，故於肜祭之日而有雊雉之異。其臣祖己曰：「惟先格王正厥事。」乃訓於王，曰：「惟天

〔註5〕「日」，邢昺《爾雅疏》作「肉」。
〔註6〕按：《說文》未收「肜」字。

監下民，典厥義。降年有永有不永，非天夭民，民中絕命。民有不若德，不聽罪。天既孚命正厥德，乃曰：『其如台。』嗚呼！王司敬民，罔非天胤，典祀無豐於昵。」大意謂民受生於天，乃天之胤嗣。王之所司者，在於敬民而已。所謂敬民者，惟在務民之義而已。此享年有永之道，毋徒豐於祭祀，而欲邀福於昵近之祖宗為也。他日傅說之進王也，亦曰：「黷於祭祀，時謂弗欽，禮煩則亂，事神則難。」合此二書及《那》、《烈祖》二詩以觀，則高宗早年之失，端有在矣。《竹書》載武丁二十九年，肜祭太廟，有雉來。《皇王大紀》載高宗祭於成湯，有飛雉之異，王使以雉為扇，曰：「以彰吾過。」而《通志》稱祖己訓王后，武丁又責躬思道，三年，編髮重譯來朝者六國。孔子曰：「吾於高宗肜日見修德而報之疾也。苟繇其道致其仁，則遠方歸德焉。」〔註7〕《史記》亦載武丁修政行德，天下咸驩，殷道復興。帝武丁崩，子帝祖庚立。祖己嘉武丁之以祥雉為德，立其廟為高宗。

嗟嗟烈祖，夔韻。**有秩斯祜**。夔韻。**申錫無疆，及爾斯所**。叶夔韻，讀如數，爽主翻。○賦也。「嗟」，歎聲。鄭玄云：「重言嗟嗟，美歎之深。」《補傳》云：「言『烈祖』而云『嗟嗟』，以簡樸故也。若《周頌》則言『於穆於皇』，乃近於文矣。」「烈祖」，湯也。義見《那》篇。「秩」，積。「祜」，福也。俱見《說文》。有積斯福，即下文言「申錫無疆」是也。惟有無疆之申錫，則福斯積矣。冀望之辭也。「申」者，申束之意，故毛《傳》以為重也。「錫」，通作「賜」，《說文》云：「予也。」「無疆」，鄭云：「無竟界之期也。」「爾」，指烈祖也。蔣悌生云：「爾汝其辭，如事生覿省相語，此質實之至也。」「斯」之為「此」，「所」之為「處」，皆音近也。「斯所」，謂烈祖神之所在，當指祊而言。《說文》謂「門內祭先祖，所以彷徨」是也。蓋正祭事畢，則神可以歸矣。孝孫孝子猶未忍其遽歸也，故於明日又設祭，然不知神之所在。於彼乎？

〔註7〕按：《說苑》卷一：「高宗者，武丁也。高而宗之，故號高宗。成湯之後，先王道缺，刑法違犯，桑穀俱生乎朝，七日而大拱，武丁召其相而問焉，其相曰：『吾雖知之，吾弗得言也。聞諸祖己，桑穀者野草也，而生於朝，意者國亡乎？』武丁恐駭，飭身修行，思先王之政，興滅國，繼絕世；舉逸民，明養老。三年之後，蠻夷重譯而朝者七國，此之謂存亡繼絕之主，是以高而尊之也。」

又，《尚書大傳》：「湯之後，武丁之前，王道不振，桑穀俱生於朝，七日而大拱。武丁問諸祖己。祖己曰：『桑穀，野草。而生於朝，朝必亡。』武丁懼，側身修行，思先王之道，興滅國，繼絕世，舉逸民，明養老之道。三年之後，重譯而朝者六國。」

－143－

於此乎？則於門內以求之，亦意神之尚依依於門內而未遽去也。孔子謂「周禮繹祭於祊」，祊在廟門之西，其商肜所在。雖無明文，但以說文字義求之，則門內之祭，自古同之也。「申錫」二句是倒文法，曰：庶其及爾神之尚在此處，而重賜我湯孫以無界限之福乎！向日正祭，固已受釐矣。今日又祭，則神又當重降之福，是所謂「申錫」也。此章蓋初求神於祊之辭也。○**既載清酤，賚我思成**。庚韻。亦叶陽韻，辰羊翻。**亦有和**《說文通釋》作「盉」。**羹**，庚韻。亦叶陽韻，盧當翻。《說文》、豐氏本俱作「鬺」。**既戒既**《申鑒》作「且」。**平**。庚韻。亦叶陽韻，皮陽翻。**鬷**《中庸》、《申鑒》、豐本俱作「奏」。**假**《左傳》作「嘏」。**無言，時靡有爭**。庚韻。亦叶陽韻，諸良翻。**綏我眉壽，黃耇無疆**。陽韻。○賦也。此章言肜祭行禮之事。「既」者，已事之辭。「載」，謂載之於尊清者。「清」，潔之義。「酤」，《說文》云：「一宿酒也。」徐鍇云：「謂造之一夜而熟，若今雞鳴酒也。」愚按：酒只用一宿而成者，亦見商人尚質處。《儀禮·有司徹》篇是周大夫又祭之禮。首言「司宮攝酒」，注謂「攝酒者，撓益整頓之」，與此首言「載清酤」同也。「賚」，《說文》云：「賜也。」「思成」，義與《那》篇同。《祭義》云「祭之明日，明發不寐，饗而致之，又從而思之」是也。「賚我思成」者，王肅云：「先祖賜我，思之所欲成也。」孔穎達云：「神靈來至，我孝子所思得成也。」蔡汝楠云：「『賚我思成』，所謂有其誠則有其神。」謝顯道云：「祖考之精神只聚於己之精神。」朱善云：「酒之清者方載而在樽，則未獻之時也，而烈祖之神已與我以所思而成之人，言應之疾也。」「和羹」者，鄭云：「五味調，腥熟得節，食之於人性安和。」荀悅云：「酸鹹甘苦不同，嘉味以濟，謂之和羹。」曹氏云：「銅羹也。」按：銅羹，肉味之有菜和者。以其盛之銅器，謂之銅羹。《有司徹》篇所云「羊銅豕銅」，即所以盛羊豕肉之羹者也。朱子云：「《儀禮》於祭祀、燕享之始，每言羹定，蓋以羹熟為節，然後行禮。」輔廣云：「先酒而後羹，亦其序也。」「既戒既平」者，嚴粲云：「其事既戒謹而不苟，其味既和平而適宜。」「鬷〔註8〕」，《說文》云：「釜屬。」「假」，通作「嘏」，《說文》云：「至也。」愚按：此即雍人陳鼎之事也。《中庸》誤引作奏，與「湯孫奏假」同文，朱子遂謂「古聲奏族相近，族聲轉平而為鬷」，此恐不然。二詩皆同時作也，彼言「奏假」，此言「鬷假」，明是異字，何得混「鬷」為「奏」乎？凡祭，則雍人必先

〔註8〕「鬷」，四庫本同，當作「鬷」。

陳鼎，所以為烹牲體之用也。今自鼎初至之時，而即皆能秉其肅敬，靡有諠譁，又各執其事，不相奪倫，絕無彼此交侵職位以有紛爭者，此非主祭者之精專於假廟，何能使助祭者人人顧化若此？故《中庸》引此詩而申之曰：「君子不賞而民勸，不怒而民威於鈇鉞也。」又，《左·昭二十年》：「齊侯至自田，晏子侍於遄臺，子猶馳而造焉。公曰：『惟據與我和夫。』晏子對曰：『據亦同也，焉得為和？』公曰：『和與同異乎？』對曰：『異。和如羹焉，水、火、醯、醢、鹽、梅以烹魚肉，燀之以薪，宰夫和之，齊之以味，濟其不及，以泄其過。君子食之，以平其心。君臣亦然。君所謂可而有否焉，臣獻其否，以成其可。君所謂否而有可焉，臣獻其可，以去其否。是以政平而不干，民無爭心。』」此借辭立義，全非詩旨。而鄭《箋》泥此，亦以和羹為喻助祭諸侯，有和順之德，誤矣。「眉壽」以眉言，「黃」以髮言，「耇」以面言。是三者，皆壽徵也。解俱見《南山有臺》篇。言廟中之人既皆能致其誠敬，舉動得禮如此，庶乎烈祖綏我湯孫以眉壽黃耇之福，至於無有疆竟也。○**約軧錯衡**，叶陽韻，戶郎翻。**八鸞鶬鶬**。陽韻。陸德明本作「鏘」。**以假以享**，叶陽韻，虛良翻。**我受命溥將**。叶陽韻，資良翻。**自天降康**，陽韻。**豐年穰穰**。陽韻。**來假來饗**，叶陽韻，虛良翻。**降福無疆**。陽韻。○賦也。此章言今者之祭非偶然也，實繇得人得天，故使湯孫得盡其孝耳。「約軧」二句，解見《采芑》篇。但「鶬鶬」，彼作「瑲瑲」，當從之。「軧」、「衡」以諸侯所乘之車言，「八鸞」以諸侯所駕之馬言。「假」，通作「徦」，至也。「享」，獻也。歐陽修云：「『以假以享』者，諸侯既至而助享也。」「我」，指湯孫也。劉公瑾云：「歌工導達主祭者之意。自先祖之身而指主祭者，則曰湯孫。自主祭者之身而言，則曰我、曰予。立言雖殊，所指之人則一。」「溥」，《說文》云：「大也。」「將」，奉也。繇我湯孫，受天眷命，故溥天下之，諸侯皆乘其車馬以來奉祭事也。鄭云：「祭祀溥助我，言得萬國之歡心也。」「自」，從。「降」，下。「康」，安也。歲大熟而五穀多有曰「豐年」。「穰穰」，穀茂盛之貌。解見《執競》篇。孔云：「從天下平安之福，故獲得『豐年穰穰』。」呂祖謙云：「言時和歲豐，祭禮得成，所謂可以備物者也。」曹氏云：「得萬國之歡心以事其先王，所謂得人也。」「降康」、「豐年」，所謂得天也。「來假來饗」，指烈祖言。「饗」之為言向也。歐陽修云：「上言『以享』者，謂諸侯來助祭，致享於神也。下云『來饗』者，謂神來至而歆饗也。承上言湯孫之得人得天如此，庶乎烈祖之

來至其坐，來享其祭，而下之以無界限之福也。」鄒忠胤云：「《那》以管聲、磬聲、厥聲相叶烈祖，以『申錫無疆』、『黃耇無疆』、『降福無疆』為節，何商文之簡質乃爾？」○顧予烝嘗，陽韻。湯孫之將。叶陽韻，資良翻。○賦也。黃佐云：「上既曰『賚我思成』矣，曰『綏我眉壽，黃耇無疆』矣，曰『降福無疆』矣，此又曰『顧我烝嘗』，何也？蓋祖考雖享，而孝孫之心未敢必其享也，故又致其丁寧之意如此。」蘇轍云：「言其尚『顧予烝嘗』哉？此湯孫之所奉也。」愚按：此二語雖與《那》篇結語相同，而意微有別。彼重在「孫」之一字，謂以一氣感通也。此重在「烝嘗」二字，謂我於烝嘗之禮相繼舉行，其時時勤於祭祀如此，當為烈祖之所鑒念也。

《烈祖》四章。一章四句，二章章八句，一章二句。舊作一章二十二句。今按：朱子分為四節，於語意血脈甚明，故即依之以定章數。○輔廣云：「《那》與《烈祖》皆祀成湯之樂，然《那》詩則專言樂聲，至《烈祖》則及夫酒饌焉。商人尚聲，豈始作樂之時則歌《那》，既祭而後歌《烈祖》歟？」季本以為「此必祭成湯而受釐降福之詩」。按：此二說亦皆可通。然果祭日所歌，似不應有「申錫」之語。《序》則云：「祀中宗也。」朱子謂：「此詩未見其為祀中宗，《序》但不欲連篇重出，又以中宗商之賢君，不欲遺之耳。」鄒亦云：「《那》、《烈祖》兩篇結語皆曰『湯孫之將』，其均為祀成湯明甚。商家賢聖代作，不止中宗，安知不皆有頌？但正考父所得僅僅十二篇，況至孔子刪詩日乎！」

玄鳥

《玄鳥》，高宗報上甲微也。《孔叢子・論書》篇云：「《書》曰：『維高宗報上甲。』微定公問曰：『此何謂也？』孔子對曰：『此謂親盡廟毀，有功而不及祖，有德而不及宗，故於每歲之大嘗而報祭焉，所以昭其功德也。』公曰：『先君僖公，功德前行，可以與於報乎？』孔子曰：『丘聞昔虞、夏、商、周以帝王行此禮者則有矣，自此以下，未之知也。』」《魯語》：「展禽云：『有虞氏禘黃帝而祖顓頊，郊堯而宗舜。夏后氏禘黃帝而祖顓頊，郊鯀而宗禹。商人禘舜而祖契，郊冥而宗湯。周人禘嚳而郊稷，祖文王而宗武王。幕，能帥顓頊者也，有虞氏報焉。杼，能帥禹者也，夏后氏報焉。上甲微，能〔註9〕帥契者也，商人報焉。高圉、大王能帥稷者也，周人報焉。凡郊、禘、宗、祖、報，

〔註9〕「能」，四庫本作「乃」。《國語》原作「能」。

此五者，國之典祀也。」按：《竹書》：「夏帝芒三十三年，商侯遷於殷。帝泄十二年，殷侯子亥賓於有易，有易殺而放之。十六年，殷侯微以河伯之師伐有易，殺其君綿臣。至殷武丁十二年，報祀上甲微。」沈約注云：「殷侯子亥賓於有易而淫焉，有易之君綿臣殺而放之，故殷上甲微假師於河伯以伐有易，滅之，遂殺其君綿臣。中葉衰而上甲微復興，故殷人報焉。」所以知此詩為「報上甲微」之樂歌者，以「宅殷土芒芒，殷受命咸宜」二語知之。自契初封商，魯連子云：「在大華之陽。」皇甫謐云：「今上雒商是也。」即今陝西西安府之商州，以地有商山，故得商名。契生昭明，遷砥石，事見《世本》。其地不知所在。昭明生相土，遷商丘。《竹書》載：「夏帝相十五年，商侯相土，作乘馬，遂遷於商丘。」《左傳》所云「陶唐氏之火正閼伯居商丘，相土因之」是也。唐為宋州，宋為睢陽郡，在今為河南歸德府商丘縣。季本云：「地稱商丘者，其亦因契本封而以名丘歟？」相土生昌若，昌若生曹圉，曹圉生冥。《竹書》載：「夏少康十一年，使商侯冥治河。至帝杼十三年，商侯冥死於河。」中間計三十四年。《魯語》及《祭法》所謂「冥勤其官而水死」者。冥生振，《竹書》以為殷侯子亥，蓋振名而子亥其字也。實始遷殷，計三十七年，而為有易之君綿臣所殺，國統幾絕。振生微，字上甲，乃殺綿臣，而以殷興，仍居殷地。是則殷之遷雖在子亥，而昌殷緒以基王業者乃在上甲，故殷人報之也。皇甫謐謂：「微字上甲，其母以甲日生故也。」商家生子，以日為名，蓋自微始。《白虎通》亦云：「殷道尚質，故直以生日名子。」而譙周則謂「死稱廟主曰甲」，蓋謂生稱其名，死則以其生之名為廟主也。於理或然。微生報丁，報丁生報乙，報乙生報丙，報丙生主壬，主壬生主癸，主癸生天乙，是為成湯。《竹書》載：帝孔甲九年，殷侯復歸於商丘，上距微殺綿臣之歲凡一百單三年。不知所謂殷侯者何名也。自歸商丘之後，又二十五年，則為桀。在位之十五年，實成湯為商侯之元年，於是復自商丘遷於亳。《書序》謂「自契至於成湯八遷。湯始居亳，從先王居，作《帝告》、《釐沃》」。今按：所謂八遷者，契始居商，一也；昭明居砥石，二也；相土居商丘，三也；冥離商丘往河治水，四也；子亥遷殷，五也；孔甲之時復歸商丘，六也；及湯自商丘遷亳，不過七遷耳。然古今相傳，皆謂偃師、穀熟皆湯所都，而景亳則湯會諸侯之處，是謂三亳。皇甫謐云：「蒙北，亳也。穀熟，南亳也。偃師，西亳也。」蒙即景亳，與穀熟相近。果湯曾都二亳，則信有八遷矣。然二亳遷居之先後，則經傳無文。嚴粲謂「湯自南亳遷西亳」，似為可信。蓋三亳中，南亳、北亳相去甚近。

北亳在今商丘北五十里,地有景山,故謂之景亳。南亳在今商丘東南四十五里。《竹書》載「湯於桀十五年遷亳」,又書「二十八年,昆吾氏伐商,商會諸侯於景亳」,則知景亳實在商封內。不然,國既被伐,何得越境以會諸侯乎?《水經注》云:「闞駰曰:『湯都偃師。』」皇甫謐以為考之事實,學者失之。如《孟子》之言「湯居亳,與葛為鄰」,是即亳與葛比也。湯地七十里,葛又伯耳,封域有限,而寧陵去偃師八百里,不得童子饋餉而為之耕。今梁國自有二亳,南亳在穀熟,北亳在蒙,非偃師也。愚謂寧陵與商丘接壤,皇甫解湯居亳之義是矣。若謂湯未嘗都偃師,則又不然,以《書序》「從先王居」之文觀之。「先王」,孔安國以為指帝嚳也,今按其書篇名,曰《帝告》、《釐沃》,「告」當是通作「嚳」,「釐」之言「來」,蓋謂從帝嚳而來居於沃土云耳。孔說非謬。而《水經注》言帝嚳之墟在禹貢豫州河雒之間,今河南偃師城西二十里尸鄉亭是也。使湯不都偃師,何得云「從先王居」?又,孔穎達引《中候格予命》云:「天乙在亳,東觀在雒。」鄭玄亦云:「今河南偃師縣有湯亭。」《地理志》又謂:「尸鄉,殷湯所都。」然則湯之居偃師明矣。偃師乃周名,以周武王克商,偃息師徒於此。其初名為西亳,當是成湯命之。湯之創業,實始於亳,故曰「朕哉自亳」。後雖遷居嚳墟,而不忘其所自始,故亦呼之為亳耳。三亳惟亳為本名,地在商丘,故湯有天下,尚仍商舊號。若景亳則本名殷地,在北蒙,特以其近亳,故曰景亳,又曰北亳。當上甲父子之世,所謂遷於殷者,即景亳也。以《竹書》證之,自成湯居亳之後,歷外丙、仲壬、太甲、沃丁、小庚、小甲、雍己、大戊八君,皆仍居亳。至仲丁始遷於囂,歷外壬而河亶甲自囂遷於相。繼之祖乙,元年自相遷於耿。二年,圮於耿,自耿遷於庇。歷祖辛、開甲、祖丁,皆居庇。及南庚二年,遷於奄。歷陽甲而盤庚,至十四年,自奄遷於北蒙,曰殷。《書·盤庚》篇所謂「先王恪謹天命,不常厥邑,於今五邦」者,合囂、相、耿、庇、奄而言也。自相以下,疑皆在河北。至盤庚始遷河南,《書》所謂「惟涉河以民遷」者。《史記》惟言仲丁遷隞,河亶甲居相,祖乙遷邢,與《竹書》小異。然要之,《竹書》為覈矣。《竹書》稱北蒙曰殷,於此始知殷之所在。殷又名北亳,故《書序》言「盤庚五遷,將治亳殷」。孔安國謂「殷者,亳之別名」是也。而後人皆言盤庚所遷在河南偃師,誤矣。湯在殷,以會諸侯而不都殷,故不更國號。盤庚遷都殷,實上甲微舊跡,因而更號曰殷。其後歷小辛、小乙以及武丁,又傳四世至庚丁,皆居殷。及庚丁之子武乙始去殷,遷河北也。武丁修政行德,天下咸驩,殷道復興,故

於斯時追上甲絕而復續之功，而行報祭之禮，斯則《玄鳥》之詩之所為作。故晰乎商殷變更之故，則經傳史書若合符節。古人重稽古之力，夫豈誣乎？又，《補傳》謂：「殷之得名以澱水。」按：《說文》無「澱」字，乃濮水耳。濮水，今在河南開封府郾城縣，與殷無涉。此不可信。

天命玄鳥，降而生商。陽韻。**宅殷土芒芒，**陽韻。《三代世表》作「殷社芒芒」。**古帝命武湯，**陽韻。**正域彼四方。**陽韻。**方命厥后，**有韻。**奄有九有。**《韻文選注》作「域」。○賦也。「玄鳥」，毛《傳》云：「鳦也。春分，玄鳥降。湯之先祖有娀氏女簡狄配高辛氏帝，帝率與之祈於郊禖而生契，故本其為天所命，以玄鳥至而生焉。」孔穎達云：「毛氏不信讖緯，以天無命鳥生人之理。而《月令》仲春云：『是月也，玄鳥至之日，以太牢祀於高禖，天子親往。』則是以玄鳥至日，祈而得之也。玄鳥以春分而至，氣候之常，非天命之使生契，但天之生契，將令王有天下，故本其欲為天所命，以玄鳥至而生焉。記其祈福之時，美其得天之命，故玄鳥之來非從天至。而謂之降者，重之若自天來然。《月令》『季春，戴勝降於桑』，《注》謂：『言降者，若始自天來，重之故稱降也。』」按：「玄鳥生商」，其語近奇，而事甚無怪。毛、孔之說正矣。乃《詩緯含神霧》則云：「契母有娀浴於玄丘之水，睇玄鳥銜卵，過而墜之，契母得而吞之，遂生契。」《中候契握》則云：「玄鳥翔水遺卵，流，娀簡吞之生契，封。」《禮緯》則云：「契姓子氏，以其母吞鳦子而生。」紛紛語怪，遞相祖述，總不外吞卵一說，而甚且以契為無父，娀非嚳妃。如劉向《列女傳》曰：「契母簡狄者，有娀氏之長女也。當堯之時，與其妹姊浴於玄丘之水。有玄鳥啣卵過而墜之，五色甚好，簡狄與其妹姊競往取之。簡狄得而含之，誤而吞之，遂生契焉。」王嘉《拾遺記》曰：「商之始也，有神女簡狄遊於桑野，見黑鳥遺卵於地，有五色文，作八百字。簡狄拾之，貯以玉筐，覆以朱紱。夜夢神母謂之曰：『爾懷此卵，即生聖子，以繼金德。』狄乃懷卵一年而有娠。經十四月而生契，祚以八百，叶卵之文也。雖遭旱厄，後嗣興焉。」譙周則謂「契生堯代，舜始舉之，必非嚳子，以其父微，故不著名」。羅泌闢之云：「《世本》、《大戴》之書言昔帝嚳卜四妃之子，皆有天下，而稷之後為周。周人既上推后稷為嚳子矣，何所疑耶？昔有娀氏有二女，長曰束逖，次曰建庇。束逖為嚳次妃，是為簡翟，故屈原云：『簡翟在臺嚳何？宜乙鳥致貽女何喜？』又云：『高辛之靈盛兮，遭乙鳥而致貽。』夫古書之存

者,其言簡翟,未嘗不及於嚳也。」若司馬遷、王逸亦既以簡翟為嚳妃矣,而一則曰「三人行浴,因吞墜卵」,一則曰「侍帝嚳臺上,嘉墜卵而吞之」,總無以異於讖緯之說。乃《呂氏春秋》更有異焉,謂:「有娀氏有二佚女,為之九成之臺,飲食必以鼓,帝令燕往視之,鳴若謚隘,二女愛而爭持之,覆以玉筐。少選發而視之,燕遺二卵,北飛遂不反。」善乎蘇洵之言,曰:「史載簡狄吞卵生契,為商始祖。神奇妖濫,不亦甚乎。使聖人而有異於眾庶也,天地必將儲陰陽之和,積元氣之英以生,又安用此微禽之卵哉?燕墜卵於前,取而吞之,簡狄其喪心乎!」歐陽修亦云:「秦、漢之間學者喜為異說,謂高辛氏之妃陳鋒氏女感赤龍精而生堯,簡狄吞鳦卵而生契,姜嫄履大人跡而生后稷。高辛四妃,其三皆以神異而生子。蓋堯有盛德,稷、契後世皆王天下數百年,學者喜為之稱述,欲神其事,故務為奇說也。至帝摯無所稱,故獨無說。」又,蔡邕《月令章句》曰:「玄鳥感陽而至,其來主為孚乳蕃滋,故重其至日,因以用事。契母簡狄,蓋以玄鳥至日有事高禖而生契焉,故詩曰:『天命玄鳥,降而生商。』」其說獨與毛《傳》合。當漢之世,而有能持正論如兩人者,正不多得。若褚先生謂:「《詩》言契生於卵、后稷人跡者,欲見其有天命精誠之意耳。鬼神不能自成,須人而生,奈何無父而生乎?」褚雖疑無父之說之非,而未免惑於神怪感通之事,未足稱達識也。雖然,以朱子之素持正論,而猶以吞卵為可信,況其他哉!契為商開基之祖,故謂生契為生商。「宅」,《爾雅》云:「居也。」「商」、「殷」,解俱見本篇《小引》下。「宅殷」,指上甲微也。自微時已改稱殷侯,其後世反於商丘,乃復稱商侯耳。「土」,土地也。「芒」,通作「荒」,《爾雅》云:「奄也。」毛以「芒芒」為「大貌」。孔云:「《左傳》稱『芒芒禹跡,畫為九州』,是芒芒為大貌也。」微既滅有易,至帝不降三十五年覆滅皮氏,事見《竹書》。則殷土地之大可知。「古」,朱子云:「猶昔也。」程子云:「天以形體言,帝以主宰言。」「武湯」,朱子云:「以其有武德號之也。」曹氏云:「《書》曰:『惟我商王,布昭聖武。』《長發》曰:『武王載斾,有虔秉鉞。』故此稱為武湯也。」「正」,猶定也。「域」,《說文》云:「邦也。」陸燧云:「『正域』,言四方之封域自我正之,使人不得割據而紛擾也。」黃光昇云:「維時夏桀昏虐,諸侯不服,相為侵亂,湯始正之,此商之王業所繇始也。」「方」,即東西南北之四方。「厥后」,謂其方之諸侯也。與《書‧舜典》篇「班瑞於群后」,《大禹謨》篇「禹乃會群后」,《武成》篇「王若曰群后」義同。嚴粲云:「湯承帝之命,乃隨其方,以施命令於諸侯。」朱子云:「四方諸

侯無不受命也。」愚按：此以景亳之命言。景亳即殷地，自上甲微居殷而國始大，其後湯復即其地以命諸侯，而王業肇基於此，故詩人詳述之，非徒闡揚祖功，亦以讚美今日都殷之得地耳。《竹書》載：「桀二十八年，商會諸侯於景亳，遂征韋取韋，征顧取顧。」《左·昭四年》：「楚子合諸侯於申，椒舉言於楚子曰：『臣聞諸侯無歸，禮以為歸。今君始得諸侯，其慎禮矣。霸之濟否，在此會也。夏啟有釣臺之享，商湯有景亳之命。』」謂此命也。「奄」，《說文》云：「覆也。大有餘也。」「九有」，毛云：「九州也。」鄭云：「覆有九州，為之主也。」孔云：「九有是同有天下之辭，言分天下以為九分，皆為己有也。」又，楊慎云：「《春秋命歷敘》：『人皇氏依山川土地之勢，度為九州，謂之九囿。』『囿』，古文省作『有』。」〔註10〕易氏云：「殷人九州之制不見於經傳，是以後世莫詳焉。」《爾雅》曰：「兩河間曰冀州，河南曰豫州，河西曰雍州，漢南曰荊州，江南曰揚州，濟河間曰兗州，濟東曰徐州，燕曰幽州，齊曰營州。」其九州之名與夫疆域所至，與《舜典》異，又與《禹貢》異，後世皆莫得其說。先儒以為殷制，其說誠然。絲今考之，有舜之幽、營、徐而無舜之青、梁、并，是青入於徐，梁入於雍，并入於冀也。既分禹貢冀州之境而復舜之幽州，又並青於徐而復舜之營州，殷之九州燦然可考，而其山川道里亦以類舉。至周人則又分冀為并而並營於幽，復禹之青州而省徐以入於青。《王制注》云：「殷湯更制中國方三千里之界，分為九州而建千七百七十三國。」○**商之先后，受命不殆，**叶紙韻，養里翻。**在武丁孫子。**紙韻。**武丁孫子，武王靡不勝。**叶蒸韻，書蒸翻。**龍旂十乘，**蒸韻。**大糦是承。**蒸韻。○賦也。「商之先后」，指上甲微也。微為諸侯，故但稱先后，不稱先王，以「方命厥后」例之可見。「殆」，《說文》云：「危也。」微父振為有易氏所殺，國已危矣，微能受天眷命，以復舊物，不至危殆，故使湯得有所承藉，以成一統之業，至於今，傳在武丁，方且延及子後之孫、孫後之子，世數莫可限量，皆先後微所貽也。使爾時中絕而不復續，即湯且無絲以興，而又何餘麻

〔註10〕按：「又」以下文字見馮復京《六家詩名物疏》卷五十五《商頌·玄鳥·九有》，「楊慎」作「楊用修」。

楊慎之說原見《丹鉛總錄》卷二《九有》、《丹鉛餘錄》卷十七，曰：「《通鑒外紀》云：『人皇氏依山川土地之勢，財度為九州，謂之九囿。各居其一而為之長。人皇居中州以制八輔。』此引《春秋命歷敘》文也。『九囿』，取育草木為義，即後世所謂九州也。中州則人皇之都，《石鼓文》所謂『寓逢中囿』也。八輔則餘八囿也。『囿』，亦作『有』。古字省文書，書以有。」

及於後人之有？武丁名昭，武丁其字也。歌工於祖考之前，直呼其字，蓋古
人之尚質如此。「武王」，謂湯也。《史記》云：「湯曰：『吾甚武。』號曰武王。」
「勝」，《說文》云：「任也。」此又歸美於成湯之辭也。凡德厚者流光，德薄
者流卑，故曰「君子之澤，五世而斬」。夫澤斬而子孫不蒙其庥者，則其精神
力量至此而盡也。商家之命，延至武丁孫子，未有窮期。雖曰先後之垂裕，亦
緜成湯之豐功厚德足以堪之，故曰「武王靡不勝」。云「靡不」者，對孫子而
言。「龍旂」二句，指諸侯來助祭也。周覲禮，侯載龍旂，交龍為旂，一升一
降，升象其升朝，降象其下復，乃建之車上者。今按：此詩則商禮，亦不異
耳。「十乘」者，鄭云：「二王后，八州之大國。」嚴云：「舉諸侯之尊者言之。」
顧大韶云：「若作眾諸侯解，則不應止十乘也。」「糦」，本作「饎」，《說文》
云：「酒食也。」「大糦」，《韓詩》云：「大祭也。」「承」，《說文》云：「奉也。」
夫商祚方〔註11〕且延及於武丁之孫子，則當武丁之時，諸侯誰敢不服從？所
以當時有建龍旂者十乘，來助殷祭，以為諸侯之領袖，於祭之時，皆有事廟
中，以奉進其酒食焉。假使王靈衰替，安能得此？故《孟子》曰：「自湯至於
武丁，賢聖之君六七作，民之歸殷久矣，久則難變也。武丁朝諸侯，有天下，
猶運之掌也。」○**邦畿千里**，紙韻。**維**《大學》作「惟」。**民所止**，紙韻。
肇域彼四海。叶紙韻，虎洧翻。**四海來假**，豐氏本作「遐」。後同。**來假
祈祈**。支韻。**景員**古文作「云」。**維河**，歌韻。陸德明云：「或作『何』。」
殷受命咸宜，支韻。**百祿是何**。歌韻。《左傳》、豐本俱作「荷」。○賦也。
此章言都殷之得地，所以益追思上甲之功也。「畿」，毛云：「疆也。」虞、夏
稱服，殷、周稱畿。王氏云：「畿言其有界畫，服言其服王事。」「邦畿」，天
子之都也。《王制注》云：「天子所居州界之名，殷曰畿。」《漢志》：「殷、周
因井田而制軍賦，地方一里為井，井十為通，通十為成。成方十里。成十為
終，終十為同。同方百里。同十為封，封十為畿。畿方千里。」封乃諸侯之大
者，天子所居則謂之畿，所謂「邦畿千里」也。必以千里為畿者，見居重馭
輕，宅中圖大之意。此指殷都而言。「止」，鄭云：「猶居也。」《大學》引此，
而先之曰「君子無所不用其極」，即《殷武》篇所謂「四方之極」也。「肇」，
通作「肁」。《說文》云：「始開也。」《爾雅》以為始也。「四海」，海內之地
也。嚴云：「邦畿之內，地方千里，維是民之所安止也。言民志定也。京都，

諸夏之根本。王畿之內，人心安定，則四海之大皆在統理之內。湯本以四方為域，今言始以四海為域者，殷道中微，侯國有畔者，故疆土非先王之舊。至高宗中興，始復之也。」王肅云：「殷道衰，四夷來侵，至高宗然後以四海為境域也。」陳際泰云：「商世以兵起，武湯之後而有武丁，光復舊物，祀夏配天，中興之運，若自彼手創之矣。雖然，武丁所以能此者，先據山河之險，沃野千里，握勢重以臨諸侯，故中興之業爛焉，豈苟而已哉？」〔註12〕「假」，通作「徦」。《說文》云：「至也。」「四海來假」，謂諸侯也。即上章「龍旂十乘，大糦是承」者是也。「祈」，通作「䠱」，《方言》云：「登也。」重言之者，見下國非一也。蘇轍云：「夫天子所居，畿內千里，自足以疆域四方。四方諸侯賴之以安，故其至者祈祈其多也。」「景」，山名，即今殷所都也。以《殷武》篇「陟彼景山」證之可見。《括地志》云：「宋州比五十里，大蒙城為景亳，湯所盟地，因景山而名。」《寰宇記》云：「景山在應天府楚丘縣北三十八里。」《玉海》云：「高四丈，今屬拱州。」按：宋之應天府即今歸德府也。府城東南有亳城，即景亳也。拱州今為睢州。「員」，朱子云：「與幅隕義同。蓋言周也，言景山四周皆大河也。」《補傳》云：「殷都帶河，《盤庚》所謂『惟涉河以民遷』是也。」輔廣云：「四周皆大河，其形勢之盛而居之安如此。」愚蓋嘗綜商殷先後遷都之故而觀之，先是仲康時遭后昇〔註13〕之亂，命世子相出居商丘，依邳侯。及相即帝位，元年居商，而其時為商侯者，相土也。國既為帝，所居則不能有其國，而相土又有作乘馬之功，故帝以前所居之商丘與之。再傳而使冥治河，久於其職，不能復居商丘，竟以勤事死，故又復遷殷。此皆奉帝命而遷者也。觀其前稱商侯，後稱殷侯，蓋帝憫冥以死勤事，故錄其後人而續封焉。殷地負山帶河，足以有為。遷殷之後，即能滅有易，滅皮氏，商業自是復興。故展禽謂「上甲微能帥契」，言其能率循契之功是也。然則微之子孫，即宜長守此地可矣，而何為乎復遷？嗟嗟！殷於此時，固有不得不遷者也。其時帝孔甲即位，廢豕韋，遷劉累，為諸侯者必皆戚戚不安，而殷負方張之勢，當尤為帝所忌，故不得已而復歸於商丘，亦姑以避禍耳。至湯，而勢又浸盛矣。然僅能遷於亳，未敢問及故封。及夏臺既釋之後，諸侯皆賓，克有雒，滅溫，勢日以大，因是會諸侯於舊國，而此時桀亦無如之何也。

〔註12〕陳際泰《五經讀・詩經・讀玄鳥》。(《四庫全書存目叢書》經部第 151 冊，第410 頁)

〔註13〕「昇」，四庫本作「羿」。

然湯終不復遷者，以載亳而興，方規進取，故不急急於遷都。及王業已成，則又從先王居而於偃師定鼎焉。數傳而仲丁遷囂，豈無故而去祖都哉？當雍己之時，商道衰微，諸侯不至。大戊在位七十五年，殷復興，諸侯歸之。仲丁，大戊子也。意必大戊為之經略，以囂當四方道里之中，朝覲會同最為便利，又滎陽在成皋岩險之地，依山避水，故於此圖遷焉。誠遠計也。然無如河決為患何。自是而相而耿而庇而奄，總受河之虐，於是盤庚復遷殷。其事載《尚書》中甚具。遷殷之後，武丁、祖甲復興，七傳至武乙，徙河北，為雷震死。自是之復〔註14〕，又復居殷。迄紂亡，乃在朝歌。季本謂意必為離宮，於此而居之，蓋亂世之君所為耳。殷受命，咸宜統前後而贊也。「咸」，皆也。「宜」，所安也。俱見《說文》。自上甲微以殷興，而能安受不殆之命。成湯雖不都殷，而曾會諸侯於此，用能安受正域之命。今盤庚遷殷，傳至武丁，復能安受四海來假之命，故曰「咸宜」也。「百祿」，汎言福之多也。「何」，《說文》云：「儋也。」徐鉉云：「即負何也。」殷土之於受命，其相宜如此。繼此以往，「百祿是何」，端有可為武丁必者，蓋祝願之辭也。然實自上甲開其先，如之何不報？或問武丁都殷，繇盤庚之遷，而無祀盤庚樂歌，何也？盤庚世數未盡，尚列祀於太廟，自與上甲之專報祭者不同。然《商頌》所傳僅五篇耳，亦烏知非本有詩而後乃散軼乎？

《玄鳥》三章。二章章七句，一章八句。舊皆作一章二十二句。○《序》以為祀高宗也。然《殷武》之詩序亦曰「祀高宗」，疑不應有兩詩，故鄭玄謂：「祀當為祫。祫，合也。高宗崩，始合祭於契之廟，歌是詩焉。」古者君喪三年既畢，禘於其廟，而後祫祭於太祖。明年春，禘於群廟。自此之後，五年而再殷祭，一禘一祫，《春秋》謂之大事。按：鄭據《春秋》之禮以解殷禮，已不足信，況其所援引者率多附會不經，楊氏已闢其有四妄矣。朱子謂：「詩有『武丁孫子』之句，故《序》得以為據。雖未必然，然必是高宗以後之詩。」至其《集傳》，但云：「此亦祭祀宗廟之樂，而追敘商人之所繇生，以及其有天下之初。」蓋不能知此詩所用之地也，亦汎斯甚矣。《申培說》則云：「此亦禘祀之詩。」其意蓋如《春秋》所云吉禘者，此即喪畢之祭，與鄭玄言祫意同，但其名異耳。殷禮已亡，孔子尚苦無徵，誰能以意定之？愚特因詩中言商，又言殷，頗測其微指所在。初疑為高宗祀盤庚，而於諸書無

〔註14〕「復」，四庫本作「後」。

所據，不敢自信。既而思高宗曾報上甲微，復參考《竹書》，則知興殷者實上甲，與周家之公劉、太王同功，而此詩為報祭而作，其立言之意渙然可尋，無復疑義，因遂筆之。又按：上甲為湯之祖，大禘追其祖之所自出，則此詩及《長發》篇次皆當居商頌之先，而正考父較商頌於周大師，乃以《那》為首，何也？湯為商室開基之祖，四時有祭。上甲報於每歲之大嘗及大禘之禮，終王而一舉，皆以義起者耳，烏得先？

詩經世本古義卷之四

閩儒何楷玄子氏學

殷祖庚之世詩一篇

何氏小引

《殷武》，立高宗廟也。武丁修政行德，天下咸驩，殷道復興。武丁崩，子祖庚立，祖己嘉武丁之以祥雉為德，立其廟為高宗。廟既成，始祔而祭之之詩。

殷武

《殷武》，立高宗廟也。武丁修政行德，天下咸驩，殷道復興。武丁崩，子祖庚立，祖己嘉武丁之以祥雉為德，立其廟為高宗。自「武丁修政」下，俱出《史記》。廟既成，始祔而祭之之詩。出朱《傳》。武丁祥雉事，詳見《那》、《烈祖》二篇。《小引》下：「沈約云：『王，殷之大仁也。力行王道，不敢荒寧，嘉靖殷邦，至於小大，無時或怨。是時輿地東不過江黃，西不過氐羌，南不過荊蠻，北不過朔方。而頌聲作，禮廢而復起，廟號高宗。』」劉歆云：「天子三昭三穆，與太祖之廟而七。七者，其正法數，可常數者也。宗不在此數中。宗，變也。苟有功德則宗之，不可預為設數。故於殷太甲為太宗，大戊曰中宗，武丁曰高宗。周公為無逸之戒，舉殷三宗以勸成王。繇是言之，宗無數也。然則所以勸帝者之功德博矣。」或又說中宗、高宗者，宗其道而毀其廟，名與實異，非尊德貴功之意也。《詩》云：「蔽芾甘棠，

勿剪勿伐，召伯所茇。」思其人猶愛其樹，況宗其道而毀其廟乎！迭毀之禮，自有常法，無殊功異德，固以親疏相推。朱子云：「劉歆說宗不在七廟數中，此說是。」又云：「商之三宗，若不是別立廟，只是親廟時，何不胡亂將三個來立？如何恰限取祖甲、太戊、高宗為之？那個祖有功，宗有德，天下後世自有公論，不以揀擇為嫌。所以名之曰幽、厲，雖孝子慈孫，百世不能改。那個好底自是合當宗祀，如何毀得？」愚按：當祖庚時，武宗於七廟中正為考廟。今如為武丁別立一廟，則是考廟虛主也。抑豈向之居考廟者尚仍舊而不遷耶？然無此理矣。若謂祀武丁於考廟，又別為武丁自立廟，則是武丁有二主，尤無此理。以愚意之，武丁雖自立廟，然當世數未盡時，必仍居七廟中，而虛其新廟。及夫親盡應毀之日，乃始遷其主於新廟，與七廟同享祀，為百世不遷之宗，而不與群祧等列耳。又按：先儒謂遠廟為祧，遷主藏焉。周之祧法，先公之遷主藏於后稷之廟，先王之遷主藏於文武之廟，群穆則藏於文，群昭則藏於武，故或謂宗曰世室，亦曰祧。以此法例之，如商之三宗為宗，則三宗以下之子孫，凡自七廟而祧者必各依其昭穆而分藏其主於三宗之廟，亦禮之可行者也。若西漢每帝即世，輒立一廟，不止於七，不列昭穆迭毀。東漢宗廟之制，代代稱宗，未嘗有祧遷之法。此皆失禮之大者。劉公瑾云：「三宗之廟未知立於何所。竊意中宗當穆，高宗、祖甲當昭，各隨昭穆之位，特列其廟於太祖廟之兩旁。三昭三穆之上，如周文、武世室之位也。」

撻《說文》作「遷」。彼殷武，奮伐荊楚。語韻。罙《說文》作「眔」。入其阻，語韻。裒荊之旅語韻。有截其所，語韻。湯孫之緒。語韻。舊自章首起至此為第一章。維女音汝。荊楚，見上。居國南鄉。陽韻。昔有豐氏本作「在」。成湯，陽韻。自彼氐羌。陽韻。莫敢不來享，叶陽韻，虛良翻。莫敢不來王。陽韻。曰商是常陽韻。舊自「維汝」至此為第二章。○賦也。「撻」，《說文》作「遷」。趙頤光云：「從虍達聲。從虍何？威之也。今文改作『撻』。」「殷武」，毛《傳》云：「殷王武丁也。」錢氏云：「謂殷之有武者，莫高宗若也。」按：商自盤庚遷殷，始改國號曰殷。武丁，名昭，小乙之子，成湯十世孫，廟號高宗。鄒忠胤云：「商家賢聖之君，惟載祀之湯，及奮伐之丁，以武特聞，其他固有不甚武者。夫服叛招攜，非大武不克大振，此殷武所以為赫濯，而守文之主不與焉。」「奮」，《說文》云：「翬也。從奞在田上。」鳥鼓翅翬翬然疾也，兵興之迅疾似之。「伐」，《說文》云：「擊也。」徐光啟云：「『奮伐』二字有卓然果斷，人不及謀，發不及距意。此時積衰之

後，稍著一分因仍姑待之意，便凌夷而不振矣。」「荊楚」，毛《傳》云：「荊州之楚國也。」《春秋正義》云：「楚、荊，一木二名，故以為國號，亦得二名。」孔穎達云：「荊是州名，楚是國名。周有天下，始封熊繹為楚子。於武丁之世，不知楚君何人也。」《解頤新語》云：「或謂成王始封熊繹於荊，至魯僖公元年，始有楚號。遂疑商時未有荊楚，乃欲假此以實《韓詩》宋襄公時作《商頌》之說，殊不思自帝嚳九州已有荊州之名，至《禹貢》有荊州，即荊楚也，又有荊岐，則雍州之荊也。詩人以有二荊，故以荊楚別荊岐耳，孰謂周始有荊楚哉？」按：沈括謂「揚州宜楊，荊州宜荊」。地名因此楚乃荊之別名，故二字通用。《春秋賈氏訓詁》謂「秦始皇父諱楚，因亦變楚為荊」。此通用之證也。徐光啟云：「荊楚左控江陵，右控黔中，南負蒼梧，北依涇塞，險阻之國。」司馬遷云：「夫荊楚僄勇輕悍，好作亂，乃自古記之矣。」季〔註1〕本云：「詩中稱商邑、稱景山，皆北亳也。蓋盤庚既沒，而殷道日衰，楚人叛之。其患之所及，必常在淮北。如春秋時，楚之凌虐陳、宋也。北亳即宋也。」王慎中云：「方城漢水之間，地大人眾，形阻而俗雜，介錯於商邑之阬而近，不一於夏，而非純於夷，未能以為內，而不可以為外。先王固欲梁圍其山川，井邑其人民，以固威嚴之勢，而立長久之安，非如氐羌之荒忽，惟其來享來王而已。」《公羊傳》云：「楚有王者則後服，無王者則先叛，夷狄也，而亟病中國。」「罙」，本作「罘」，《說文》云：「周也。」「阻」，《說文》云：「險也。」《增韻》云：「山嶮曰險，水隔曰阻。若泛言，則山水通用。」愚按：「罙入其阻」，當是指鬼方之地。《易·既濟》九三爻云：「高宗伐鬼方，三年克之。」《未濟》九四爻云：「震用伐鬼方，三年有賞於大國。」朱子疑荊楚即鬼方，謂荊楚地好鬼，自古而然，以三苗復九黎之德，家為巫祝，民神雜糅，是以荊楚舊多淫祠，下至戰國之際猶爾。驗諸屈原《九歌》可見也。然《竹書》載武丁三十二年，伐鬼方，次於荊。至三十四年，王師克鬼方。則鬼方與荊楚明非一國，大抵鬼方在荊州之地，其所居者必山水險阻之處，能乘間出沒，為中國患，而荊楚剽輕，輒附之以俱動。故世治則後服，世亂則先叛。高宗興兵，本為伐鬼方，而特揚言以伐荊楚為名，一則使鬼方恬然不復措意，而我可以攻其無備，一則怵荊楚俾自為守，而不暇與鬼方結連。此固已得用兵勝算矣。所以能直搗長驅，如入無人之境也。至是師據腹中，地利在我，則鬼方與荊楚不復相顧，而二醜之勢俱孤，是故荊楚必服而鬼方必克也。《易》言「震用

〔註1〕「季」，四庫本誤作「李」。

伐鬼方」，知此舉非高宗自行。震是臣名，於傳無考。或以震者，長子之象，借為大將之稱，如《師》卦九五言「長子帥師」之意耳。「哀」，《爾雅》、毛《傳》皆云聚也。按：《說文》無「哀」字，本作「褻」，通作「褻」。《說文》云：「衣袂也。」「哀荊之旅」者，猶言收拾荊楚之眾，不使其紛出而為鬼方所用。亦聚意也。蓋此時荊楚已聽命矣。又呂祖謙云：「『哀荊之旅』，謂入巢穴，其眾無所遁逃窮而保聚，如句踐棲於會稽之類也。」亦通。徐云：「《漢書》嚴助疏云：『臣聞長老言秦之時，嘗使尉佗徒睢擊越，又使監祿鑿渠通道，越人逃入深山林叢，不可攻。留軍屯守空地，曠日持久，士卒勞倦，越乃出擊之，秦兵大敗。』荊楚以南，高山深谷，叢林密菁，夷人據險負阻，鳥舉鱗聚，不可方物，至今猶然。高宗伐楚，獨能哀荊之旅，可謂神於用兵矣。」「截」，《說文》云：「斷也。」言截斷鬼方與荊楚為二，不敢出而相應也。一說：曹氏云：「王師所在，截然無敢犯之者，猶《常武》所謂『截彼淮浦，王師之所』也。」亦通。「湯孫」，朱子云：「謂高宗。」按：《那》及《烈祖》篇亦皆稱高宗為湯孫。「緒」，本絲耑之名。事業之有條理亦如之。故《爾雅》訓為事，又為業也。承上文，言此非好大喜功，乃為湯孫者事業當然，必如此而後無愧於為湯之孫也。下文言「昔有成湯，曰商是常意」，實本此。又按：《竹書》載：「夏桀二十一年，商師征有雒，克之，遂征荊，荊降。」是則奮伐荊楚，固成湯已事耳。「維女荊楚」以下紀高宗因荊旅聽命而諭告之辭也。「鄉」，毛云：「所也。」鄭云：「楚國近在荊州之域，居中國之南方。」陸化熙云：「見為聲教所加，正朔所及也。」郝敬云：「三代以前，王都多在西北，楚地據東南，半天下。王者南面出治，失楚則如面牆，故曰『維女荊楚，居國南鄉』，言至近而要也。」金履祥云：「商周中葉，荊楚每為中國大患，蓋自豫南偏，即踰重山而至鄧，號為山南，而又渡漢水，控引雲夢江沱，是為重險。荊楚在其間，為九州內之夷狄，一出憑陵，則北撼中州，東瞰陳蔡，此所以易為中國患也。商都河南北，周遷雒陽，視荊楚為國，南而負固。若此其為大患，宜矣。然自文王興於岐周，而其風化行於江漢，秦人恃力，亦足以制楚。蓋自雍南出，即山水皆東南趨，其下荊楚，亦猶建瓴水爾。然則荊可以搗豫闞揚、徐，而雍、梁又足以制荊設險，雖守國之末務，而亦不可不知也。」「氐羌」，鄭云：「夷狄，國在西方者也。」《山海經》云：「伯夷父生西嶽，西嶽生先龍，先龍是始生氐羌。氐羌，乞姓。」孔云：「氐羌之種，漢世仍存，在秦隴之西。」《地理志》云：「隴西郡有氐道、羌道。」按：《一統志》以陝西臨洮府、寧夏岷州靖虜衛

文縣所、四川龍州、松潘、疊溪皆為羌地。曰「自彼」者，舉絕遠以例其餘，見不止於氐羌，觀下文「莫敢」字可見。《竹書》載湯即位之次年，氐羌來賓。又八年初，巡狩定獻令。則氐羌其先至者，而其後四方諸夷始相繼而來，故特舉氐羌也。威之所制者廣，故曰「莫敢」。「享」，《說文》云：「獻也。」《逸周書・王會解》云：「湯問伊尹曰：『諸侯來獻，或無馬牛之所生，而獻遠方之物，事實相反，不利。今吾欲因其地勢所有獻之，必易得而不貴，其為四方獻令。』伊尹受命。於是為四方令曰：『臣請正東符婁、仇州、伊慮、漚深、九夷、十蠻、越漚，鬋〔註2〕文身，請令以魚支之鞱、劍鰩之醬、鮫瞂〔註3〕、利劍為獻；正南甌鄧、桂國、損子、產里、百濮、九囷〔註4〕，請令以珠璣、玳瑁、象齒、文犀、翠羽、菌鶴、短狗為獻；正西崑崙、狗國、鬼親、枳巳、闟耳、貫胸、雕題、離丘、漆齒，請令以丹青、白旄、紕罽、江歷、龍角、神龜為獻；正北空同、大夏、莎車、沽他、旦略、貌胡、戎翟、匈奴、樓煩、月氏、織〔註5〕犁、其龍、東胡，請令以橐駝、白玉、野馬、騊駼、駃騠、良弓為獻。』湯曰：『善。』」按：觀此則氐羌、鬼方、荊楚之類各依其方所有之物為貢，皆在其中矣。鄭云：「世見曰王。」孔云：「謂其國父死子繼，及嗣王即位，乃來朝也。」《荀子》云：「諸夏之國，同服同儀。蠻夷戎狄之國，同服不同制。封內甸服，封外侯服，侯衛賓服，蠻夷要服，戎狄荒服。甸服者祭，侯服者祀，賓服者享，要服者貢，荒服者終王。日祭、月祀、時享、歲貢、終王，夫是之謂視形勢而制械用，稱遠近而等貢獻，是王者之至也。彼楚越者，且時享、歲貢、終王之屬也，必齊之日祭月祀之屬，然後曰受制也〔註6〕，則未足與及王者之制也。」季本云：「曹氏以為氐羌之國。近者以時聘享，遠者亦來終王，以享與王為遠近之差。今詳詩意，則似戎狄之在荒服者世一見王，而非來朝之日，凡遇歲貢之時，則有貢獻，故以獻先於王。蓋待戎狄之道，禮當如此，不必以賓荒分二等也。」「曰」，述高宗之言也。「常」，猶云故事也。商之故事則然，爾荊楚所稔知。今日者，我叨為湯之孫，安得不纘承先緒而容爾國與鬼方相煽以叛，使成湯時來享來王之典遂廢耶？此章頌高宗之能攘

〔註2〕「鬋」，《逸周書・王會解》作「剪髮」。

〔註3〕「瞂」，《逸周書・王會解》作「敝」。

〔註4〕「囷」，《逸周書・王會解》作「菌」。

〔註5〕「織」，《逸周書・王會解》作「繳」。

〔註6〕「然後曰受制也」，《荀子・正論篇第十八》作「然後曰受制邪？是規磨之說也。溝中之瘠也」。

外也。賈捐之云：「武丁、成王，殷周之大仁也。然地東不過江黃，西不過氐羌，南不過蠻荊，北不過朔方，是以頌聲並作。」又，《後漢書》云：「後桀之亂，畎夷入居邠岐之間。成湯既興，伐而攘之。及殷室中衰，諸夷皆叛。至於武丁，征西戎、鬼方，三年乃克。故其詩曰：『自彼氐羌，莫敢不來王。』」而《竹書》亦載：「武丁三十四年，王師克鬼方，氐羌來賓。」然則武丁固亦有平氐羌之事，而此詩乃為欲往平氐羌發與？○**天命多辟**，叶錫韻，普擊翻。**設都于禹之績**。錫韻。**歲事來辟**，見上。**勿予禍**豐本作「過」。**適**，叶錫韻，丁歷翻。豐本作「謫」。**稼穡匪解**。舊自天命起至此為第三章。豐本「匪解」下有「祀事孔力」一句。按：朱子云：「頌中有全篇句句是韻，如《殷武》之類，無兩句不是韻。到『稼穡匪解』，自是欠了一句。」豐之增補，蓋原於此庸妄極矣。**天命降監**，叶勘韻，苦紺翻。亦叶陷韻，居懺翻。朱子云：「下與濫叶。」**下民有嚴**。叶陽韻，五剛翻。**不僭不濫**，勘韻。亦叶陷韻，胡懺翻。**不敢怠遑**。陽韻。《左傳》作「皇」。**命于下國**，職韻。亦叶屋韻，古六翻。《左傳》引詩無此句。**封建厥福**。屋韻。亦叶職韻，筆力翻。《左傳》作「命以多福」。舊自「降監」起至此為第四章。**商邑翼翼**，職韻。**四方之**《後漢書》作「是」。**極**。職韻。《後漢書》「商邑」二句作「京師翼翼，四方是則」，《注》云：「此《韓詩》之文。」○賦也。自章首至「封建厥福」，皆紀高宗戒敕諸侯之辭，與上章荊楚事無涉。「多」，鄭云：「眾也。」「辟」，毛云：「君也。」「多辟」，謂眾諸侯也。傅說告高宗曰：「明王奉君天道，建邦設都，樹后王君公，不惟逸豫，惟以亂民。」是則諸侯分封，雖命於天子，而實皆天之所命矣。「設都」，猶言建國。「績」，《說文》云：「緝也。」九州平治，皆禹所積累而成，猶之緝麻然也。「設都于禹之績」者，曹氏云：「諸侯設都之地皆禹之功也。」鄭云：「禹平水土，弼成五服，而諸侯之國定，是以云然。」「歲事」，如《周禮》春朝、夏宗、秋覲、冬遇之類。其來以時，故曰歲事，即朝覲述職也。與「來享」、「來王」不同。「辟」，與「多辟」之「辟」同。「勿」之言「毋」，亦音近也。「予」，通作「余」。《爾雅》云：「我也。」高宗自謂也。「禍」，《說文》云：「害也。」劉熙云：「毀也。」言毀滅也。「適」，通作「謫」。《說文》云：「罰也。」禍重而謫輕。鍾惺云：「以禍適為言，商道先罰後賞也。」種之曰稼，斂之曰穡。「匪」，通作「非」。「解」，通作「懈」。《說文》云：「怠也。」言爾為歲事而來之諸侯，其必毋為我所禍謫。如能勤於民事，使民稼穡不怠，則禍謫可免矣。李氏云：「觀《孟子》載天子巡守，惟以土地

田野為慶讓之主，誠以農事為重也。」「天命」，即上文之天命。「降」，下。「監」，臨也。「嚴」，教命急也。俱見《說文》。言天既命爾為諸侯，則時時下而臨視之，而下民之督責更有嚴於天之降監者。皋陶所謂「天聰明自我民聰明，天明畏自我民明威，達於上下，敬哉有土」，即此意也。「不僭不濫」二句，高宗自表其待諸侯之法也。「僭」，《說文》云：「假也。」徐鍇云：「按：《左傳》：『惟名與器，不可以假人。』是僭也。」「濫」，《說文》云：「氾也。」愚按：《左傳》云：「淫刑以逞淫」，即濫之義也。《左·襄二十六年》，蔡聲子引此詩，曰：「善為國者，賞不僭而刑不濫，賞僭則懼及淫人，刑濫則懼及善人。」按：觀此可得僭、濫二字之義。入其疆，土地闢，田野治，則有慶，何僭之有？入其疆，土地荒蕪，則有讓，何濫之有？「怠」，《說文》云：「慢也。」「遑」，《說文》云：「急也。」「不敢怠遑」者，言不敢過寬而失之慢，若僭於賞而無罰，是怠也；不敢過急而失之猛，若濫於罰而無賞，是遑也。或賞或罰，總之以民事為主而已。「下國」，與《長發》篇之「下國」義同，指眾諸侯也。我以此命爾下國之諸侯，誠欲凡在封建之列者其皆有福，慎毋廢朕命哉。一說：林堯叟云：「『封建厥福』者，福祿鞏固，如封建之永世也。」亦通。又，《左·哀五年》：「鄭駟秦富而侈，嬖大夫也，而常陳卿之車服於其庭。鄭人惡而殺之。子思曰：『不守其位而能久者，鮮矣。』《商頌》曰：『不僭不濫，不敢怠皇，命以多福。』」此以「不僭」二句指有位者言，其解又異。「商邑」二句，合成湯與高宗而共讚美之也。「翼」，鳥兩羽也。湯都南亳，其後屢遷。至盤庚遷殷，改都北亳，即高宗所都也。以其地在商丘，故統曰商邑。二亳對峙，如鳥之有兩羽，故曰「翼翼」也。「極」，《說文》云：「棟也。」按：極者，屋脊之棟。屋脊居屋之中，故鄭訓為中也。昔成湯所居，乃四方諸侯之所取中。今高宗所居，亦能與之媲美，則以其賞不僭而罰不濫故也。《史記》載成湯既紬夏命，還亳，作《湯誥》。其文曰：「維三月，王自至於東郊。告諸侯群后：毋不有功於民，勤力乃事。予乃大罰殛女，毋予怨。曰：『古禹、皋陶久勞於外，其有功乎民，民乃有安。東為江，北為濟，西為河，南為淮。四瀆已脩，萬民乃有居。后稷降播，農殖百穀。三公咸有功於民，故後有立。昔蚩尤與其大夫作亂百姓，帝乃弗予，有狀。先王言不可不勉。』曰：『不道，毋之在國，女毋我怨。』以令諸侯。」此誥辭與高宗之命下國，先後一揆，故《書·無逸》篇曰：「其在高宗，時舊勞於外，爰暨小人。作其即位，乃或亮陰，三年不言；其惟不言，言乃雍。不敢荒寧，嘉靖殷邦。至於小大，無時或怨。」

所謂「言乃雍」者，當即此命下國之言。而小大之國無時或怨者亦即不怨，其「不僭不濫」歟？《孟子》有言：「武丁朝諸侯，有天下，猶運之掌也。」非無故也。此章頌高宗之能安內也。○**赫赫厥聲**，庚韻。**濯濯厥靈**。青韻。**壽考且寧**，青韻。**以保我後生**。庚韻。此四句用韻法與《車攻》篇「決拾」四句同。舊自「商邑」起至此為第五章。**陟彼景山**，叶先韻，翰旃翻。**松柏丸丸**。叶先韻，胡圓翻。**是斷是遷**，先韻。**方斲是虔**。先韻。《爾雅》作「梴」。**松桷有梴**，先韻。**旅楹有閑**，叶先韻，向甄翻。**寢成孔安**。叶先韻，於虔翻。舊自「陟彼」起至此為第六章。○賦也。「赫」，火盛貌。「厥聲」，承上章「命于下國」言。五事言屬火，故曰「赫赫」。「濯」，《說文》云：「浣也。」「靈」，孔云：「尊敬為神靈也。」毛萇云：「神之精明稱靈。」「厥靈」，承首章「奮伐荊楚」言。中衰之後，氣象更新，如新沐新浴者然，故曰「濯濯」。鄭云：「赫赫乎其出政教也，濯濯乎其見尊敬也。」「壽」，久。「考」，老也。俱見《說文》。《書·無逸》篇曰：「肆高宗之享國，五十有九年。」可謂壽考矣。「寧」，通作「寍」，《說文》云：「安也。」季本云：「天下治安也。」「我後生」，主時王作寢廟者而言，謂後高宗而生者也。身壽考則經營必周，世治安則靈長未艾，此高宗之中興所以為烈，而子孫崇報之所以不容已與？「陟彼景山」以下言作廟事也。「陟」，《說文》云：「登也。」「景山」，解見《玄鳥》篇。《括地志》云：「宋州北五十里大蒙城為景亳，湯所盟地，因景山為名。」按：據此則高宗所都在景亳明矣。景亳者，北亳也。「丸」，《說文》云：「圜，傾側而轉者。字從反仄。」徐鍇云：「仄者一面，敧而不可回也。是故仄而可反為丸。丸可左可右也。」按：毛《傳》訓「丸丸」為「易直」。孔謂「言其滑易而調直」，意亦同此。蓋指松柏之本身言也。下文「為桷為楹」，皆取諸松柏也，義亦見《閟宮》篇。「斷」，《說文》云：「截也。」「遷」，《爾雅》云：「徙也。」截之所生之地，徙之造作之處。「方」，朱子云：「正也。」正以繩墨也。「斲」，《說文》云：「斫也。」削以斧斤也。「方斲」聯下「松桷」言。《尚書大傳》云：「其桷，天子斲之，大夫達稜，士首本，庶人到加。」《穀梁傳》云：「天子之桷，斲之礱之，加密石焉。諸侯之桷，斲之礱之。大夫之桷，斲之。士斲本。」「虔」，毛云：「敬也。」解見《長發》篇。孔云：「工匠皆敬其事，不惰慢也。」「松桷」，解見《閟宮》篇。「梴」，《說文》云：「長木也。」孔云：「桷者，椽也。椽以長為善。」「旅」，毛云：「陳也。」朱子云：「眾也。」二義皆通。「楹」，《說文》、《廣雅》皆云「柱也」。「閑」，《說文》

云：「闌也。」陳列眾柱，似處處皆有閒闌也。一說：閒者，不過其度之意。亦通。「寢」，毛云：「路寢也。」孔云：「王之所居路寢，是寢之尊者，故知謂路寢也。」按：《閟宮》篇詠新廟，亦但舉路寢，則此可例推矣。朱子云：「此蓋特為百世不遷之廟，不在三昭三穆之數。」「寢成孔安」者，高宗功德盛大，今特為別設寢廟，與太宗太甲、中宗太戊號為三宗。既成，則人心甚安也。猶《閟宮》篇言「萬民時若」之意。萬尚烈云：「高宗之寢廟，其成與不成，關係非小。倘不成，則一切俱不相安。今寢成，如是乃甚相安也。見得此寢廟之作，乃報功追遠之典，萬萬非所得已者也。詩言微婉深厚如此。」一說：「孔安」就百世不遷言之。亦通。又，羅蘋云：「孔子刪《詩》，錄《商頌》五章，豈無意哉？景山，商墳墓之所在也。商邑之大，豈無賢材哉？『松柏丸丸』，在於斷而遷之，方斲而敬承之，以用之耳。松柏小材，有抱而整布。眾楹大材，有閒而靜別。既各得施，則寢成而孔安矣。撫成群材，而任以成國，則人君高拱仰成矣，是『綢繆牖戶』之義也。」此似借題立論，要非詩旨。

《殷武》三章。二章章十三句，一章十一句。舊作六章，三章章六句，二章章七句，一章五句。高序及《子貢傳》皆云祀高宗也。今按：此詩明為立高宗新廟而作，或於祭祀時仍歌此詩，則不可知耳。《申培說》則云：「帝乙之時，武丁親盡當祧，以其中興功高存而不毀，特新其廟，稱為高宗而祀之，故作此歌。」此蓋掇襲疏義之說。愚初亦以為然。及誦《史記》，武丁之廟已立於其子祖庚之時，此昭然有據者，何得以臆揣易之乎？又古文引此詩，皆以為詠成湯。《左·襄二十六年》：「蔡聲子曰：『《商頌》有之，曰：不僭不濫，不敢怠皇。命于下國，封建厥福。此湯所以獲天福也。』」《前漢書》：「匡衡曰：『道德之行，繇內及外，自近者始，然後民知所法。遷善日進，而不自知，是以百姓安，陰陽和，神靈應，而嘉祥見。《詩》曰：商邑翼翼，四方之極。壽考且寧，以保我後生。此成湯所以建至治，保子孫，化異俗，而懷鬼方也。』」皆為「昔有成湯」之一句所誤。

詩經世本古義卷之五

閩儒何楷玄子氏學

殷武乙之世詩五篇

《關雎》，太姒之德也。太姒將歸文王，思得淑女為媵，故作此詩。

《鵲巢》，[註1] 太姒之德也。太姒來嫁于周，與媵俱來，詩人美之。

《桃夭》，美太姒能脩婦道也。

《螽斯》，祝太姒子孫眾多也。

《葛覃》，太姒自敘治葛畢而欲歸省其親，見其能勤儉孝敬也。

關雎

《關雎》，太姒之德也。太姒將歸文王，思得淑女為媵，故作此詩。胡安國云：「諸侯有三歸，嫡夫人行，則以姪娣從，三國來媵，亦以姪娣從。凡一娶九女，」所以廣繼嗣。《左傳》云：「凡諸侯嫁女，同姓媵之，異姓則否。」愚按：《關雎》之詩，太姒思求媵於他國之辭也。求媵之事，自有主之者，太姒特思之如是耳。於以見賦性之能不妒也。故《序》云：「《關雎》，后妃之德也。優在進賢，不淫其色。哀窈窕，思賢才，而無傷善之心焉。是《關雎》之義也。」《大戴禮》云：「《春秋》之元，《詩》之《關雎》，《禮》之冠、

〔註1〕詩正文此處有「亦」字。

婚,《易》之乾〓〓,皆慎始敬止云爾。」《韓詩外傳》:「子夏問於孔子曰:『《關雎》何以為《國風》之始也?』孔子曰:『《關雎》之大,仰則天,俯則地,幽幽冥冥,德之所藏;紛紛沸沸,道之所行。如神龍變化,斐斐文章。大哉,《關雎》之道也!萬物之所繫,群生之所懸命也。子其勉之,思服之。天地之間,生民之屬,王道之原,不外此矣。』子夏喟然歎曰:『大哉《關雎》,天地之基也!』」又,《論語》:「子曰:『《關雎》樂而不淫,哀而不傷。』」或問朱子:「是詩人性情如此,抑詩之詞意如此?」朱子云:「是有那性情,方有那詞氣聲音。」鄭樵云:「人之情,樂者聞歌則感而為淫,哀者聞歌則感而為傷。惟《關雎》之聲和而平,樂者聞之,其樂不至於淫;哀者聞之,其哀不至於傷。此《關雎》所以為美也。」又云:「夫子喜魯太師之樂,音節中度,故曰樂矣而不及於淫,哀矣而不及於傷。皆從樂奏中言之,非以別其文義。」按:《序》云:「《關雎》,風之始也,所以風天下而正夫婦也,故用之鄉人焉,用之邦國焉。」所謂「用之鄉人」者,鄉飲酒禮是鄉大夫三年賓賢能之禮,其經云「乃合樂《周南·關雎》」是也;燕禮是諸侯飲燕其臣子及賓客之禮,其經云「遂歌合樂《周南·關雎》」是也。黃佐云:「燕禮:鄉飲,升歌三終,笙入三終,間歌三終,乃合樂三終以為亂。亂者,樂之末章也。《關雎》雖為風始,以合樂在升歌、間歌之後,則末也。是以孔子曰:『師摯之始,《關雎》之亂,洋洋乎盈耳哉!』」劉會孟云:「嘗謂今世所存之詩,特其辭與義耳。詩之詞未嘗亡也,其聲亡也。」

關關雎《韓詩》、《爾雅》、《左傳》俱作「鴡」。**鳩**,尤韻。**在河之洲**。尤韻。《說文》、豐氏本俱作「州」。**窈窕淑**豐本作「叔」。**女,君子好逑**。尤韻。《禮記·緇衣》、陸德明《釋文》、《前漢書》俱作「仇」。豐本作「求」。○興也。「關」,通作「𢇲」,《說文》云:「織絹以絲貫杼也。」蓋象眾鳥飛翔往來之狀,如穿梭之形也。「雎鳩」,《爾雅》云:「王雎也。」郭璞云:「雕類也。今江東呼之為鶚。好在江邊沚中,亦食魚。」陸璣云:「雎鳩大小如鴟,深目。目上露骨。幽州人謂之鷲。」《左傳》:「郯子云:『少皡氏以鳥名官。雎鳩氏,司馬也。』」杜預云:「以其鷙而有別,故為司馬,主法制。」俗云雎鳩交則雙翔,別則立而異處,是為鷙而有別。《列女傳》:「曲沃負云:『妾聞男女之別,國之大節。夫雎鳩之鳥,人未嘗見其乘居而匹處也。』」又,《陰陽自然變化論》云:「雎鳩不再匹。」劉晝云:「《關雎》興於鳥而為《風》之首,美其鷙而有別也。《鹿鳴》興於獸而為《雅》之端,嘉其得食而自呼也。以夫鳥獸之

醜，苟有一善，詩人歌詠以為美談矣，況人之有善而可棄乎！」「河」，季本云：「大河之近洽陽者。」馮復京云：「太姒生於洽陽，正在河西臨河之境。」「洲」，本作「州」，水中高土也。《爾雅》云：「水中可居者曰洲。」劉熙云：「洲，聚也。人及鳥物所聚息之處也。」徐鉉云：「雎鳩常在河洲之上，為儔偶，更不移處。」蓋鶩性好跱，故每立更不移處。所謂鶩立，義取諸此。嚴粲云：「雕、鶩皆搏擊之鳥，故曰鷙。或見經有河洲之言，遂以為疑。今大雕翱翔水上，扇魚令出，沸波攫而食之，一名沸河。《淮南子》所謂『鳥有沸波』是也。〔註2〕以此言之，不可謂鷙鳥不近河洲也。」然此詩不取其鷙，取其別。「窈」，深遠也。「窕」，深肆極也。俱見《說文》。指女子之所居也。孔穎達云：「淑女已為善稱，則窈窕宜為居處。楊雄、王肅〔註3〕謂『善心曰窈，善容曰窕』者，非也。」按：《楚辭》云：「眴兮窈窕，孔靜幽墨。」《魯靈光殿賦》云：「旋室便娟以窈窕。」諸葛穎詩云：「窈窕神居遠。」喬知之詩云：「窈窕九重闈。」皆此義也。「淑」，通作「俶」，《說文》云：「善也。」「女」者，未嫁之稱。「君子」，謂文王。「好」，美也。「逑」，通作「仇」，匹也。怨耦曰仇，反言之也，與「公侯好仇」同義。《漢書》：杜欽說王鳳云：「禮，壹娶九女，所以極陽數，廣嗣重祖也。必鄉舉求窈窕，不問華色，所以助德理內也。娣侄雖缺，不復補，所以養壽塞爭也。今聖主富於春秋，宜因始初之隆，建九女之制，詳擇有行義之家，求淑女之質，為萬世大法。」匡衡云：「聞之師曰：『妃匹之際，生民之始，萬福之原。』婚姻之禮正，然後品物遂而天命全。孔子論《詩》，以《關雎》為始，言太上者民之父母，后夫人之行不侔乎天地，則無以奉神靈之統而理萬物之宜，故《詩》曰：『窈窕淑女，君子好仇』，言能致其貞淑，不貳其操。情慾之感無介乎容儀，宴私之意不形乎動靜，夫然後可以配至尊而為宗廟主。此紀綱之首，王教之端也。」鄧元錫云：「后妃廣於求助，情在得賢，忘身之為逑也。若曰之淑女也，慎固幽深，是君子之好逑也，吾何德以配君子也云爾。」《後漢書》：「應奉以田貴人微賤，不宜超登后位，上書曰：『臣聞周納翟女，襄王出居於鄭；漢立飛燕，成帝嗣緒泯絕。宜思《關雎》之所求，以遠五禁之所忌。』」○參《說文》作「摻」。差陸德明

〔註2〕「今大雕翱翔水上，扇魚令出，沸波攫而食之，一名沸河。《淮南子》所謂『鳥有沸波』是也」之前，嚴粲《詩輯》卷一《關雎》有「山陰陸氏云」，出陸佃《埤雅》卷六《釋鳥》。又見羅願《爾雅翼》卷十六《釋鳥四》。

〔註3〕《毛詩注疏》無「王肅」。

本作「苦」。《爾雅》、《說文》同。菜，左右流尤韻。之。窈窕淑女，寤寐求尤韻。之。求之不得，寤寐思服。叶職韻，鼻墨翻。悠哉悠哉，輾《釋文》、豐本俱作「展」。轉反側。職韻。《楚辭章句》作「則」。豐本作「仄」。○興也。「參」者，二十八宿之一，其宿有三星，故借用為參伍之義。「差」，《說文》云：「貳也，差不相值也。」陸佃云：「三相參為參，兩相差為差。」「荇」，《說文》作「莕」，云：「菨餘也。」亦作「接餘」。《爾雅》云：「荇，接餘，其葉苻。」陸璣云：「莖白，葉紫赤色，正圓徑，寸餘，浮在水上，根在水底，與水深淺等，大如釵股，上青下白。鬻其白莖，以苦酒浸之，肥美可案酒。」《顏氏家訓》云：「今是水悉有之。黃華似蓴，莖根極長，江南人亦呼為豬蓴。」羅願云：「豬蓴與絲蓴並一種，春夏細長，肥滑為絲蓴，至冬短，為豬蓴。此與鳧葵殊不相似。葉卷漸開，雖圓而稍羨，不若蓴之極圓也。葉皆隨水高低，平浮水上，花則出水，黃色，六出。今宛陵陂湖中彌覆頃畝，日出炤之如金，俗名金蓮子。狀既似蓴，又豬好食，或因是得豬蓴之名，但非蓴菜耳。」鄭樵云：「今謂之水荇，蔓鋪水上，故杜詩『水荇牽風翠帶長』。」凡草之可食者，皆以菜名之，故荇亦名菜。嚴粲云：「參差訓不齊。凡菜皆不齊，何獨荇也。今池州人稱荇為荇公鬚，蓋細荇亂生，有若鬚然。詩人之詞不苟矣。」程大昌云：「菨餘擬淑女也。予於是疑漢之婕妤取此義以名也。」「左右」，言非一方也。「流」，《爾雅》云：「求也。」荇菜叢生水中，蓋順水之流而求之也。案：《天官》醯人陳四豆之實，無荇菜，意必別有所宜及，或為芼羹之用耳。季云：「荇可為茹。其性柔順，故以起興。」「寤」，覺。「寐」，寢。或寤或寐，言無時也。后妃寢興之間，無時不思求淑女，與之供己職也。《祭統》曰：「官備則具備。」蠶繰衣服、酒醴粢盛、薦豆和羹之事，皆后妃主之，而內官左右相之也。「服」，鄭玄云：「事也。」求賢女而不得，則思己職事當誰與共之乎？「悠」，《說文》云：「憂也。」《爾雅》云：「思也。」「輾」，本作「展」，《說文》云：「轉也。」「轉」，《說文》云：「運也。」愚按：展轉並言，義當有別。展之為言舒也，轉則運動之義。反，覆也。側，旁也。俱見《說文》。因展轉而至於反，至於側也，總之，臥不安席之意。后妃自述其未得淑女，則內職乏人，而賓祭無所託，故憂勞之甚至於如此。其「輾轉反側」乃以思服之故，所謂得性情之正者也。○參差荇菜，左右採叶有韻，此苟翻。之。窈窕淑女，琴瑟友有韻。之。參差荇菜，左右芼叶藥韻，慕谷翻。之。窈窕淑女，鍾鼓樂叶藥韻，歷谷翻。之。○興也。「採」，《說

文》云：「捊取也。」求而得之，於是採之也。琴瑟皆絲音。《呂氏春秋》云：
「朱襄氏之王天下，王建作五弦之琴。」高誘云：「王建，朱襄臣也。」又，
《琴操》云：「伏羲作琴。」《世本》、《說文》皆云「神農所作」，未詳孰是。
《廣雅》云：「神農氏琴長三尺六寸六分，伏羲氏琴長七尺二寸，上有五弦，
曰宮、商、角、徵、羽。文王增二弦，曰少宮、少商。」《琴論》云：「伏羲氏
削桐為琴。面圓法天，底方象地。龍池八寸，通八風。鳳池四寸，合四氣。琴
長三尺六寸，象三百六十日。廣六寸，象六合。前廣後狹，象尊卑也。五弦象
五行。大絃為宮，小絃為臣，加二弦以合君臣之恩。」又，《爾雅》：「大琴謂
之離。」郭璞云：「二十七絃。」《白虎通》云：「琴者，禁也，以禁制淫邪，
正人心。」《山海經》云：「晏龍始為瑟。」《世本》云：「伏羲作瑟，五十弦，
或云四十五弦。後黃帝使素女鼓瑟，哀不自勝，破為二十五弦。」又，《樂書》
云：「朱襄氏使士達制五弦之瑟，後瞽瞍判五弦瑟為十五弦，舜復益以八弦為
二十三弦。」《禮圖書》云：「雅瑟長八尺一寸，廣二尺八寸，二十三弦。其常
用者十九弦，其餘四絃謂之番。番，贏也。頌瑟，長七尺二寸，廣一尺八寸，
二十五弦盡用。」又，《爾雅》：「大瑟謂之灑。」郭璞云：「長八尺一寸，廣一
尺八寸，二十七絃。」應劭云：「今瑟長五尺五寸，非正器也。」《釋名》云：
「瑟施弦張之，瑟瑟然也。」張萱云：「郭注：『瑟二十七絃。』邢《疏》據《禮
圖》，二十三弦。此二少三變之說誤之也。夫五為中聲，三於五為不足，七於
五為有餘。中聲何絲得乎？世或言朱襄氏使士達為瑟，五弦，瞽瞍判之為十
五弦。夫五弦、十五弦，小瑟也；二十五弦，中瑟也；五十弦，大瑟也。多與
寡皆不失五也。漢武祠太乙，作二十五弦之瑟。宋太常樂瑟亦二十五弦，其
有意復古乎？故余因瑟而知舜之琴，五弦者亦其正也。世傳伏羲、蔡邕以九
孫登以一，郭注以二十二，頌琴十三，今世所用以七，亦二變二少之說誤之
耳。先儒謂七絃之琴存之則有害古制，削之而可。」《白虎通》云：「瑟者，嗇
也，閒也，所以懲忿窒欲，正人之德也。」孔云：「性情之和，上下相親，與
琴瑟之音宮商相應無異，若與琴瑟為友然，故曰『琴瑟友之』。」「芼」，《說
文》云：「草覆蔓也。」徐鍇云：「猶冒也。」蓋得之之多，則以草覆冒而藏
之，猶包裹之意。又，《爾雅》云：「搴也。」邢昺云：「擇菜也。謂求而得之
多，則可以擇而用之也。」二義皆通。「鍾」，金音。《山海經》云：「炎帝之孫
鼓延始為鍾。」許慎云：「古者垂作鍾。」《呂氏春秋》云：「黃帝命伶倫鑄十
二鍾，和五音。」又，《傳》云：「黃帝命伶倫與營援作十二鍾。」「鼓」，革音。

《樂書》云：「鼓之制始於伊耆氏，少昊氏、夏后氏加四足，謂之足鼓。商人貫之以柱，謂之楹鼓。周人縣而擊之，謂之縣鼓。」《周禮》「鼓人」職云：「掌教六鼓而辨其聲用，以雷鼓鼓神祀，以靈鼓鼓社祭，以路鼓鼓鬼享，以鼖鼓鼓軍事，以鼛鼓鼓役事，以晉鼓鼓金奏。」陳祥道云：「鄭氏謂房中之樂不用鍾磬。《關雎》之詩曰：『鍾鼓樂之。』而《周禮》教燕樂以磬師，則房中之樂非不用鍾磬也。」《風俗通》云：「鍾，秋分之音。鼓，春分之音。」琴瑟之聲有婉娩媚順意則云友，鍾鼓之聲有宣揚蹈厲意則云樂，言各有當也。《荀子》曰：「國風之好色也，盈其欲而不愆其止，其誠可比於金石，其聲可納於宗廟，其是之謂與？」馮時可云：「庸人好賢，則志有懈倦，中道而廢，茲能寤寐而求之，反側而思之，不得不已至於既得，則先以瑟琴，繼以鍾鼓，有加而無倦，其好賢切矣，其性情正矣。」張綱云：「求而後採、採而後擇者，共荇菜之序也。」「寤寐求之」，然後「琴瑟友之」、「鍾鼓樂之」者，得淑女之序也。琴瑟，常御之樂也，故《鹿鳴》燕群臣，則曰「鼓瑟鼓琴。」鍾鼓，至大之樂也，故《彤弓》饗諸侯，則曰「鍾鼓既設」。此蓋燕禮小而饗禮大，所用之樂亦從以異今。后妃之待淑女，始則欲以常御之，樂友之，而通其交際之心，終則欲以至大之樂，樂之而極其歡欣之意，此所謂至誠有加而無已也。陳暘云：「古者后妃有房中之樂，是詩特取琴瑟鍾鼓者，得無意乎？曰：《虞書》以琴瑟為堂上之樂，以鼓鏞為堂下之樂。后妃之於淑女，不無上下之分焉，故詩人取之，所以寓名分也。荀卿謂『君子以琴瑟樂心，以鍾鼓道志』，后妃之於淑女，不無心志之交焉，故詩人取之，所以寓交際也。后妃之於淑女，至誠樂與，以共圖職業，憂勤以始之，不倦以終之，內則心志交而不疑，外則上下辨而不越。夫然，雖友以敬之而不敢慢，樂以愛之而不敢惡，而淑女終不失事后妃之道，此所以為『樂而不淫』。其於配文王之孝也何有？」崔銑云：「美哉，周之后妃！廣於求助，精在得媛，未得而求之，已得而樂之，協彼眾善，以事一人，志在相夫爾，忘其躬也。樂乃未與爾，略於色也。夫公其心，則合異以為同。《詩》曰：『白華菅兮，白茅束兮。』心苟私，則判戚而為敵。《易》曰：『列其夤，厲薰心。』古帝之聖曰堯、舜，事諮岳牧，好察邇言。比其化也，岳孫帝位，九官讓能。及乎主澤大，熄燼存，秦穆悔過求臣，猶稱一介。是則一言而治者，其好善乎？一言而亡者，其妒才乎？是《關雎》之義也。」張綱又云：「《關雎》所言，乃后妃求淑女以配君子之事，而說者止稱其無妒忌之行，此未足以盡《關雎》之義。蓋治外者莫急於人材，治內者求淑女以為

助，固其理也。文王之所以興周，詩稱《棫樸》之官人，《書》美五臣之迪教，濟濟多士，並列於疏附、先後、奔走、禦侮之職，固未始不以人材為先務。是以其化刑于寡妻，而后妃於是乎有《關雎》之德。觀其求淑女也，寤寐反側而不能自己，蓋以為不如是不足以配文王而成內外之治。夫惟文王得多士而立政於外，后妃得淑女而輔佐於內，則自閨門而達之朝廷，宜無一事之不理，所以協濟大業。而卜世卜年之永者，其本實基於此。」

《關雎》三章。一章四句，二章章八句。毛、鄭本作五章，章四句。今從朱《傳》。○《子貢傳》云：「文王之妃姒氏思得淑女以共內職，賦《關雎》。子曰：『《關雎》哀而不傷，樂而不淫。能正其心，則無怨嫉邪辟之思。心正而身修，身修而家齊，家齊而國治，國治而天下平，故用之鄉人，用之邦國。其奏樂也，必歌《關雎》以亂之，所以風天下也。』」按：《傳》謂此詩太姒所作，為得之。其依附擬託孔子數言，反覺其鄙。《申培說》謂「文王之妃太姒思得淑女以充嬪御之職，而供祭祀賓客之事，故作是詩」，則似惑於毛、鄭共荇菜為菹之說，亦可謂不識比興之義者矣。若諸書引《關雎》者，多以為諷刺之詩。《列女傳》：「曲沃負云：『周之康王夫人晏出朝，《關雎》起興，思得淑女以配君子。』」《路史》云：「康王一晏朝，而暴公作《關雎》之詩以諷。」《魯詩》亦云：「后夫人雞鳴佩玉去君所，周康王后不然，故詩人歎而傷之。」《後漢書·皇后紀·序》：「康王晏朝，《關雎》作諷。」蓋用此也。及《前漢書》：「杜欽云：『佩玉晏鳴，《關雎》歎之，知好色之伐性短年，故詠淑女，幾以配上，忠孝之篤，仁厚之作也。』」《後漢書》：「明帝詔云：『應門失守，《關雎》刺世。』」《注》引《春秋說題辭》曰：「人主不正，應門失守，故歌《關雎》〔註4〕以感之。」宋均云：「應門，聽政之處也。言不以政事為務，則有宣淫之心。《關雎》樂而不淫，思得賢人與之共代〔註5〕，修應門之政者也。」《楊賜傳》云：「昔周王承文王之盛，一朝晏起，夫人不鳴璜，宮門不擊柝。《關雎》之人，見幾而作。」薛君云：「詩人言《關雎》貞潔慎匹，以聲相求，隱蔽乎無人之處，故人君退朝，入於私宮，后妃御見有度，應門擊柝，鼓人上堂，退反燕處，體安志明。今時大人內傾於色，賢人見其萌，故詠《關雎》說淑女、正容儀以刺時。」而司馬遷亦云：「周道缺，詩人本之衽席，《關

〔註4〕「故歌《關雎》」，四庫本作「《關雎》故歌」。
〔註5〕「代」，《後漢書》卷二章懷太子注引宋均說作「化」。

雎》作。」楊雄云:「周康之時,頌聲作於下,《關雎》作乎上,習治也。故習治則傷始亂也。」馮衍《顯志賦》云:「美《關雎》之識微兮,憫王道之將崩。」此其說必有所本。朱子非之,據「《儀禮》以《關雎》為鄉樂,又為房中之樂」,謂「周公制作之時已有此詩,其非出於康王明甚」,又「無故而播其先祖之失於天下,不可以為風化之首」。於論正矣。愚又讀《後漢書注》云:「康王晚朝,內人誦《關雎》詩以刺王。」鄭樵《奧論》亦云:「古人以聲詩奏之樂,後世有不能法祖、怠於政者,則取是詩而奏之,以申警諷,故曰作,非謂其始作於衰世也。」是說蓋近之。而朱子直以為「文王求得聖女為配,宮中之人於其始至,見其有幽閒貞靜之德而作是詩」,則愚不能無疑。夫所謂宮中之人者,果何人歟?考《大紀》稱昌為世子,娶於有莘,曰太姒,則太姒至時,王季故在。如以為王季之宮人,則古者命士,父子皆異宮,彼淑女之得與否,亦何預於王季宮人之憂樂也。如以為文王之宮人,則古者諸侯一娶九女,格之同時者,蓋必嫡夫人至而姪娣從之,未有夫人未至而先有宮人者也。且《大明》之詩曰:「文王初載,天作之合。文王嘉止,大邦有子」,何待宮人「寤寐求之」、「展轉反側」而後得耶?至於「琴瑟友」、「鍾鼓樂」,若指文王,則近於妖,若指宮人,則近於媚,又何以風耶?朱說既無據,而又不可以為文王之作,則非歸之太姒,安屬乎?愚之從《序傳》之說者以此。他若張超、蔡邕又以為畢公作,要皆傳訛,不足信。程子謂「《序》言『后妃之德』,非指人而言。凡為王后妃者當如是」。馮元成亦以為「周公制房中之樂,追稱后妃,思得淑女,以共理內治。所謂憂樂,皆設言其事,播諸管絃以代箴銘者」。於理亦近似,並存之。

鵲巢

《鵲巢》,亦太姒之德也。太姒來嫁于周,與媵俱來,詩人美之。

《序》云:「《關雎》,后妃之德也。」又云:「《鵲巢》,夫人之德也。」鄭玄云:「初,古公亶父聿來胥宇,爰及姜女。其後太任思媚,太姒嗣徽,歷世有賢妃之助。文王『刑寡妻,至兄弟,以御于家邦』,故二國之詩以后妃〔註6〕、夫人之德〔註7〕為首〔註8〕。」孔穎達云:「后妃、夫人,皆太姒也。一人而

〔註6〕「妃」,四庫本無。
〔註7〕「德」,四庫本無。
〔註8〕四庫本此下有「稱」字。

二名,各隨其事立稱。以《周南》王者之化,故稱后妃;《召南》諸侯之化,故稱夫人。」愚於此詩主其說,與《關雎》同意。《關雎》在未嫁之時,志在廣求淑女,共事君子;《鵲巢》在方嫁之時,將俟娣以俱來,其不妒忌已早見於此,非太姒之德而何?《詩》之《二南》,似《易》之《乾》、《坤》。繫《關雎》於《周南》者,以其主君子以立言。若《鵲巢》,則第詠之子而已,故繫之《召南》也。二詩皆詠鳩,意亦相類,雎鳩以有別為德,此鳩以壹宿為德。又按:《禽經》云:「一鳥曰佳,二鳥曰雒,三鳥曰朋,四鳥曰乘,五鳥曰雇,六鳥曰鶬,七鳥曰鳦,八鳥曰鸞,九鳥曰鳩,十鳥曰鶺。」鳩字從九,其以是與?諸侯一娶九女,文王位當為諸侯,故有取於鳩也。舊說皆以鵲比國君,鳩比夫人。若然,則末章「維鳩盈之」一句為不通矣。又按:文王以中身受命,以初載作合,今姑即《竹書》年數定之計,其娶太似當在武乙之世。

維鵲有巢,維鳩居魚韻。亦叶御韻,居御翻。**之。之子于歸,百兩御**韻。亦叶魚韻,語居翻。陸本作「訝」,又作「迓」。**之。**興也。鄭玄云:「鵲之作巢,冬至架之,至春乃成。」孔穎達云:「《推度災》曰:『鵲以復至之月始作室家。』《復》於消息十一月卦,故知冬至加功也。《月令》:『十二月,鵲始巢』,則季冬猶未成也。故云『至春乃成』也。」顧起元云:「冬至,天元之始。至後二陽,已得來年之節氣,鵲遂可為巢,知所向也。」陸佃云:「鵲知人喜,作巢取在木杪枝,不取窰地者,皆傳枝受卵,故一曰乾鵲。而《莊子》云『烏鵲孺』,鵲以傳枝少欲,故曰『孺』也。《淮南子》謂『太陰所建,蟄蟲首穴而處,鵲巢向而為戶』,又云:『蟄蟲、鵲巢皆向太一〔註9〕。』蓋鵲巢開戶向太一〔註10〕而背歲,故《博物志》云『鵲背太歲也』。先儒以為鵲巢居而知風,蟻穴居而知雨。鵲歲多風,則去喬木,巢傍枝,故能高而不危也。然則疆而不淫,又能知風之自知歲之所在,蓋鵲之為德與才如此。俗說鵲巢中必有梁,見鵲上樑者必貴。今二鵲共銜一木置巢中,謂之上樑。」又,舊說云:「鵲巢中必有棘。」蓋棘性煖故也。「鳩」,拙鳥也。直謂之鳩者,即雒也,今之鵓鴣。《方言》云:「鳩,自關而西,秦、漢之間謂之鵴鳩。其大者謂之鳻鳩,其小者謂之鷦鳩,或謂之鷄鳩,或謂之鵖鳩。梁、宋之間謂之雒,一名荊鳩,一名楚鳩,一名乳鳩。」《爾雅》以為「鵴鵃〔註11〕」,壹宿鳥也。「壹

〔註 9〕「一」,四庫本作「乙」。
〔註10〕「一」,四庫本作「乙」。
〔註11〕「鵃」,《爾雅·釋鳥第十七》作「鷦」。

宿」者，壹於所宿之木。又名夫不。陸佃云：「壹宿，婦之正也。夫或不然。
故孔子欲多識鳥獸草木之名。一曰祝鳩。或曰：雝與尸鳩皆壹鳥也，故有尸
祝之號。尸鳩性壹而慈，祝鳩性壹而孝，故一名尸，一名祝也。」按：《周禮·
羅氏》：「中春獻鳩，以養國老」，不噎之鳥也。〔註12〕古之養老，祝鯁在前，
祝噎在後。欲老人不噎，賜杖，以鳩為飾，故名為祝鳩也。亦曰孝鳥。杜預
云：「雝鳩孝，故曰司徒。」《禽經》云：「拙者莫如鳩，巧者莫如鵲。」今鳩
累巢止於數枝，才能載身而已。天將雨，則逐其雌，霽則呼而反之，人常聞其
聲，故謂之鳴鳩。歐陽脩云：「鳩不能作巢，多在屋瓦間，或於木上架結木枝，
初不成窠，便以生子，往往墜雛。今鵲作巢甚堅，既生雛，散飛則棄而去，容
有鳩來，處彼空巢。」方宏靜云：「閒居數年，牆之東，嘉樹如蓋，有鵲巢焉。
每年修巢，必以小雪日。其梁之上，必吉日也。門之向，歲必更。四月中，雛
能飛矣，鳩則逐而居之。五六月，鳩將雛去，小雪鵲乃復來。略無爽也。夫巢
居知風，穴處知雨，自古志之。良知良能，乃不假卜筮，不俟推測也。神妙物
耶？物自妙耶？五行家言，所謂雖小道有可觀者耶？」鄒忠胤云：「鵲、鳩殊
種，喻二姓之好，族類名位之相稱。」歐陽云：「詩人取鵲之成巢以比夫人起
家，來居已成之周室爾。」愚按：如歐陽說，則鵲乃比王季，而鳩則以比太姒
及媵也。意者太姒嫁時，適當方春鳥獸孳尾之候。詩人偶見鵲巢鳩居，遂即
之以起詠與？「之子」，謂太姒也。「百兩」，百乘也。《漢書注》云：「車一乘
曰一兩，言其輪轅兩兩而偶也。」《風俗通》云：「車有兩輪，馬有四匹，故車
稱兩，馬稱匹。」「御」，迎也，言夫家以百兩之車往迎之。《大明》之詩曰「親
迎于渭」是也。孔穎達云：「《士昏禮》：『從車二乘。』其天子與大夫送迎則無
文。」朱公遷云：「百兩不過極其盛而言之。諸侯迎送車數，未必如是之多。
士『從車二乘』，等而上之，亦恐不及百乘。」《左傳》：「趙孟入於鄭，鄭伯享
之，穆叔賦《鵲巢》。趙孟曰：『武不堪也。』」是蓋以鵲有巢而鳩居之，喻晉
君有國而趙孟治之。○維鵲有巢，維鳩方陽韻。之。之子于歸，百兩
將叶陽韻，資良翻。之。○興也。「方」，鄭玄云：「猶向也。」《正義》云：
「諸言方者，皆謂居在他所，人向望之，故云『猶向也』。」上章主迎之而言，
故曰「居之」。此章主送之而言，故曰「方之」，言向其巢之所在而將往居之
也。「將」，送也。孔云：「《左傳》曰：『凡公女嫁於敵國，姊妹則上卿送之，

〔註12〕陸佃《埤雅》卷七《釋鳥·鳲鳩》：「《周官·羅氏》：『中春獻鳩，以養國老』
　　　者，鳩性不噎食之，且復助氣故也。」

公子則下卿送之。於大國，雖公子亦上卿送之。」太姒自莘適周，必上卿送之。」又云：「夫人之嫁，自乘家車。宣五年，『齊高固及子叔姬來，反馬。』《何彼襛矣》：『美王姬之車。』鄭《箋膏肓》謂：『禮雖散亡，以詩義論之，天子以至大夫皆有留車反馬之禮。』故《泉水》云『還車言邁』，《箋》謂『還車者，嫁時乘來，今思乘以歸』，是其義也。知夫人自乘家車也。言迓之者，夫自以其車迎之；送之，則其家以車送之。故知婿車在『百兩迎之』中，婦車在『百兩將之』中矣。」○維鵲有巢，維鳩盈庚韻。之。之子于歸，百兩成庚韻。之。○興也。「盈」，滿也。「維鳩盈之」，喻眾媵姪娣之多。孔云：「諸侯一娶九女，二國往媵之，以姪娣從，凡有八人，是其多也。」胡安國云：「古者諸侯一娶九女，必格之同時者，所以定名分，窒亂源也。」首章親迎之禮，男先女也；次章同歸之禮，女從男也。在夫家則以百兩迓，在父母家則以百兩將，而婚禮於是乎成，故總之曰「百兩成之」。

《鵲巢》三章。章四句。《子貢傳》以為公子歸於諸侯，國人觀焉。《申培說》亦云：「諸侯嫁女，其民觀焉。」不斥言其為太姒也。今按：《序》以《鵲巢》為「夫人之德」，與以《關雎》為「后妃之德」同意，明乎其指太姒矣。然繼之曰「國君積行累功，以致爵位。夫人起家而居有之，德如鳴鳩，乃可以配焉」，則於詩人寄興之意全無所發明。若陳暘《樂書》引古琴曲，以為邵國男悅正女而作，殊鄙淺無義。齊、魯、韓三家又以為康王時詩，皆不足信。

桃夭

《桃夭》，美太姒能脩婦道也。《申培說》以為此周人美后妃終始婦道之詩。蓋始於宜夫婦，終於宜一家之人，所謂始終婦道也。知為美太姒詩者，以《大學》引此釋齊治知之。

桃之夭夭，《說文》作「枖」，又作「㚱」。灼灼其華。麻韻。之子于歸，宜其室家。麻韻。○興也。「桃」，木名。《春秋運斗樞》曰：「玉衡星散為桃。」桃者，五木之精，仙木也。而《家語》則曰：「六果桃為下，祭祀時不用，不登郊廟。」案：《周官》飲食之籩曰：「其實棗、栗、桃、乾、藤、榛實」，則桃僅祭祀不用而已。陸佃云：「桃，有華之盛者其性早華，又華於仲春，故《周南》以興女之年時俱當。諺曰：『白頭種桃。』又曰：『桃三李四，

梅子十二。』言桃生三歲便放華果，早於梅李，故首雖已白，其華子之利可待也。然皮束莖幹頗急，四年以上，宜以刀劙其皮。不然，皮急則死。故《周南》復取少桃以興，所謂『桃之夭夭』是也。」「夭」，通作「枖」，《說文》云：「木少盛貌。」徐鍇云〔註13〕：「謂草木始生，未幾，得地力而能先長大也。」「灼」，《說文》云：「炙也。」曰「灼灼」者，蓋言其華色盛如火炎也。「華」，江東呼為荂，俗作花，亦作蘤。《爾雅》：「木謂之華，草謂之榮。」然此對文爾。若散文，則草亦名華也。嚴粲云：「『夭夭』以桃言，指桃之木也。『灼灼』以華言，指桃之華也。」孔穎達云：「桃或少而未華，或華而不少。此詩『夭夭』、『灼灼』並言，則是少而有華者，故辨之。」木少壯則其華盛，譬婦人盛年則容色麗，故此以興后妃始嫁之時也。又按：《周禮》：「仲春，會男女。」鄭玄云：「仲春陰陽交，以成昏禮，順天之時也。」意古制如此。后妃始嫁時，或當桃始華，故詩人本而詠之也。《爾雅》云：「之子者，是子也。」孔云：「之為語助。《桃夭》為嫁者之子，《漢廣》則貞潔者之子，《東山》言其妻，《白華》斥幽王，各隨事而名之。」愚按：此詩言「之子」兩字最有力，他人于歸者未必皆然，此以知其專指后妃也。鄒忠胤云：「以之子目后妃，或嫌於褻，然是固風體也。即周公作為《大雅》，以述先德，而《綿》之篇曰『爰及姜女』，《大明》之篇曰『長子維行』，亦未有訾其褻者，何疑於《桃夭》？」「歸」，《說文》云：「女嫁也」，字「從止，從婦省」。婦人謂嫁曰歸。「于歸」，猶言於其來歸也。「室家」，謂夫婦也。男以女為室，女以男為家。《左傳》謂「女有家，男有室」，《孟子》謂「丈夫生而願為之有室，女子生而願為之有家」是也。方來歸而夫婦即相宜，同心一德，不特容色之美而已。文王以肅肅雍雍之德刑于寡妻，向使太姒之德不能與文王相配，何宜之有？○桃之夭夭，有蕡豐稷云：「一作蕃。」不知何據。其實。質韻。之子于歸，宜其家室。質韻。○興也。羅願云：「麻實謂之蕡。故古者朝事之籩，熬麻麥以實之，謂之蘱。蕡麻於植物中最為多子，《詩》言桃華色既盛，又結子之多如麻子然。《說文》亦云：『蕡，枲實。』或作黂，音雖異而意同。」「實」者，富實之義，故以為虛之對。凡草木之結子皆曰實也，取蕡實以興后妃者。毛《傳》言「非但有華色，又有婦德」是也。首章先言室，後言家，《易‧恒》卦之義也。次章先言家，後言室，《易‧泰》卦之義也。至是而夫婦之相宜為益深矣。又，陸云：「桃性更七八年便老，老則子細。此言少桃，故曰『有蕡其實』，言

非但有華色，又嫁而有子，夫婦之道成焉。」亦通。○桃之夭夭，其葉蓁蓁。真韻。《通典》作「溱」。豐本作「蓁」。之子于歸，宜其家人。真韻。○文興也。「蓁」，《說文》云：「草盛貌。」故毛《傳》訓「蓁蓁」為「至盛貌」。李氏云：「桃之少壯則結實必大，其葉亦蓁蓁然盛。若非少壯，則雖結實，不復大；雖有葉，不復蓁蓁矣。」陸云：「桃性華葉齊生，至於『有蕡其實』，然後『其葉蓁蓁』，故其序如此。抑陰青繁合，休息者賴之，又在夏之時也。」「家人」，謂一家之人。上而舅姑，中而妯娌，下至媵妾童豎之屬，皆處之得其道，故不特夫婦相宜，而一家之人盡以為宜也。取興於「其葉蓁蓁」者，陸謂「能成其家，又以芘其所賴」是也。《大學》引此章而申之曰：「宜其家人而後可以教國人。」夫文王不出家而成教於國，實太姒之賢內助有以成之。味此，則非汎詠民間之女，而為美后妃之德，抑又明矣。又，鍾惺云：「三『宜』字妙，只是停當相安意。女子無非無儀，一停當相安，便是求加焉，遂失之矣。」

《桃夭》三章。章四句。《子貢傳》云：「周人美后妃之德，終始婦道，賦《桃夭》。子曰：『宜其家人，而後可以教國人，見君子之修其身矣。』」此於詩意得之。其綴以夫子之言則贗也。聖言而可贗，將何所不贗耶？《序》則謂「《桃夭》，后妃之所致也。不妒忌，則男女以正，婚姻以時，國無鰥民也」。朱子譏「其意狹而說疏」是矣。然據《集傳》，謂「詩人因婚姻之得時，而歎其女子之賢，知必有以宜其室家」，則何所許之易也，豈凡女及時而嫁者皆足稱賢耶？

螽斯

《螽斯》，祝太姒子孫眾多也。《序》云：「后妃子孫眾多也。言若螽斯不妒忌，則子孫眾多也。」愚按：「后妃子孫眾多也，言若螽斯」宜絕句讀，謂后妃之子孫有如螽斯之眾多耳。鄭玄讀連下文，云：「凡物有陰陽情慾者莫不妒忌，惟蚣蝑不爾。」抑鑿矣。通篇皆祝願之辭，以「子孫」二字知之。時太姒尚未有孫，安得徑指其多？故知為祝辭也。朱子以為眾妾所作，亦通。

螽《爾雅》作「蜇」。豐氏本作「螺」。斯羽，詵詵真韻。陸德明云：「《說文》作『莘』。」今按：《說文》無「莘」字。兮。宜爾子孫，振振叶真韻，之人翻。兮。○興也。毛《傳》云：「螽斯，蚣蝑也。」朱子云：「詩中固有以斯為語辭者，如『鹿斯』、『露斯』之類。然《七月》詩乃云『斯螽動

股』，則恐螽斯是名也。」孔穎達云：「『螽斯』、『斯螽』，文雖顛倒，其實一也。一名舂黍，幽州人謂之舂箕。」愚謂螽斯、蚣蝑、舂黍、舂箕音皆相似，直轉而訛耳，益知螽斯是名也。蔡邕《月令》云：「其類乳於土中，深埋其卵。」陸佃云：「字蓋從冬。冬，終也。至冬而終，故謂之螽。魯十月而有螽。孔子曰：『火伏而後蟄者畢。』今火猶西流，再失閏也。」朱子謂「一生九十九子」，蘇轍謂「一生八十一子」，未知孰是。陳少南云：「言羽者，螽斯羽蟲也。《無羊》之詩，羊言角，牛言耳，狀物多如此。」嚴粲云：「螽生信宿即群飛，因飛而見其多，故以羽言之，喻子孫之眾多也。」愚按：蕃育之最多者，莫如螽斯，故詩藉以興子孫，非詠其母。或以螽斯比后妃，不倫甚矣。戴岷隱亦如此說。「詵」，通作「甡」，孔云：「詵即甡字。」《說文》云：「眾生並立之貌。」「宜」，猶當也。祝願之辭，言宜乎其如此也。「爾」，指后妃也。緣后妃不妒，故眾妾得以生子，子多則孫亦多矣，故兼言子孫也。「振」，奮也，謂奮起也。重言之者，見子孫眾多也。風人讚美后妃，意在言外，但言宜其子孫如此，使人自思其所以宜者何故，而不明言之，謂由后妃不妒忌而致此也。○螽斯羽，薨薨蒸韻。豐本作「𧕣」。兮。宜爾子孫，繩繩蒸韻。兮。○興也。「薨薨」，《博雅》云：「飛聲。」按：趙頤光云：「『薨』，當通作『轟』。」《說文》云：「群車聲也。」韓愈詩云：「絲竹徒轟轟。」「繩」，《說文》云：「索也。」「繩繩」者，言如繩索之相續不斷也。一說：《韻會》云：「繩繩有紀貌。」蓋狀子孫之長幼森然，各得其序，亦如螽斯之群飛，行列不亂也。又按：《韓詩外傳》引此，皆曰「言賢母能使子賢也。」○螽斯羽，揖揖緝韻。豐氏、石經本作「緝」。兮。宜爾子孫，蟄蟄緝韻。兮。○興也。「揖」，通作「輯」。《晉語》：「君輯大夫就車。」「輯」，或為「揖」，故知二字通也。車和輯曰輯，故為和集之義。三章亦有次第。「詵詵」，自未飛之時言也；「薨薨」，自方飛之時言也；「揖揖」，自飛而下集之時言也。張氏云：「物生而後有象，象而後有滋，滋而後有數。螽斯形僅寸餘，而滋數之多，凡物皆不能及。有親見其子之類聚者，大小不一，與他類不亂，亦不相軋，且有大字小、小依大之狀。」「蟄」，《說文》云：「藏也。」物伏藏則安靜，故《爾雅》又訓為靜也。曰「蟄蟄」者，安靜而各得其所也。「振振」但言其奮起而已，「繩繩」則有繼續未艾之意，「蟄蟄」則又見其安靜以處，式相好，無相猶也。胡宏曰：「深遠哉，《周南》之義！后妃之能助其夫者，事亦多矣。聖人惟取不妒忌之詩，至於四五者，何歟？

愚讀史，至隋文帝、獨孤后，然後知婦人之惡，以妒忌為大也。自漢而下，后妃之妒忌者有矣，何獨至於獨孤后而知之？吁！婦人之妒，妒其夫已為非義。獨孤后肆其妒心，不獨妒文帝，使不得有異生子，又妒及其子焉。太子勇有寵姿曰雲昭訓，獨孤怒曰：『睍地伐，漸不可耐，專寵阿雲，有如許豚犬。』遂內啟賊子廣行簒奪東宮之謀，外賂姦臣素造反黜儲君之事，而文帝亦不得其死，曰：『獨孤誤我。』卒至宗祀絕滅，生靈塗炭。開皇之中，天下戶八百九十萬。唐興撫綏三十餘年，至永徽初，始及三百八十萬戶耳。吁！獨孤一行妒忌於宮闈之間，而滅天下之戶五六百萬，聖人刪《詩》，立《周南》之義，教訓萬世，后妃專以無妒忌為大美也，意深且遠矣。夫專以無妒忌為大美，則必以妒忌為大惡矣。考諸獨孤后其為大惡，豈不深切著明也哉！愚是以知王者欲齊其家，措之天下，而《周南》不可不學也。」

《螽斯》三章。章四句。《子貢傳》及《申培詩說》皆謂「周人慶文王之多男而賦《螽斯》」，理亦無害。然詠子及母，更為親切，故《思齊》之詩曰「太姒嗣徽音，則百斯男」，不以美文王也。

葛覃

《葛覃》，太姒自敘治葛畢而欲歸省其親，見其能勤儉孝敬也。出季本《詩說解頤》。○此詩蓋專為歸寧而作。太姒在父母家，所習者惟女功之事。今雖已出嫁，猶不變其素履，不如是則不敢歸見父母，蓋所得於家教者居多，故《序》謂「《葛覃》，后妃之本也」，本之於其父母也。《申培說》云：「此詩亦太姒所自作。」

葛之覃陸德明本作「蕈」。兮，施于中谷，豐氏本作「逵」。維葉萋萋。叶支韻，此移翻。與下「喈喈」隔三句為韻。黃鳥于飛，集于灌木，其鳴喈喈。叶支韻，堅夷翻。○賦也。「葛」，草名。羅願云：「生山澤間，其蔓延盛者，牽其首以至根，可二十步。」毛《傳》云：「葛所以為絺綌，女功之事煩辱者。」「覃」，毛《傳》云：「延也。」「施」，本訓為旗逶迤之貌，藉以為附麗纏繞之義。「中谷」，谷中。倒其言者，古人語多有之，如螽斯曰斯螽、苦瓜曰瓜苦之類。「萋」，《說文》云：「草盛也。」故毛《傳》以「萋萋」為「茂盛之貌」。「黃鳥」，黃鸝留也。或謂之黃栗留，又作黃栗流。《爾雅》名皇，《詩》又名倉庚，一名商庚，一名鶬黃，一名楚雀，幽州人謂之黃鶯，齊人謂

之搏黍，亦或謂之黃袍，秦人謂之黃流離。常〔註13〕甚熟時，來在桑間，故俚語曰：「黃栗留，看我麥黃甚熟否？」亦是應節趨時之鳥也。《格物總論》：「鶯大勝鴝鵒，黑眉嘴尖紅，腳青，遍身黃色，羽及尾又有黑毛相間。三四月間，鳴聲音圓滑。」「集」，《說文》云：「鳥在木上也。」「灌木」，《爾雅》云：「叢木」；又云：「木族生為灌。」族即叢也，未詳其義。「喈」，《說文》云：「鳥鳴聲。」徐鍇云：「聲眾且和也。」今曰「喈喈」者，言不一鳴也。言葛而及黃鳥者，狀初夏之景。此時葛方盛而未可刈也，然已足見其動女紅之思，而有念念不忘之意矣。萬時華云：「首章要體認初夏光景。人到意念難忘處，時過景銷，耳目經歷，似意中眼中一一活現，此便是服之無斁根子。」○**葛之覃兮，施于中谷**，首二句不用韻，如上章例，下一句一韻。**維葉莫莫。**藥韻。**是刈**陸本作「艾」。豐本作「乂」。**是濩**，藥韻。**為絺為綌**，陌韻。亦叶藥韻，去略翻。**服之無斁。**陌韻。亦叶藥韻，弋灼翻。《禮記》、《爾雅》、豐本俱作「射」。○賦也。「莫」，本古文「暮」字。今曰「莫莫」者，蓋取稠密陰暗之義。「刈」，芟取也。「濩」，《說文》云：「雨流霤〔註14〕下」貌。《釋文》以為瀹也。按：瀹者，治也，蓋以水治之也。「絺」、「綌」，皆葛之成布者。《曲禮》云：「為天子削瓜，巾以絺諸，侯巾以綌。」《玉藻》云：「浴用二巾，上絺下綌。以絺精而綌粗，故貴絺而賤綌也。」刈、濩，理之有序；絺、綌，成之有等。皆親董其事，如三繰之類。「服之」者，以之為服也。「斁」，《說文》云：「解也。」毛云：「厭也。」此言盛夏之時，葛既成矣，於是治以為布而服之無厭，蓋預道其心之所期如此。雖異日垢弊，不忍廢棄也。夫知稼穡之勤者，飲食則念農功；知絲麻之勤者，衣服則思女功。然亦后妃淑性自爾，非徒惜勞惜福念使之然也。《緇衣》記云：「苟有衣，必見其敝」，而引

〔註13〕「常」，據《毛詩注疏》當作「當」。按：正義曰：「《釋鳥》云：『皇，黃鳥。』舍人曰：『皇名黃鳥。』郭璞曰：『俗呼黃離留，亦名搏黍。』陸機《疏》云：『黃鳥，黃鸝留也。或謂之黃栗留。幽州人謂之黃鶯。一名倉庚，一名商庚，一名鵹黃，一名楚雀。齊人謂之搏黍。當葚熟時，來在桑間，故俚語曰：黃栗留，看我麥黃葚熟不？』」

另，謝維新《古今合璧事類備要別集》卷七十三《飛禽門・鶯》：「《格物總論》：『鶯大勝鴝鵒，黑眉嘴尖紅，腳青，遍身甘草黃色，羽及尾有黑毛相間。三四月間，鳴聲音圓滑。一名倉庚，一名商庚，一名鵹黃，一名鸝鶹，一名鸝鶬。或謂黃栗留，或謂之楚雀，或謂之黃袍，或謂之搏黍，或謂之黃鳥，皆此物也。當椹熟時，來在桑樹，鳴則蠶熟，應節趨時之鳥云。』」亦可為證。

〔註14〕「霤」，《說文解字》作「霤」。

《葛覃》「服之無射」為言，要以古之人無斁盡如此服矣。張綱云：「后妃之於女功，志焉而不敢忘，故往來於中谷，以觀葛之漸長而採之。方其初往也，葛茂盛而未成，但見黃鳥飛鳴於灌木之上，顏色之美、聲音之好，有可以悅其耳目。及其繼往也，葛成就而可採矣。於此無暇，及於耳目之所聞見，惟知刈葛而濩之，以為〔註15〕絺綌，專心致志，服之而無厭斁焉。」陸佃云：「夫禮，後織玄紞。今乃親葛事如此者，親蠶，以勸女功之正事；親葛，以勸女功之餘事。絲麻者，本事也；葛葛者，餘事也。」張敬夫云：「周自后稷以農事為務，歷世相傳〔註17〕，其君子則重稼穡之事，其室家則重織紝之勤，相與服習其艱難，詠歌其勞苦，此實王業之根本也。夫治常生於敬畏，而亂常起於驕肆，使為國者每念稼穡之勞，而其后妃又不忘織紝之事，則心之不存者寡矣。此心常存，則驕矜放恣何自而生。故誦『服之無斁』之章，則知周之所以興；誦『休其蠶織』之章，知周之所以衰。」○言告師氏，言告言歸。微韻。薄汙我私，薄澣我衣。微韻。害音曷。豐本作「曷」。下同。浣害否，有韻。豐本作「不」。歸寧豐本作「窴」。父母。有韻。○賦也。古者諸侯之女嫁於諸侯，父母在則歲一歸寧。此章乃言將歸寧之事。蓋女功成矣，時已暇矣。「言」，辭也，如「言採」、「言念」、「薄言」、「駕言」之類，皆語辭也。「師氏」者，女師也。《禮記》云：「古者，女師教以婦德、婦言、婦容、婦功。」《白虎通》云：「國君取大夫之妾、士之妻、老無子者而明於婦道，又祿之，使教宗室五屬之女。」何休云：「選老大夫為傅，老大夫妻為姆。」《昏禮注》云：「婦人五十無子，出而不復嫁。能以婦道教人者為姆。女出嫁，姆隨之，故有女師。」《內則》云：「大夫以上，立師、慈、保三姆。」「言告師氏」，是自己告於師氏也。「言告言歸」，使師氏以己欲歸寧之意轉告於舅姑與夫子也。《白虎通》云：「婦人所以有師何？學事人之道也。」張敬夫云：「后妃之貴，亦必立師傅以訓之。法家拂士，非惟人主不可一日無，后妃亦然也。」王安石云：「有天地，此有男女。豈以女子而可無教手〔註16〕？古者設師傅、保姆之官，以教王六宮，故《葛覃》之有師氏，宋姬之待傅姆。民間之有女師主，女教也。以今觀祭祀賓客之禮，琴瑟鍾鼓之樂，房中之詩，彤史之書，非學何以

〔註15〕「為」，四庫本作「潙」。
〔註17〕「歷世相傳」，四庫本作「迄於今」。按：原出張栻《南軒集》卷八《經筵講議》，作「歷世相傳」。
〔註16〕「手」，四庫本作「乎」，是。

能之？此古者后妃夫人所以能上奉神靈之統，下理萬物之宜也。後世之君，既無修身齊家之學，而呂、武之使監宮中者，遂使人疑而不覆信，可哀也夫。」「薄」，季云：「不敢大肆之辭，猶《楚辭》言『蹇』、言『羌』之類。」「污」，毛《傳》云：「煩也。」鄭玄云：「煩撋之，用功深。」阮孝緒云：「煩撋猶捼莎也。」朱子云：「煩撋之，以去其污，猶治亂而曰亂也。」「私」，燕服也。婦人有副褘，盛飾以朝事舅姑，接見於家庭，進見於君子。其餘則私也。「浣」，《說文》云：「濯衣垢也。」「衣」，謂褘衣以下，至褖衣、禮服也。「薄汙」以下，皆后妃自審之辭，非告師氏之語。污私服者，以服之常而垢多也；浣禮衣者，以服之少而垢少也。蓋因女工暇而歸，因歸而治服，本與絺綌無關，非服既成而即浣濯之也。此后妃之儉德而服之無斁之意，亦即於此處可想見矣。「害」，通作「曷」，音之近也。《說文》云：「何也。」「害澣害否」，蒙上文而言何者已浣，何者未浣也。朱子謂「審其何者當浣，何者可以未浣」，亦通。《白虎通》云：「父，矩也，以度教子也。」《廣雅》云：「母，牧也，育養子也。」《釋名》云：「父，甫也，始生己也。母，冒也，含生己也。」「寧」，通作「寍」，《說文》云：「安也。」「歸寧」者，歸而問安之義。呂大圭云：「父母在，則歸寧，《葛覃》稱『歸寧父母』是也。殁則使卿寧，『楚子庚聘於秦，為夫人寧』是也。」周昌年云：「此治葛後事，與《七月》之亟乘屋同意。趁治葛之暇，亟為歸寧計，見過此而萋萋、喈喈之景又催人矣。」孔穎達云：「在家本有此性，出嫁修而不改，婦禮無愆，當於夫氏，可以歸問安否於父母。」張子厚詩云：「葛蔓青長谷鳥遷，女功興念憶歸安。不將貴盛驕門族，容使親心得盡歡。」張綱云：「《斯干》之卒章，祝其女子無詒罹於父母。觀后妃之歸寧，然後知其父母免於憂也。」

《葛覃》三章。章六句。《序》云：「《葛覃》，后妃之本也。后妃在父母家，則志在於女功之事，躬儉節用，服浣濯之衣，尊敬師傅，則可以歸安父母，化天下以婦道也。」朱子謂：「此詩之《序》，首尾皆是，但所謂『在父母家』者一句為未安。若謂未嫁之時，即詩中不應以『歸寧』為言，況未嫁時，自當服勤女功，不足稱述為盛美。」《子貢傳》則云：「太姒將歸寧而賦《葛覃》。子曰：『貴而能勤，富而能儉，疏而能孝，可以觀化矣。』」按：《傳》謂「將歸寧而賦」者，得之，惟偽增夫子之言為狂妄可厭耳。若朱《傳》第謂此詩「后妃既成絺綌而賦其事」，雖亦無害，但「言告師氏」一節反無著落，恐非詩意。齊、魯、韓三家又以為康王時詩，皆不足信。